시스템 3쿠션

초·중급자를 위한 기초이론

시스템 3쿠션
SYSTEM THREE CUSHIONS

황창영 지음

전원문화사

머리말

  당구 경기는 상대방과의 시합이기도 하지만 자신과의 싸움이기도 하다. 다시 말해 모든 스포츠가 피나는 훈련과 연습을 통해서 자기 자신을 뛰어넘어야 진정한 고수가 될 수 있듯이, 당구라는 스포츠도 자기 자신과의 싸움에서 이기는 사람만이 진정한 고수가 될 수 있다.
  대부분의 사람들은 자신이 조금 알고 있으면 그것이 다인 줄 알고 더이상 배우려고 하질 않는다. 그러나 고수들은 알고 있는 것을 더욱 연습하여 숙지하고 감각을 잊지 않기 위해 부단히 노력한다. 이미 알고 있는 공략법이라도 더 좋은 공략법이나 수비하는 법 등을 연구하고 연습하는 것이다. 당구 경기는 상대방과의 심리전이기도 하다.
  자신이 아무리 실력이 좋다고 생각하여도 상대방한테 기가 죽어 치게 되면 그 게임은 절대 이길 수 없다. 항상 마음을 차분하게 가다듬고 어떠한 모양의 공이 오더라도 득점 가능한 시스템으로 공격을 하든지, 수비를 하든지 결정을 해야 하는 것이다.
  계속 어려운 상태가 된다고 흥분하게 되어 실수를 연발해 상대방에게 대량득점의 기회를 주는 잘못을 범해서는 안 된다. 또 상대방이 잘 친다고 너무 조급해하면 당구는 더욱더 안 된다. 당구 자체가 고도의 감각을 요구하는 민감한 스포츠이기 때문에 항상 편안한 마음자세로 당구를 대한다면 고수가 될 수 있다. 당구는 자기 자신이 그리는 그림이기도 하다. 어떤 모양을 어떤 식으로 쳐야 한다는 법칙이 없기 때문이다.

이 책에 실린 그림들은 상황에 따라 좀더 편하게 또는 맞힐 확률이 높게 치는 방법들을 서술해 놓은 것이다. 당구에 많은 도움이 되었으면 하는 바람으로 이 책을 펴내게 되었으며, 출간되기까지 도와주신 전원문화사 사장님과 편집부원 여러분, 그리고 안산의 쫑 당구장 사장님께 진심으로 감사를 드린다.

차례

THREE SYSTEM CUSHIONS

머리말
서론

1장_ 파이브 앤 어 하프 시스템 Five and a Half System	25
2장_ 플러스 투 시스템 Plus Two System	67
3장_ 원 쿠션 뱅크 샷 One Cushions Bank Shot	97
4장_ 3쿠션 무회전 뱅크 샷 Three Cushions no English Bank Shot	133
5장_ 2쿠션 무회전 뱅크 샷 Two Cushions no English Bank Shot	149
6장_ 스리 온 투 시스템 Three on Two System	169
7장_ 리버스 시스템 Reverse System	177
8장_ 인사이드 엄브렐러 샷 Inside Umbrella Shot	189
9장_ 길게 비껴 치기	203
10장_ 짧게 비껴 치기	213
11장_ 더블 쿠션 Double Cushions	227
12장_ 더블 쿠션 치기 Double Cushions Shot	247
연습게임	263

서론

　파이브 앤 어 하프 시스템(Five and a Half System)은 당구의 기본적인 선을 알 수 있는 방법이다. 시스템을 모른다고 당구를 칠 수 없는 것은 아니지만 이것을 기본적으로 알고 있으면 당구를 치는 데 많은 도움이 된다. 즉, 선을 알고 당구를 치게 되면 수구의 이동경로가 보이게 되므로 3쿠션을 쉽게 치게 된다.

　그렇다고 너무 시스템에 얽매여서 공을 치게 되면 감각적인 부분을 소홀히 하게 되어, 공을 치는 것 자체가 어려워질 수 있다. 공을 배우는 단계에서 시스템이 필요한 것이지, 반드시 신봉하라는 것이 아니다.

"왜 이 시스템을 배워야 하는가"라는 의문이 생길 것이다. "아무것도 모르는 사람에게 이거 이렇게 치면 돼"라는 식으로 공을 가르치면 초·중급자가 알 수 있을까? 아마 전혀 이해를 하지 못할 것이다. 기본적으로 수구는 어떻게 굴러다니는지를 설명하고 수구를 칠 때 어떤 변화가 일어나는지를 설명하면서 가르치거나 배운다면 좀더 쉽게 이해할 수 있을 것이다.

이 책은 당구의 기본을 설명하고 있으며 독자가 많은 연습을 해보고 스스로 터득하기를 바란다.

■ 이 책의 당점 표시

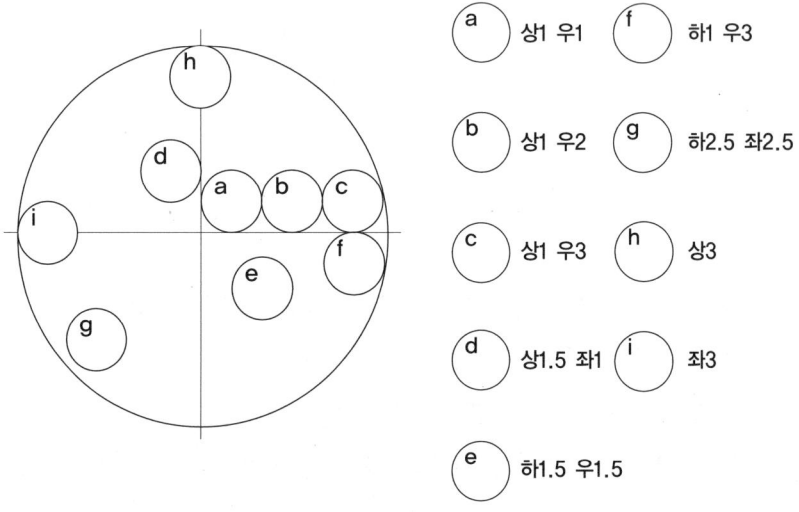

ⓐ 회전력을 살리는 것보다 회전을 죽여 칠 때 많이 쓴다.

ⓑ 수구가 1적구를 맞고 끌리면 안 될 때 많이 쓴다.

ⓒ 수구의 회전력을 완전히 살려서 칠 때 많이 쓴다.
수구가 맥시멈 회전으로 천천히 밀려 들어갈 때 쓴다.

ⓔ 일반적인 공 모양, 즉 회전을 많이 안 주고 치는 모양에서 쓴다.

ⓕ 수구가 맥시멈으로 옆으로 흘러가게 칠 때 많이 쓴다.
정지 당점의 효과가 나온다.

ⓖ 끌어칠 때 많이 쓰나, 스커트가 가장 많이 나는 당점

ⓗ 수구의 밀어치는 힘이 많이 필요할 때 쓴다.

■ 당점에 대해서

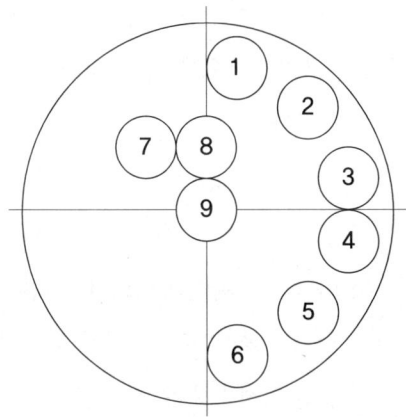

　당점은 당구를 즐기면서 잘 알아야 할 기본적인 사항이다. 특히 어느 당점에서 스커트가 가장 많이 나는지 정도는 기본적으로 알아야 한다. 샷의 특성상 스커트는 5, 4, 3, 2, 6, 1의 순서대로 많이 일어난다.
　회전력을 가장 잘 살릴 수 있는 당점은 3, 4번이고, 밀어칠 때는 3번 당점에서 밀어치면 가장 회전력이 오래 살아 있다.
　커브를 일으키는 당점 역시 2, 3, 4, 5 아무것이나 상관 없으나 조심스럽게 샷을 해야 한다.

■ 정지 당점

1적구와 수구의 거리에 따라 정지 당점이 다를 수밖엔 없지만 나름대로 자신의 샷에 따라 수구가 1적구를 맞고 정지하는 당점을 안다면 당구를 치는 데 큰 도움이 된다.

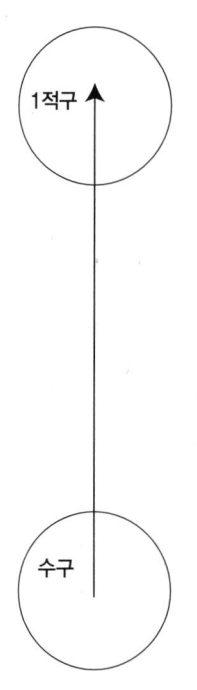

1적구를 정면으로 맞힐 때 수구의 어느 당점을 쳐야 수구가 정지할까?

일반적으로 이론상 수구의 정중앙을 치면서 1적구를 정면으로 맞히면 정지해야 하지만 수구가 1적구를 향해 진행하면서 밀리는 회전이 발생하여 정지하지 않고 전진을 하게 된다. 1적구와 수구의 거리가 약 50cm일 때 수구의 정중앙보다 약간 아래쪽을 치게 되면 수구는 정지한다. 이를 이용하면 두께에 따라 수구의 진로를 대강 예측할 수 있게 된다. 다시 말해 정지 당점보다 약간 위쪽을 치게 되면 일단 수구는 앞쪽으로 전진한다는 것을 알았으므로 1적구의 두께를 이용하면 맥시멈으로 치는 (속칭 꼬미) 샷을 할 수 있게 된다.

■수구의 기본적인 진로선

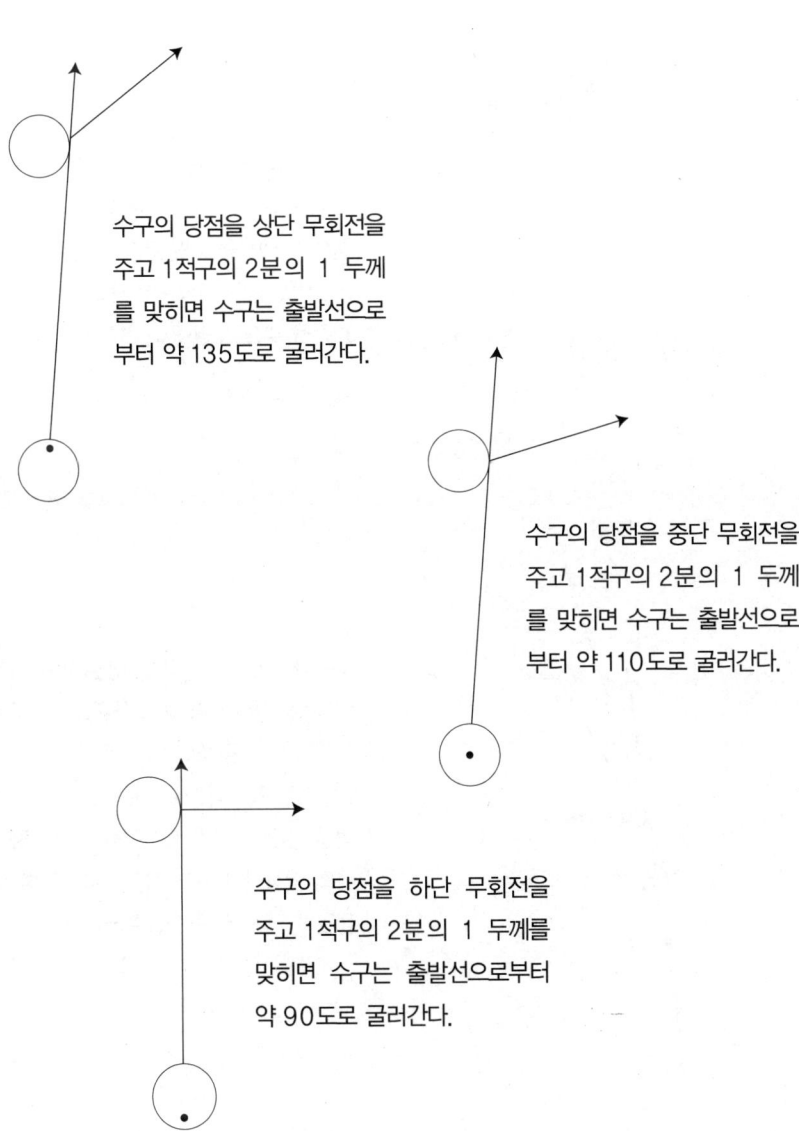

수구의 당점을 상단 무회전을 주고 1적구의 2분의 1 두께를 맞히면 수구는 출발선으로부터 약 135도로 굴러간다.

수구의 당점을 중단 무회전을 주고 1적구의 2분의 1 두께를 맞히면 수구는 출발선으로부터 약 110도로 굴러간다.

수구의 당점을 하단 무회전을 주고 1적구의 2분의 1 두께를 맞히면 수구는 출발선으로부터 약 90도로 굴러간다.

■ 끌어치기와 밀어치기 기본원리

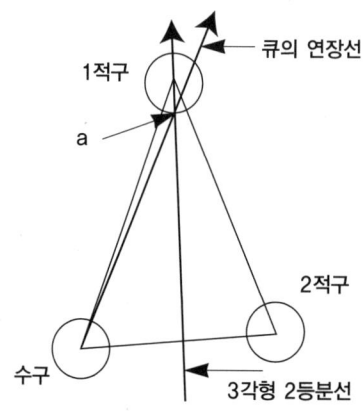

먼저 1적구를 선정하고 1적구를 꼭지점으로 하는 3각형을 만든다. 다음 꼭지점쪽의 내각을 이등분한 다음 1적구의 a지점을 큐의 연장선이 노리고 하단 무회전을 주고 치면 된다.

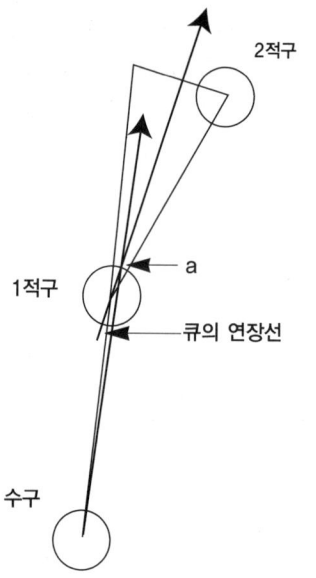

수구와 1적구의 중앙을 연결하여 가상의 선을 하나 만들고, 1적구와 2적구를 연결하여 선을 하나 더 만든다.
1적구를 꼭지점으로 하는 임의의 3각형을 만들고, 그 꼭지점을 2등분하여 큐의 연장선이 보고 치면 된다. 물론 당점은 상단에 무회전을 주어야 한다.

■ 스커트와 커브

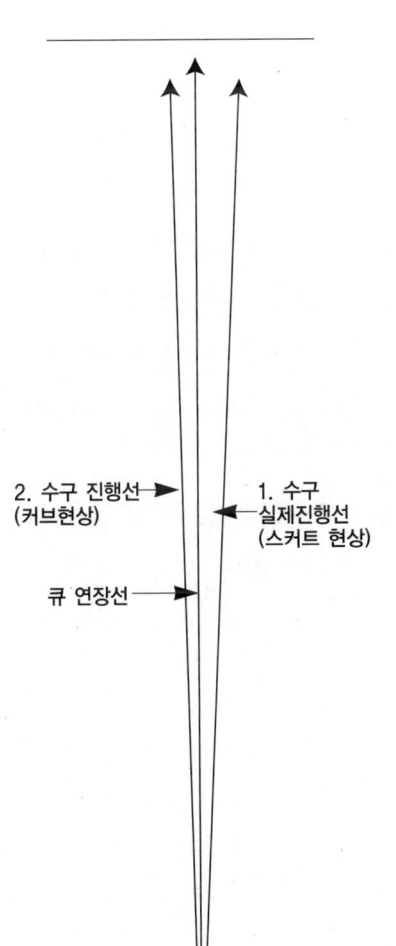

2. 수구 진행선 → (커브현상)

1. 수구 ← 실제진행선 (스커트 현상)

큐 연장선 →

1. 스커트란?

　스커트란 수구에 회전을 주고 친 다면 수구가 큐의 연장선을 타고 굴러가는 것이아니라, 바깥쪽으로 굴러가는 현상을 말한다. 스커트는 회전을 많이 줄수록 많이 나고 큐가 당구대 바닥과 수평을 이루거나 세게 칠수록 많이 난다.

　아래 그림을 보면 큐의 힘이 수구에 어떻게 작용하는지를 알 수 있다.

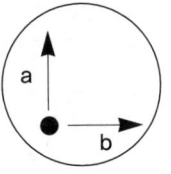

　그림에서 검정 부분을 큐로 친다고 가정하면 큐의 힘이 전진하는 힘 (a)과 우측으로 가려고 하는 힘(b)이 동시에 발생함을 알 수 있다. 단지

서론 15

전진하는 힘이 강하기 때문에 우측으로 가려는 힘을 상쇄시켜 우측으로 조금밖에 이동을 못하는 것이다. 그러나 그 조금의 이동이 실전에서는 크게 작용을 하므로 자신의 스커트를 어느 정도는 알고 써야 한다. 수구의 하단 쪽을 칠수록 스커트가 많이 난다.

2. 커브란?

커브는 스커트와 반대로 수구의 움직임이 처음엔 큐선을 타고 움직이다가 나중에 큐션 안쪽으로 굴러가는 것을 말한다. 수구의 회전력을 살린다는 느낌으로 큐의 뒤쪽을 약간 들고 부드럽게 치되 수구를 찍어친다는 기분으로 치면 된다. 그러면 수구의 회전력이 당구대 바닥과의 마찰과 또 찍어치는 힘이 수구를 안쪽으로 진행시키고자 해 커브가 발생한다.

이상의 두 가지는 1적구나 빈 쿠션이 멀리 보이는데 회전을 살려서 쳐야 하는 경우 적용해야 하므로 꼭 익혀 두어야 한다.

■ 큐의 각도

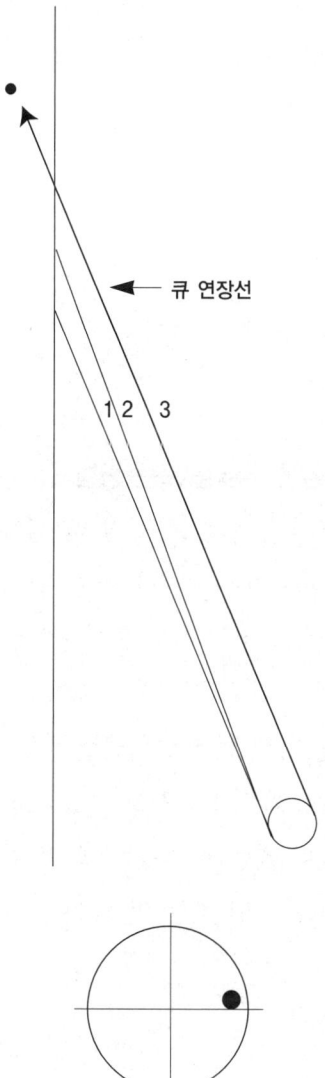

큐의 각도를 약간 세워서 (약 5~6도) 칠 때와 큐의 각도를 바닥과 수평을 유지하면서 칠 때의 수구의 변화는 많은 차이가 있다.

1. 큐의 각도를 세울 때

그림과 같은 당점을 주고 큐질을 부드럽고 길게 밀어치게 되면, 수구는 커브를 일으켜 큐의 연장선을 따라 약간 안쪽으로 들어오게 된다. 수구 자체가 커브를 일으키기 때문에 수구의 회전력은 거의 맥시멈으로 살아난다.

특히 파이브 앤 어 하프 시스템에서 목적구가 50포인트 이상일 때 많이 쓰게 된다. 큐의 각도를 세운 상태에서 큐질을 짧게 하게 되면 커브는 약간 덜 일어나되 회전력은 살아 있다.

2. 큐의 각도를 높힐 때

큐의 각도를 높히면 수구의 진행이 큐의 연장선에서 벗어나는 스커트 현상이 일어난다. 회전을 많이 줄수록 심하게 나므로 수평으로 칠 때는 항상 염두에 두고 쳐야 한다. 1팁을 주고 쳐서 수구의 진행선을 직선으로 움직이게 칠 때는 수평으로 치는 것이 좋다.

■ 두께 보는 방법

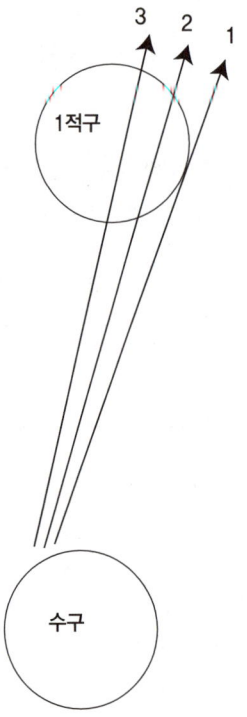

1. 바깥쪽 두께를 보는 방법

1적구의 두께를 보고 칠 때 생각처럼 안 맞는 경우가 많다. 이는 스커트와 커브를 적절히 이용하지 못해서 그런 것이다.

수구 자체를 빠르게 굴릴 때와 천천히 굴릴 때의 1적구 보는 방법을 다르게 해야 하는데, 똑같이 하면 어떤 때는 맞고 어떤 때는 안 맞는 경우가 생기는 것이다.

스커트 이용(1적구를 얇게 맞힐 때)

스커트를 이용할 때는 수구의 스커트를 감안하여 수구와 1적구의 거리에 따라 보는 두께를 다르게 해야 한다. 그림에서 보듯이 거리가 멀수록 1적구를 큐선이 두텁게 보아야 하며, 오른쪽 면인가 왼쪽 면인가에 따라 약간 다르게 조절해야 한다.

그림에서 1번 선은 약 50cm, 2번 선은 100cm, 3번 선은 150cm 이상일 때 쳐 보면 1적구가 얇게 맞을 것이다.

1적구의 바깥쪽을 치는데 오른쪽 왼쪽을 따지는 이유는 사람마다 오른손잡이 왼손잡이가 있듯이 오른쪽 눈을 주로 사용하는 사람과 왼쪽 눈을 주로 사용하는 사람이 있기 때문이다.

보는 눈에 따라 두께 차이가 많이 나므로 각자가 몇 번만 연습하면 자신의 두께를 찾을 수 있다.

커브 이용

커브를 이용한다는 것은 샷에 자신이 있어야 한다.

어느 정도를 어떻게 치면 내가 큐선으로 보는 두께를 맞힐 수 있는지를 알아야 하기 때문이다. 보통 큐의 뒤쪽을 약간 세워서(약 5~6도) 부드럽게 치면 수구가 커브를 일으키므로 자신이 보는 두께를 맞힐 수 있다.

수구와 1적구의 거리에 따라 보는 방법을 달리하는 것이 아니라, 샷을 조절해서 쳐야 한다. 샷의 세기나 힘에 의해서 커브가 달라지기 때문이다.

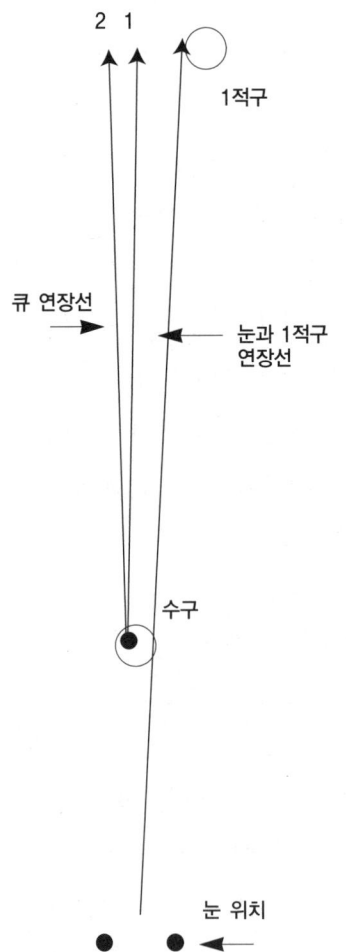

2. 안쪽 두께 보는 방법

안쪽으로 칠 때도 스커트와 커브를 적절히 이용해야 한다.

먼저 스커트를 이용할 때는 1적구와 보는 눈의 가상의 연장선을 긋고, 그 연장선이 수구를 어떻게 나누는지를 살펴봐야 한다. 물론 스커트의 크기에 따라 다르겠지만, 낭섬을 중단 이상을 주고 칠 때는 가상의 연장선이 수구의 옆면이나 약 1cm 정도를 나누면 (오른쪽과 왼쪽이 다르기 때문에) 수구는 1적구를 얇게 맞힐 수 있다.

그림에서 보면 1번 선이고, 너무 세게 치면 안 되고 부드럽게 밀어쳐야 한다. 당점을 하단 쪽으로 주고 칠 때는 스커트가 더 많이 일어나므로 큐선이 완전히 1적구 바깥 연장선 쪽으로 빠져나와야 1적구를 얇게 맞힐 수 있다. 2번 선은 스커트를 이용해서 빠르게 칠 때 1적구를 보는 두께이다.

커브를 이용할 때는 큐의 연장선을 이용해서 친다면 별무리가 없다. 단지 샷을 할 때 주의하지 않으면 낭패를 보게 된다.

커브와 스커트는 앞으로 당구를 칠 때 굉장히 중요한 것이므로 꼭 익혀 두어야 한다.

■무회전 샷

무회전 샷이란 큐볼이 좌우 회전력 없이 전진하는 것을 말한다. 이 샷은 크게 세 가지로 나눌 수 있는데, 상단을 주는 전진 무회전과 하단을 주는 끊어치는 무회전, 그리고 공의 중심을 맞히는 변화 없는 무회전 샷이다.

이 책은 주로 상단 무회전을 많이 쓰고 있다. 그러므로 상단 무회전의 변화만 간략하게 설명하려고 한다.

공의 상단을 큐로 치면 큐 끝이 어디를 향하는지 먼저 살펴보아야 한다. 이 큐 끝의 변화를 무심코 지나치는 경우가 많은데, 자신의 샷을 정확히 알고 가는 것이 좋다.

1. 큐 끝이 수평을 이루는 경우

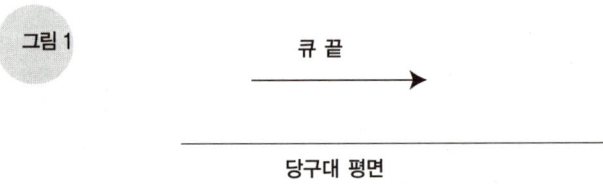

그림 1과 같이 큐 끝이 수평을 이루는 경우는 그림 2에서 보듯이 큐볼이 제 각보다 약간 더 퍼져서 나간다. 왜냐하면 미는 힘이 쿠션 맞고 나오는 힘보다 강하게 작용하기 때문이다.

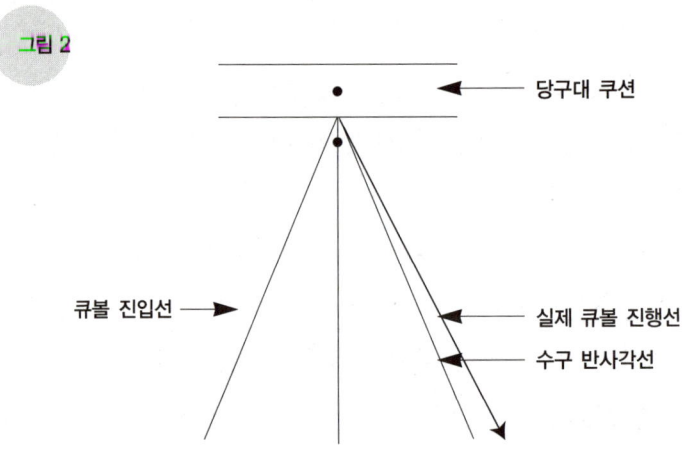

왜냐하면 수구의 전진회전이 1쿠션을 맞으면서도 살아 있기 때문에 입사각과 같은 각도로 반사각이 형성되지 않고 더 퍼져서 나온다.

그림 3

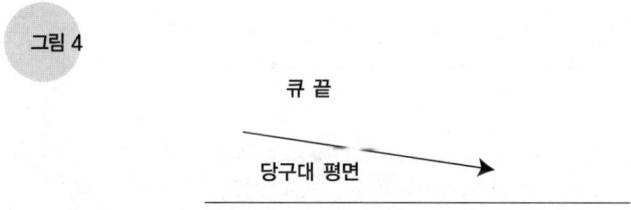

큐로 친 미는 힘 작용

쿠션에서 반발하는 힘 작용

2. 큐 끝이 당구대 바닥을 향하는 경우

그림 4

큐 끝

당구대 평면

그림 3과 같이 큐 끝이 바닥을 향하는 경우 큐 볼은 그림 4에서 보듯이 제 각보다 약간 더 선다.

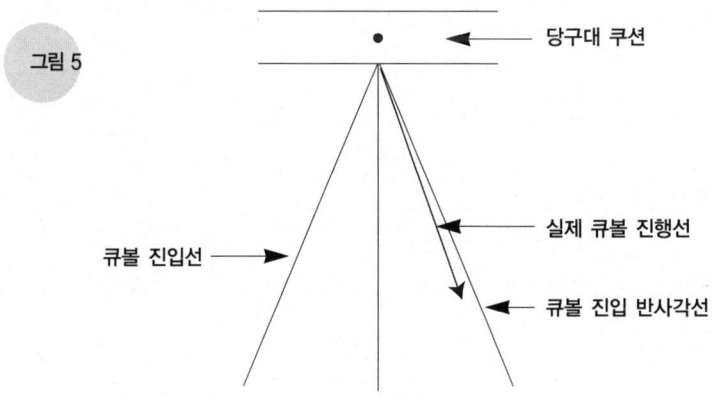

그림 5

당구대 쿠션

실제 큐볼 진행선

큐볼 진입선

큐볼 진입 반사각선

큐의 뒤쪽이 약간 세워진 상태(약 5~6도)에서 큐스피드가 약간 빠르게 치면서 길게 밀어치는 것이 아니라 쇼트 타격으로 치게 되면, 수구는 제1쿠션을 맞고 나올 때 약간의 역회전 효과가 나면서 수구의 입사각보다 더 서서 나온다.

그림 6

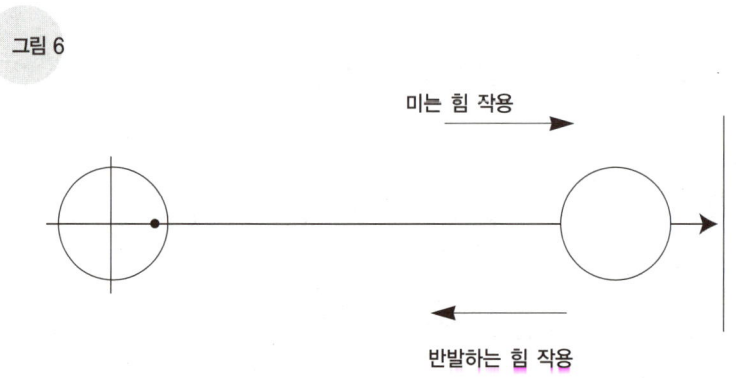

큐의 뒤쪽을 약간 세워서 큐 스피드가 빠르게 친다면 수구에 미는 힘보다 첫 쿠션 맞고 나오는 힘이 조금 더 강하게 작용되어 수구의 입사각보다 약간 더 서서 나온다.

Five and a Half System

1장

파이브 앤 어 하프 시스템

● 수구 30포인트 이상일 때

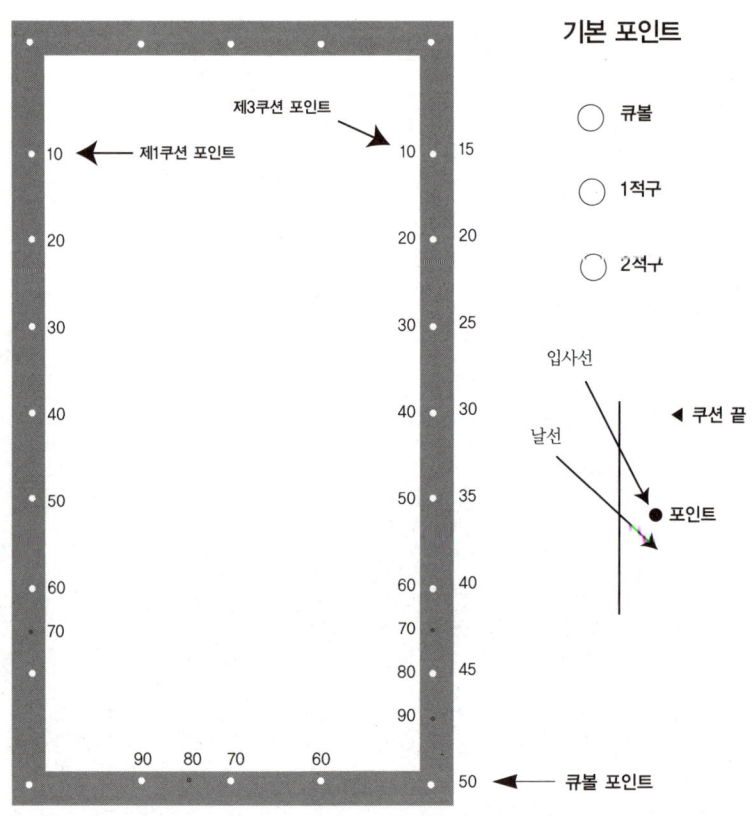

기본공식은 큐볼의 포인트와 제3쿠션의 포인트를 알 수 있으므로 이로부터 제1쿠션의 포인트를 찾아낼 수 있다.

제1쿠션 포인트 = 큐볼 포인트 - 제1쿠션 포인트

> 당점과 샷의 방법 그리고 큐의 각도에 따라 약간씩 다르게 결과가 나오므로 조심해서 다루어야 하는 부분이다.

● 목적구가 제3쿠션 30포인트 입사선에 있을 때

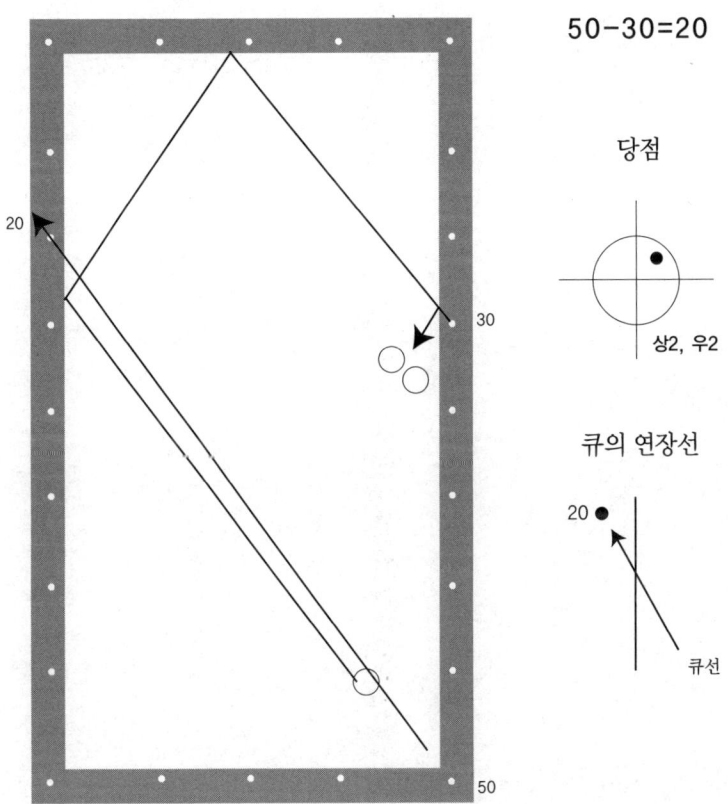

50(큐볼 포인트) - 30(제3쿠션 포인트) = 20(제1쿠션 포인트)

샷은 스커트를 덜 일으키기 위해서 제1쿠션에서만 회전력을 살려 준다는 느낌으로 당점을 상2 우2를 주고 샷을 부드럽게 하면, 큐볼은 회전력을 덜 받기 때문에 큐볼의 진행은 제3쿠션의 30포인트 입사선으로 들어가게 된다.

● 목적구가 제3쿠션 30포인트 날선(쿠션 선)에 있을 때

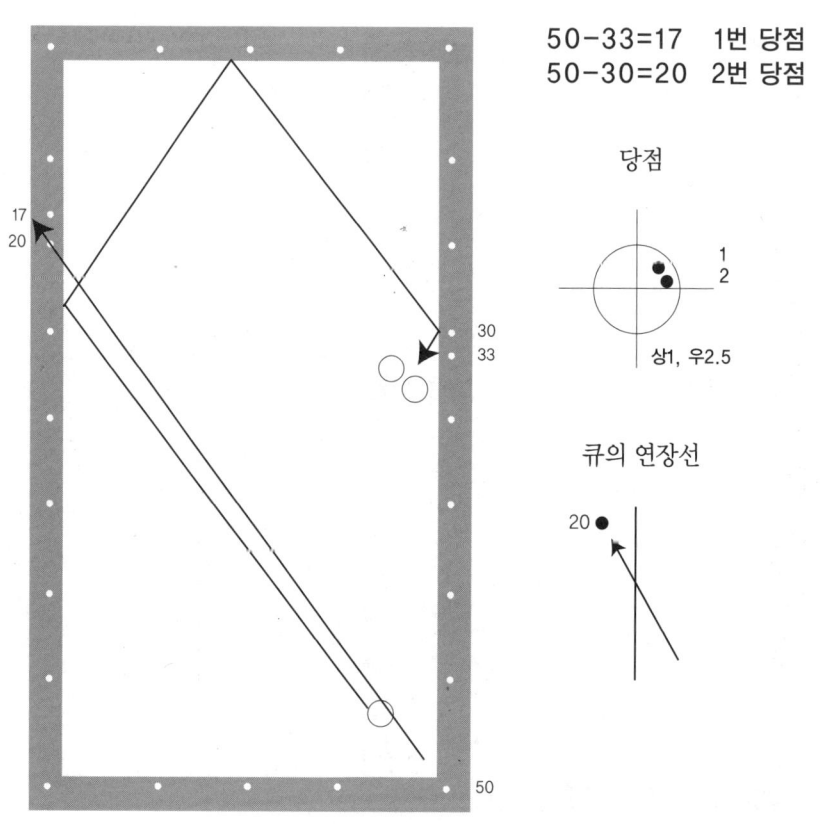

앞장과 같은 당점으로 치면 포인트 계산은 목적구가 33의 위치에 있으므로 제1쿠션 포인트는 17이 된다. 그러나 큐볼의 당점을 상1 우2.5를 주고 큐의 각도는 당구대 바닥으로부터 약 5도 세운 상태로 큐볼을 약간 빠르되 부드럽게 찌르듯이 치게 되면 큐볼은 스커트가 아니라 커브가 일어나면서 약간 더 길게 들어간다.

위의 두 가지가 기준이 되므로 꼭 이해하기 바란다.

● 목적구가 제3쿠션 20~30에 있을 때

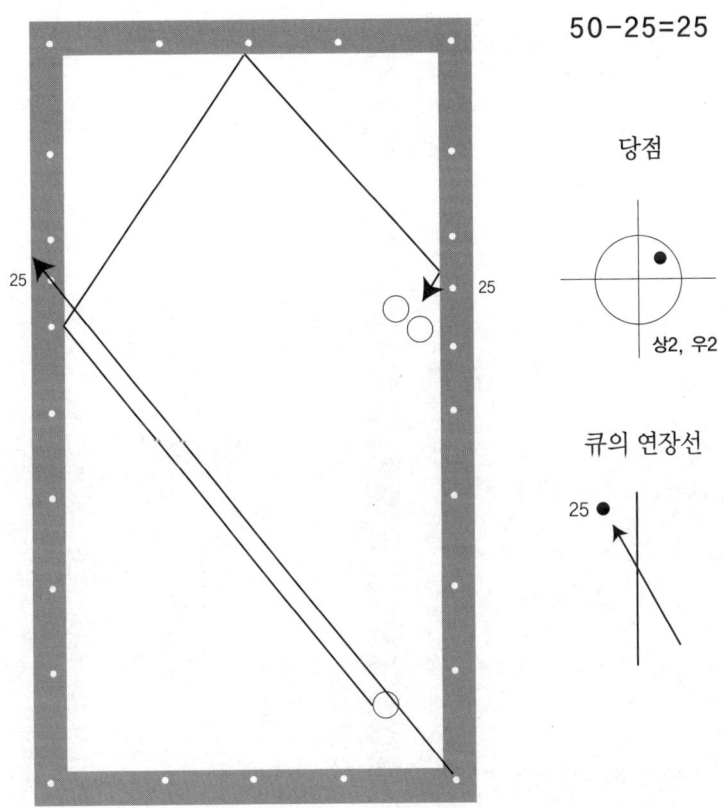

목적구의 포인트가 약 20~30에 있을 때는 그림 1과 같이 치는 방법, 즉 당점을 상2 우2로 치고 부드럽게 첫 쿠션에서만 회전력을 살려 준다는 느낌으로 치면 대개의 경우 큐볼이 제3쿠션의 입사선으로 들어가게 된다.

빈 쿠션을 칠 때 특히 주의할 사항은 큐를 옆으로 돌리거나 비틀면 회전력이 변하기 때문에 자기만의 포인트를 찾을 수가 없게 된다.

● 목적구가 제3쿠션 10~20에 있을 때

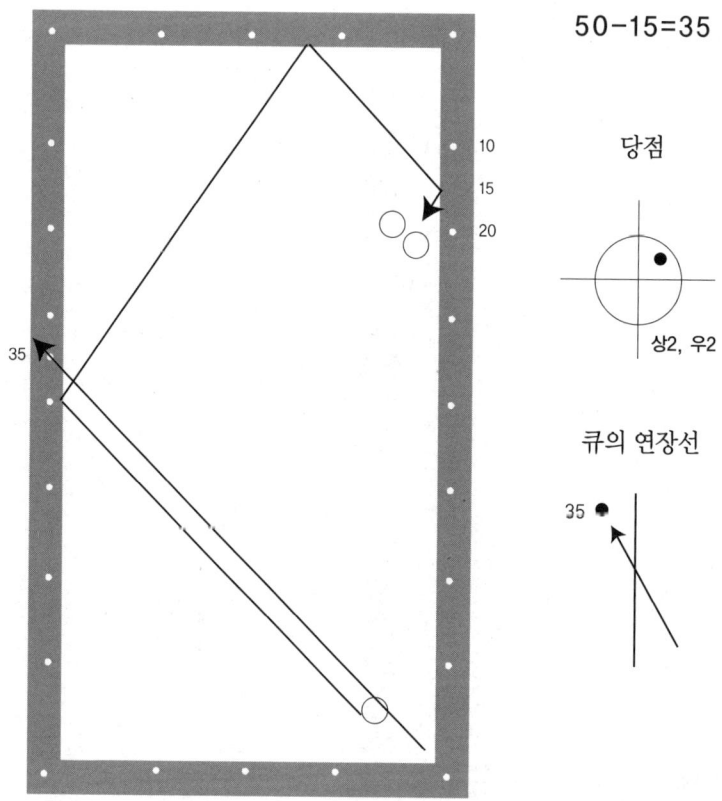

목적구 포인트는 날선으로 결정하고 샷은 그림 1과 같은 방법으로 한다. 단, 이때 큐가 너무 길게 큐볼을 따라 나가게 되면 쓸데없는 회전력이 발생하여 더 길게 떨어질 수도 있다. 만약 길게 큐볼의 선이 나오게 되면 큐질을 짧게 하되 부드럽게 해야 한다.

● 목적구가 제3쿠션 30~40에 있을 때

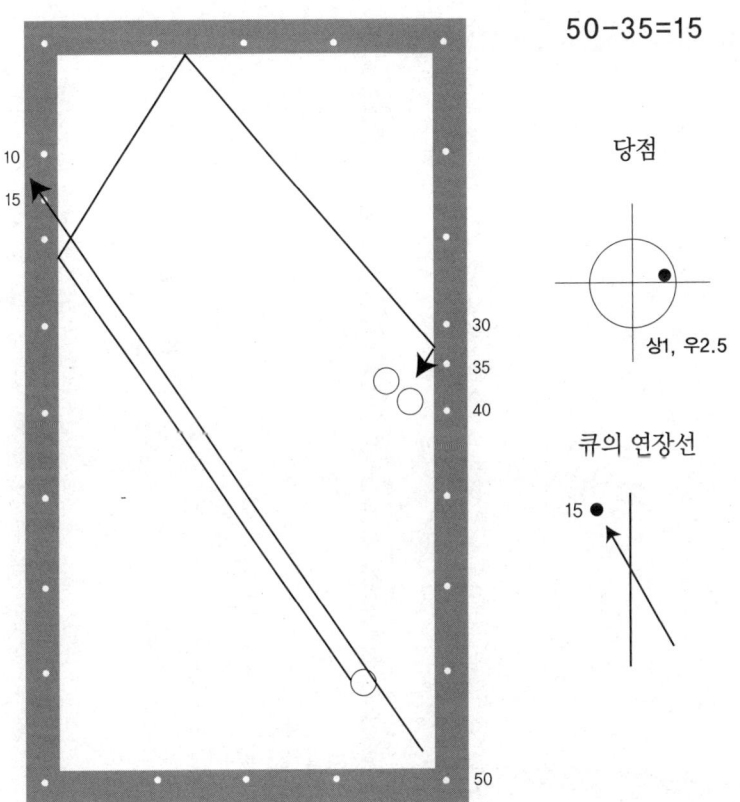

이때는 앞(28쪽)과 같은 방법으로 큐볼을 다루면 큐볼이 제3쿠션에 들어갈 때 입사선으로 들어간다. 큐가 큐볼에 부딪힐 때 너무 빠르면 날선으로 들어갈 수도 있으니, 큐볼을 부드럽게 다루어야 한다.

포인트마다 큐볼을 다루는 방법이 달라서 어렵게 느껴지더라도 스스로 터득할 때까지 연습하는 것이 당구를 잘 치는 지름길이다.

● 목적구가 제3쿠션 40~50에 있을 때

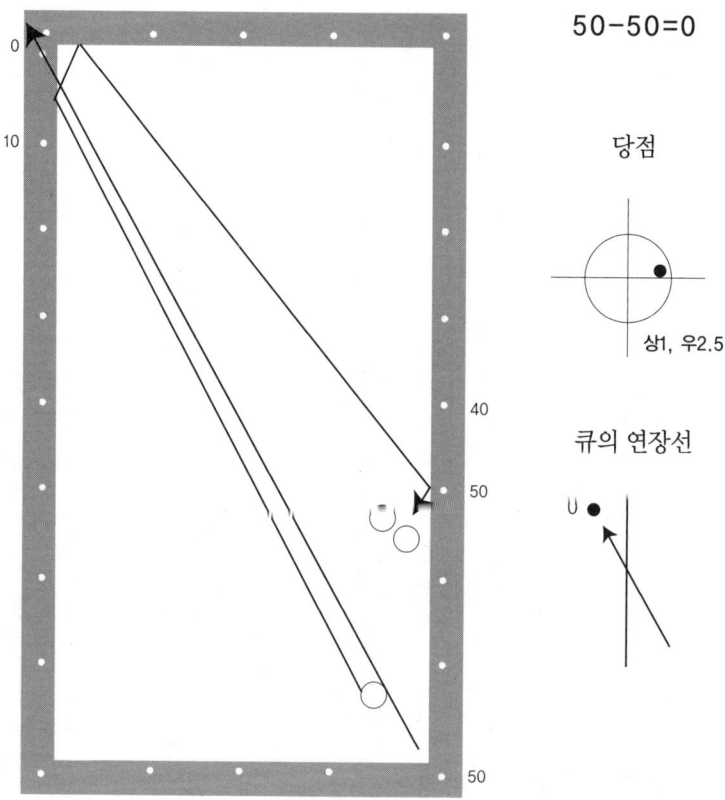

그림 2와 같은 방법으로 치되 큐와 큐볼이 부딪힐 때 조금 더 빠르게 해야만 큐볼이 제3쿠션에 정확하게 들어온다. 만약 큐볼의 회전력이 부족하거나 샷이 날카롭게 들어가지 않으면 약간 짧게(약 2~3포인트) 온다. 이 구역은 큐볼의 커브 성질을 이용하는 것이므로 샷을 할 때 조금 더 신경쓰는 것이 실수를 줄일 수 있다(샷은 약간 빠르게 하되 큐볼을 깊이 찌르는 느낌으로 친다).

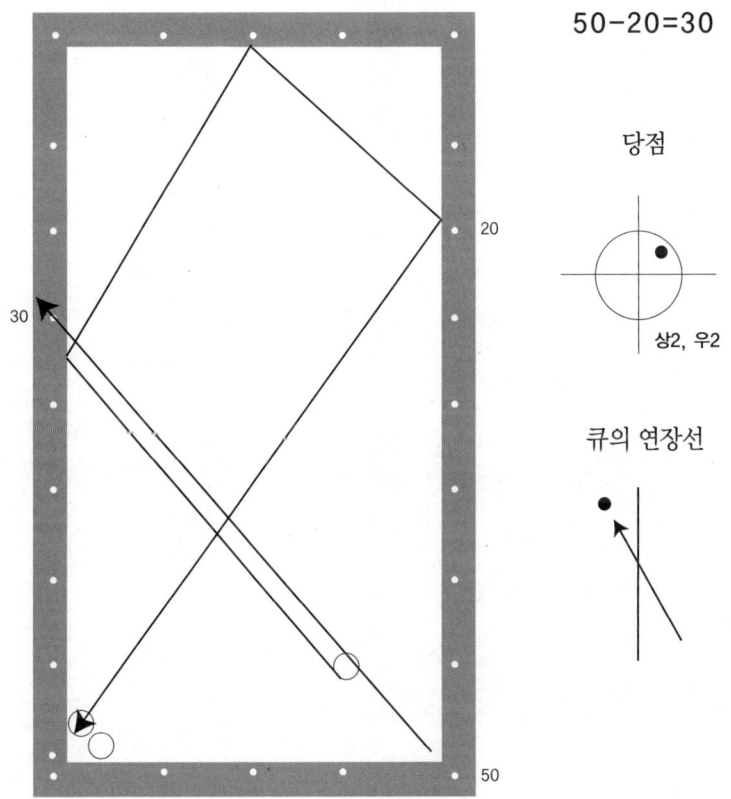

보통 코너를 제3쿠션 20포인트를 보고 치지만 실제로 샷과 당점에 따라서 많게는 5포인트 이상 차이가 난다. 이는 다른 방법이 없고 오직 스스로가 연습을 통해서 깨달아야만 실력 향상에 큰 도움이 된다.

당점을 상2 우2를 주고, 큐는 바닥과 되도록 수평을 유지하면서 가볍게 밀어치면 제3쿠션은 입사선 20으로 들어가고, 제4쿠션에는 장 쿠션 코너 쪽으로 들어간다.

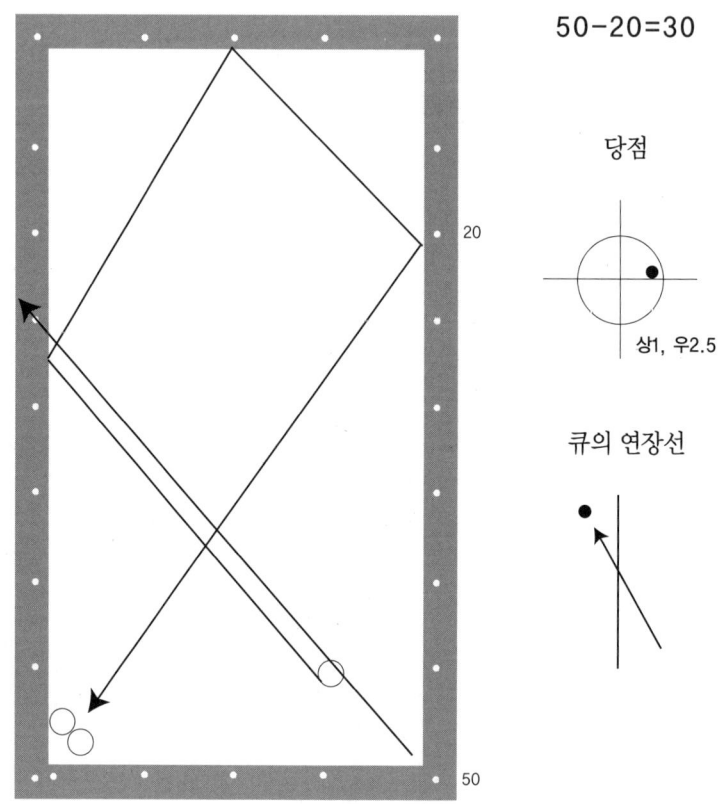

당점을 상1 우2.5를 주고 큐는 바닥과 약 5~6도 정도 세워서 가볍게 회전력을 살려 준다는 느낌으로 큐볼을 친다면 제3쿠션에는 날선 20보다 약간 길게 들어가고, 제4쿠션에는 단 쿠션 쪽 코너를 향해서 들어간다.

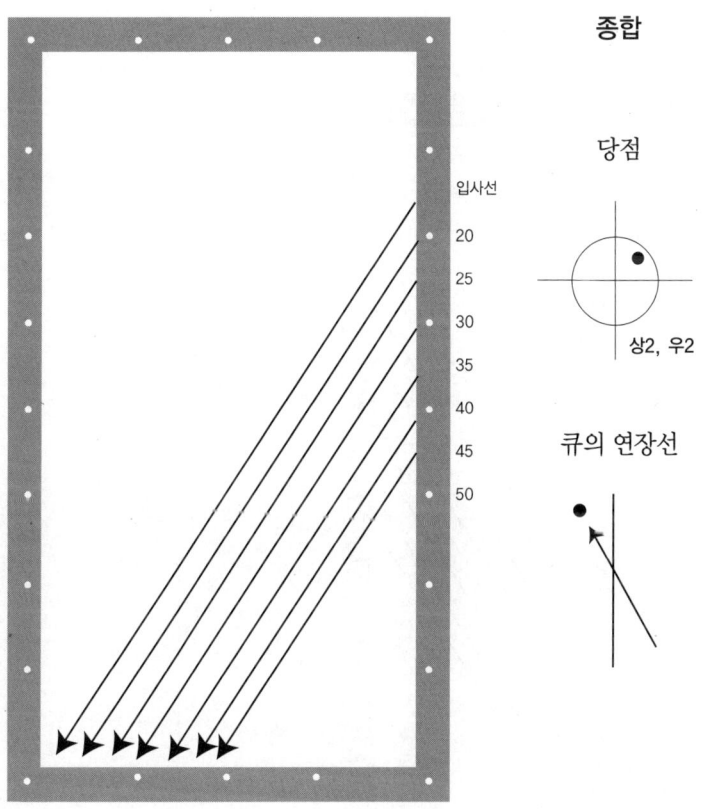

당점을 상2 우2를 주고 부드럽게 칠 때 제3쿠션에서 제4쿠션으로 가는 선이다. 물론 당구대가 미끄러우면 이것보다 더 길게 나올 것이고, 당구대가 약간 튄다면 이것보다 약간 짧게 나올 것이다.

큐볼은 50선에서 출발할 때의 그림이고, 큐볼이 65 이상이면 그림보다 약간 길게 나오고, 40 이하에서는 더 짧게 나온다.

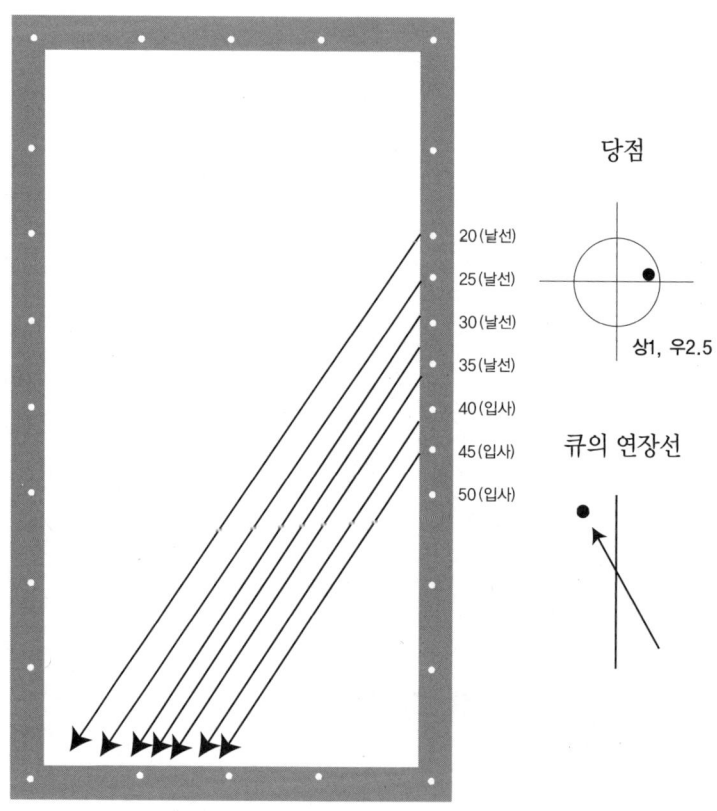

당점을 상1 우2.5를 주고 치게 되면 큐볼은 약간의 커브를 일으키면서 제3쿠션에 약간 더 길게 들어가고, 제4쿠션에도 앞장의 그림보다 약간씩 더 길게 들어간다.

● 큐볼이 30 이하에 있을 때

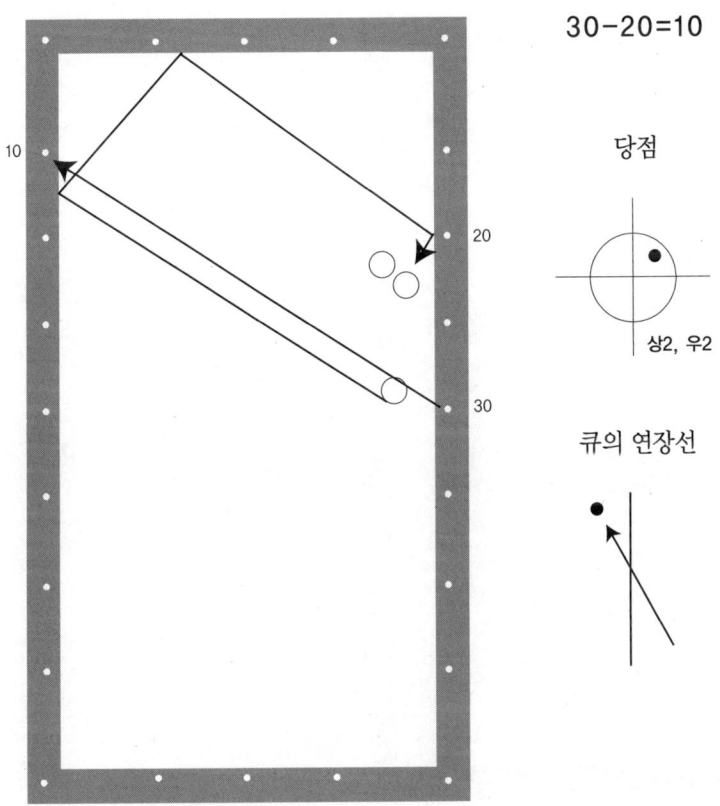

큐볼이 30 이하에서 칠 때는 회전력을 너무 많이 살려 주면, 큐볼의 움직임이 시스템선과 다르다. 그러므로 당점을 1~2 때의 당점에서 가볍고 부드럽게 밀어쳐야 제 각이 나온다.

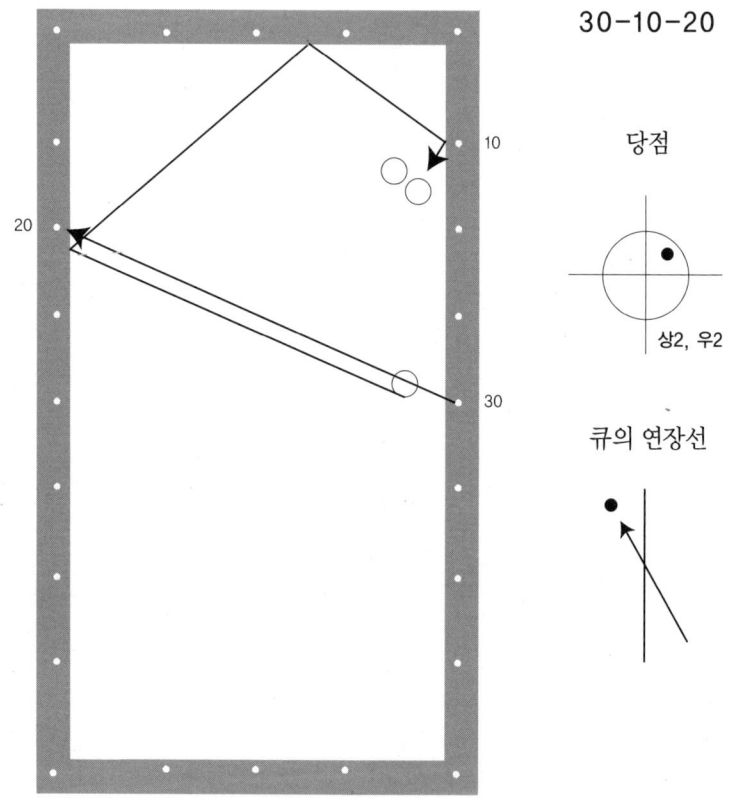

이 역시 앞장과 같이 제 각이 나오는 그림이므로 앞장과 같은 방법으로 치면 된다.

● 큐볼이 30 이하에서 맥시멈으로 할 때

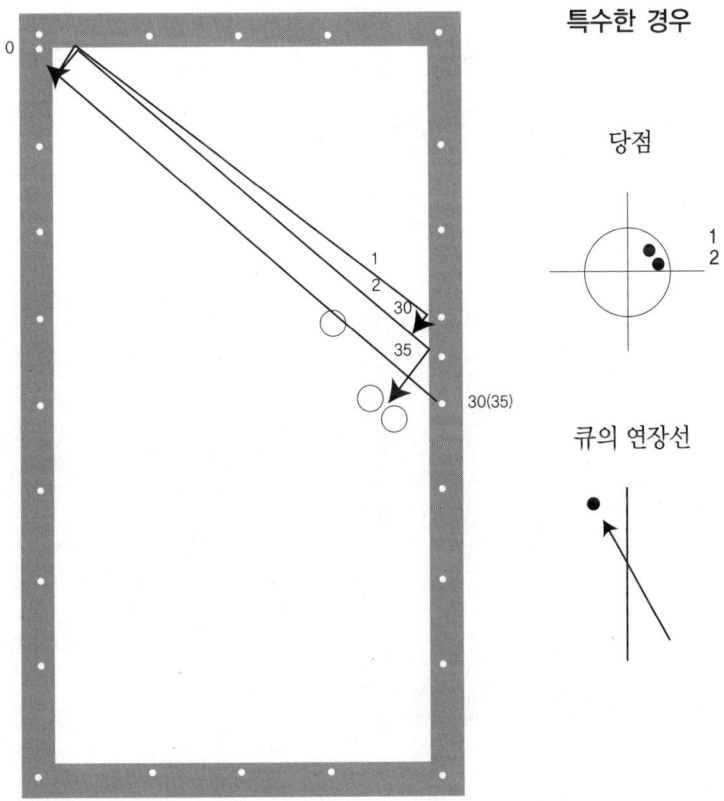

지금부터는 조금 특수한 경우이므로 직접 쳐 보고 이해하길 바란다.
큐볼 포인트는 원래 30이나 큐볼의 당점이 맥시멈으로 들어가고, 큐볼의 포인트가 30 이하일 때 큐볼 포인트를 원래의 포인트보다 5를 더해 주고 계산하면 된다.
그림에서 보면 큐볼은 30이고 목적구는 35이나, 큐볼에 5포인트를 더해 35로 하면 제1쿠션 포인트를 찾을 수 있다.

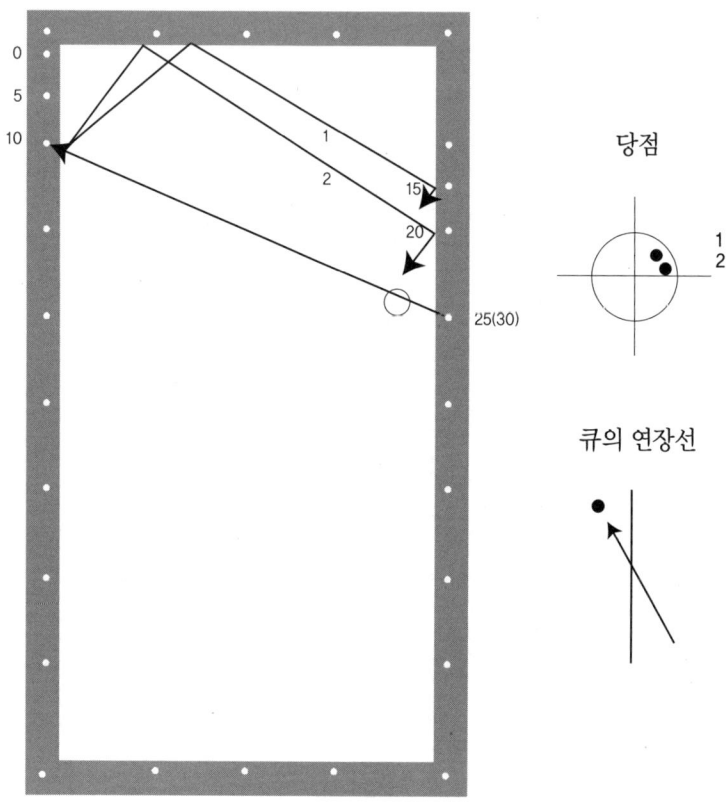

1번 당점으로 칠 때는 큐를 짧게 나가면서 회전력을 끝까지 살려 주려고 하지 말고, 주는 회전력만 살 수 있게 가볍게 친다.

2번 당점은 회전력을 끝까지 살려 준다는 느낌으로 치되, 큐를 비틀면 오차가 심하므로 비틀지 말고 약간 앞으로 내민다는 느낌으로 친다.

큐 스피드를 약간 빠르게 하려면 큐를 최대한 가볍게 잡고 쳐야 한다.

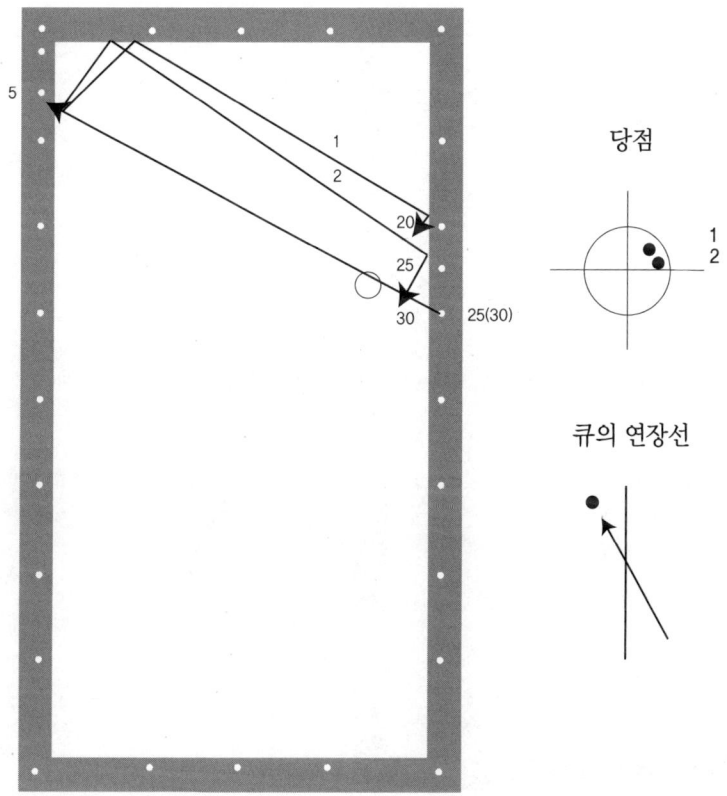

1번 당점으로 칠 때는 큐를 짧게 나가면서 회전력을 끝까지 살려 주려고 하지 말고, 주는 회전력만 살 수 있게 가볍게 친다.
2번 당점은 회전력을 끝까지 살려 준다는 느낌으로 치되, 큐를 비틀면 오차가 심하므로 비틀지 말고 약간 앞으로 내민다는 느낌으로 친다.

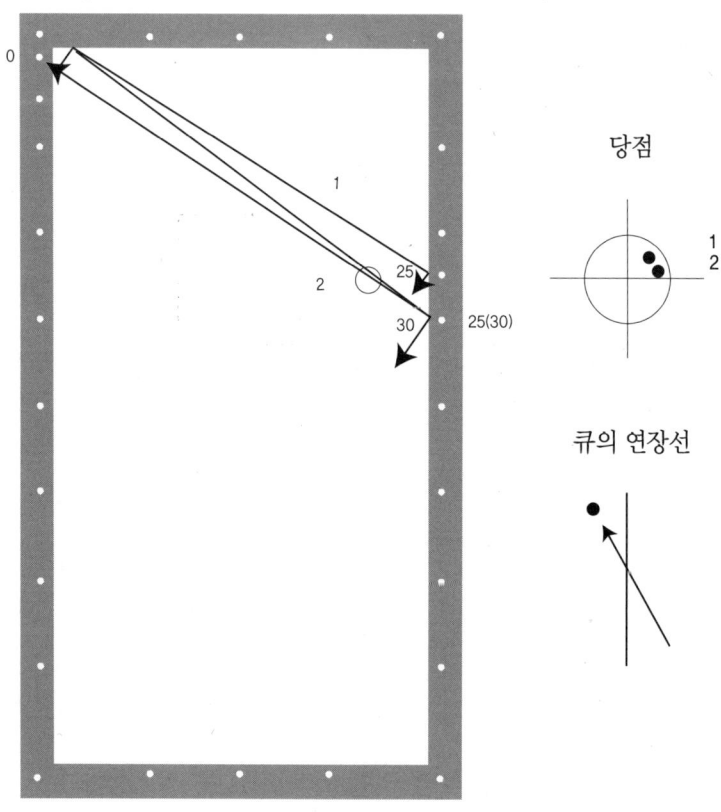

1번 당점으로 칠 때는 큐를 짧게 나가면서 회전력을 끝까지 살려 주려고 하지 말고, 주는 회전력만 살 수 있게 가볍게 친다.
2번 당점은 회전력을 끝까지 살려 준다는 느낌으로 치되, 큐를 비틀면 오차가 심하므로 비틀지 말고 약간 앞으로 내민다는 느낌으로 친다.

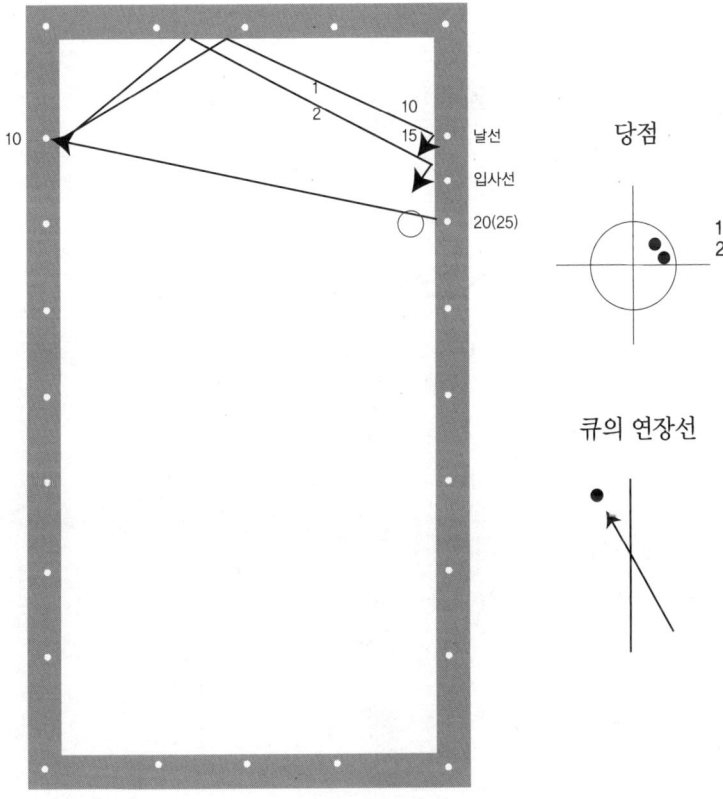

큐볼선 20일 때 1번 당점에서 칠 때는 시스템대로 계산이 되지만, 2번 당점에서 칠 때는 큐볼 포인트를 원래보다 5를 더한 25로 계산해야 한다.
제3쿠션에는 입사선으로 들어간다.

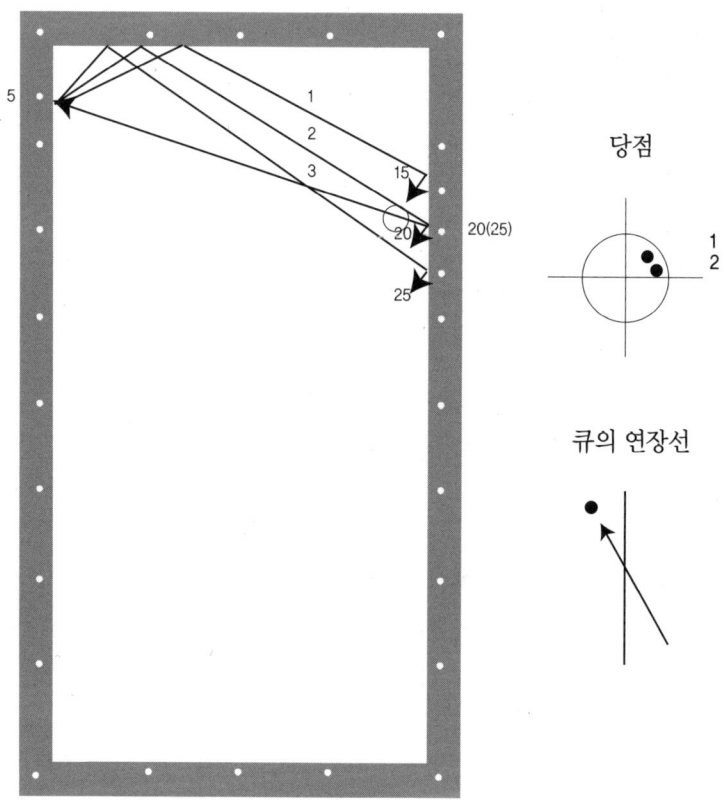

1번 선과 2번 선은 앞장과 같은 방법으로 치면 된다. 그런데 만약 2번 당점에서 큐질을 할 때, 조금 더 큐를 깊이 넣으면서 회전력을 살려 주면 제3쿠션에 입사선 25까지도 나온다.

● 수구 포인트 30 이하에서 맥시멈으로 할 때

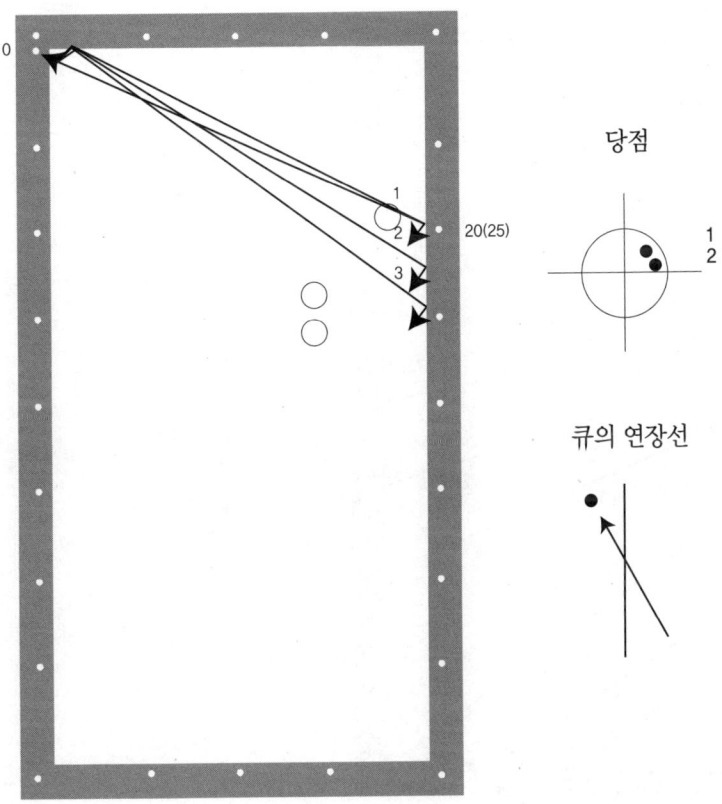

역시 3번 선은 앞장과 마찬가지로 큐를 가볍게 잡고 회전력을 완전히 살려 준다는 느낌으로 샷을 하면 제3쿠션 30 입사선까지 나온다.

● **응용편**

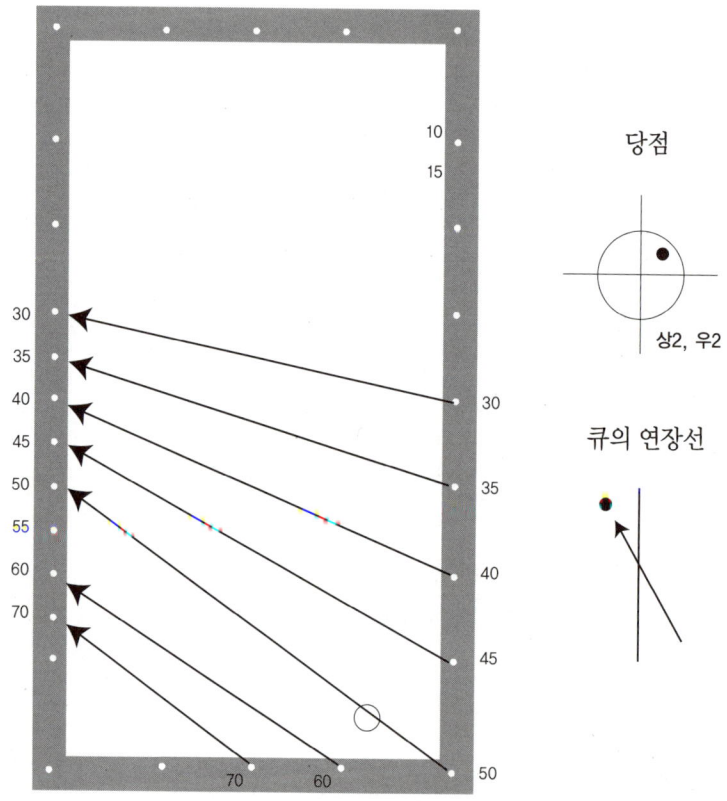

먼저 큐볼의 당점을 상2 우2를 주고, 그림과 같이 큐볼을 출발시켜 보면 그 결과가 어떻게 나오는지 살펴보기를 바란다.

일반적으로 파이브 앤 어 하프 시스템처럼 계산하여 제3쿠션의 제로(0) 지점, 즉 코너라고 생각하기 쉬운데 사실은 직접 장 쿠션에 맞는다.

이 그림을 항상 생각하고 있으면 다음 상황들과 같은 모양을 풀어 치는 데 많은 도움이 될 것이다.

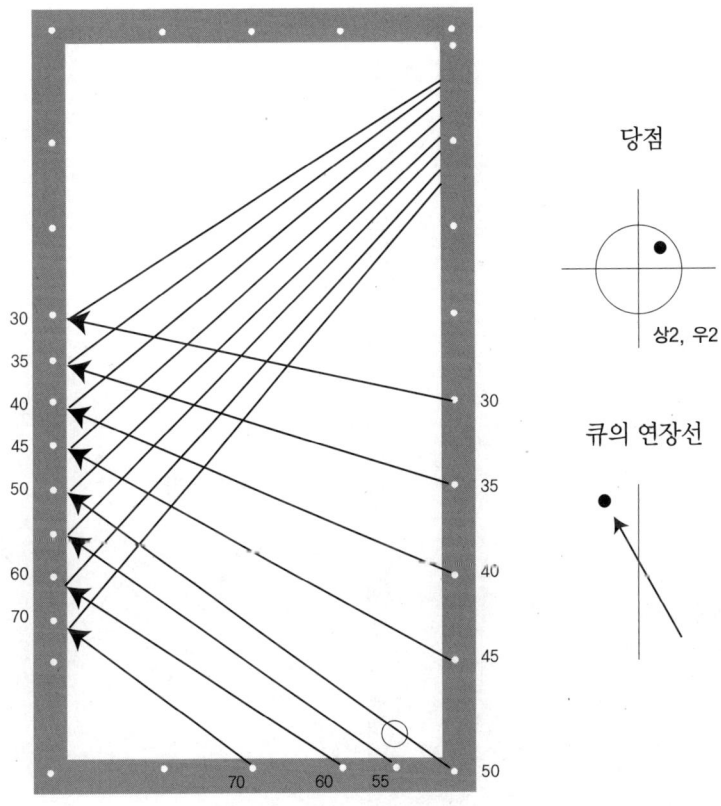

큐볼 포인트 50에서 출발하여 제1쿠션에 50을 맞히면 제2쿠션은 장 쿠션 날선 10에 떨어진다. 쿠질 자체는 길게 큐를 끌고 나가는 것이 아니라 짧게 잡아 준다는 느낌으로 치면 된다.

큐볼 P	제2쿠션 P	큐볼 P	제2쿠션 P
50 ⟶	10	45 ⟶	9
55 ⟶	12	40 ⟶	8
60 ⟶	14	35 ⟶	7
70 ⟶	16	30 ⟶	6

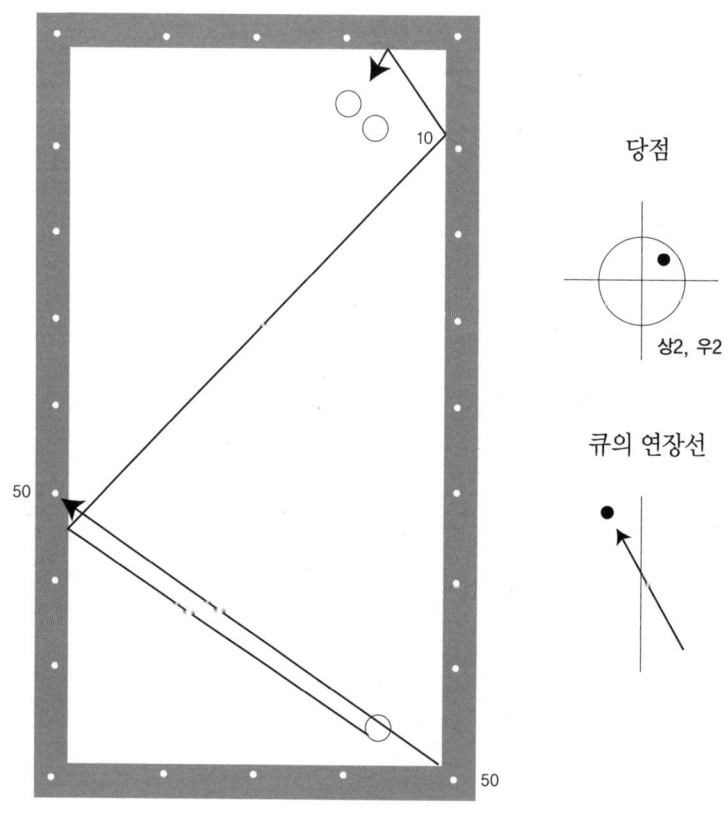

앞의 그림에서는 큐의 연장선만 그려서 이렇게 갈까 하는 의문이 생길 수도 있지만, 실전에서 쳐 보면 큐의 연장선이 포인트를 보고 가는 것이기 때문에 생각보다 잘 들어갈 것이다. 샷은 제1쿠션에서만 회전력을 살려 준다는 느낌으로 친다. 즉, 큐는 비틀지 않고 아주 짧게 나갈 것이며, 세게 치는 것이 아니라 가볍고 부드럽게 쳐야 한다.

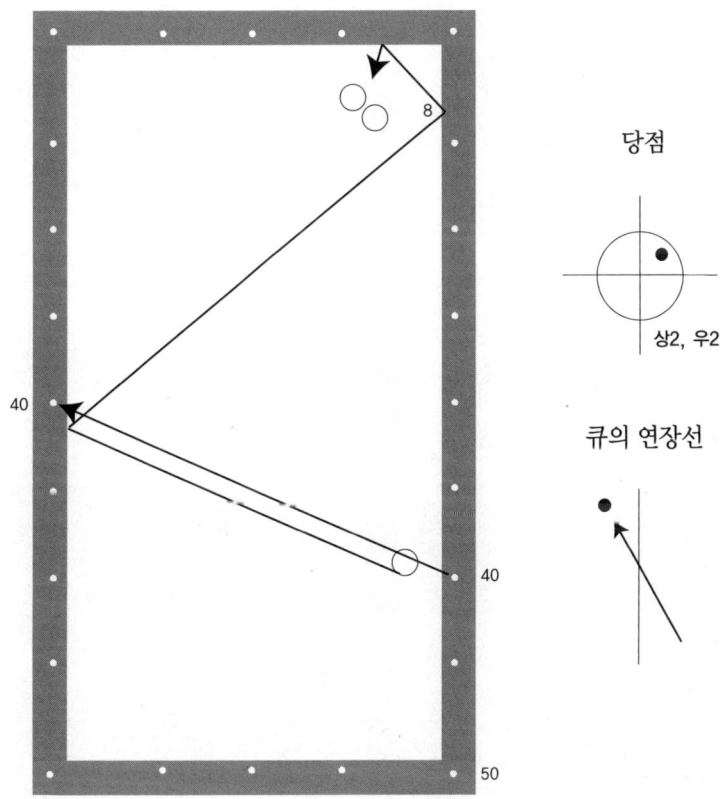

독자와 필자의 회전력이 다르므로, 이런 모양에서 어떤 당점을 주었을 때 그림과 같이 나오는지를 살핀 다음, 자기 자신만의 시스템을 새로 만드는 것이 중요하다.

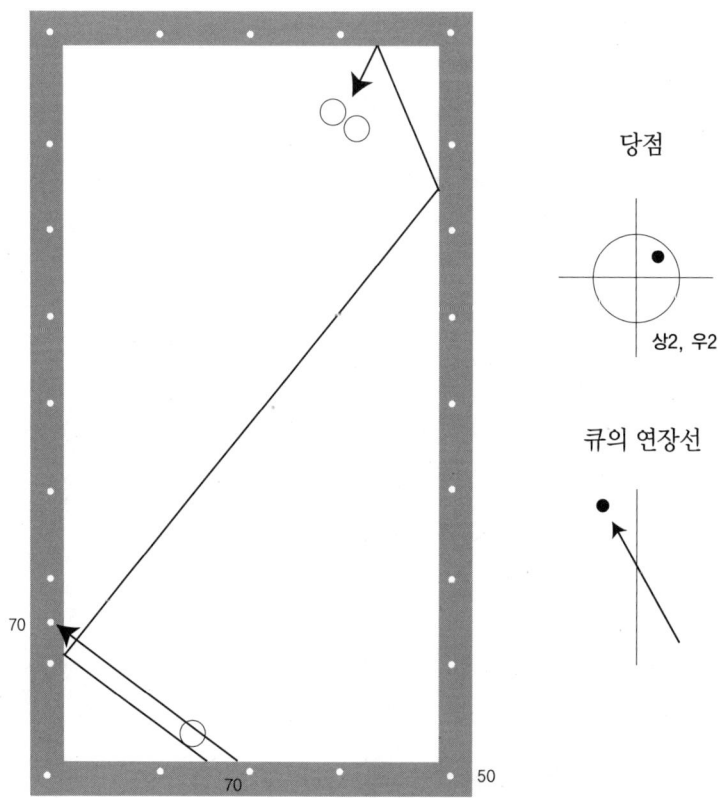

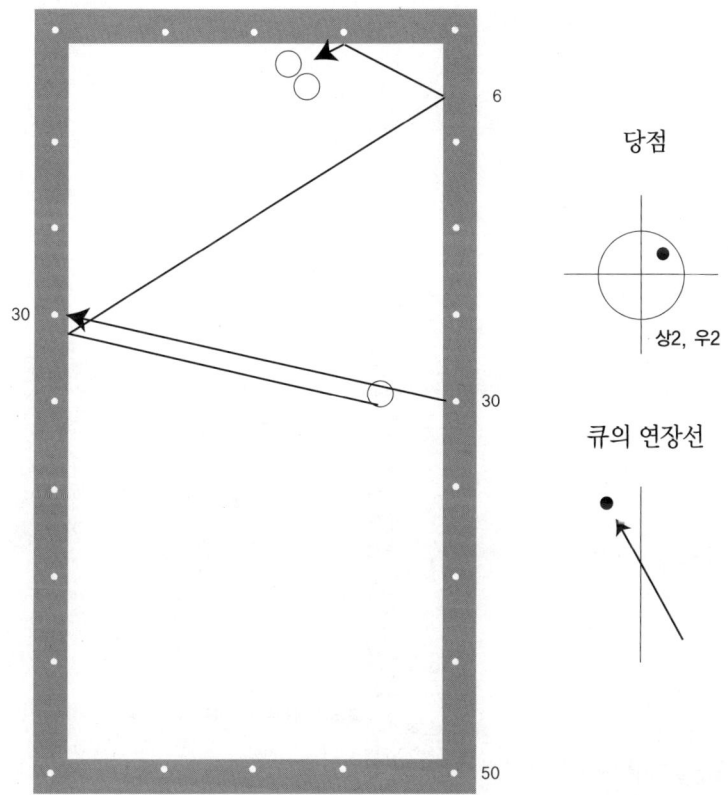

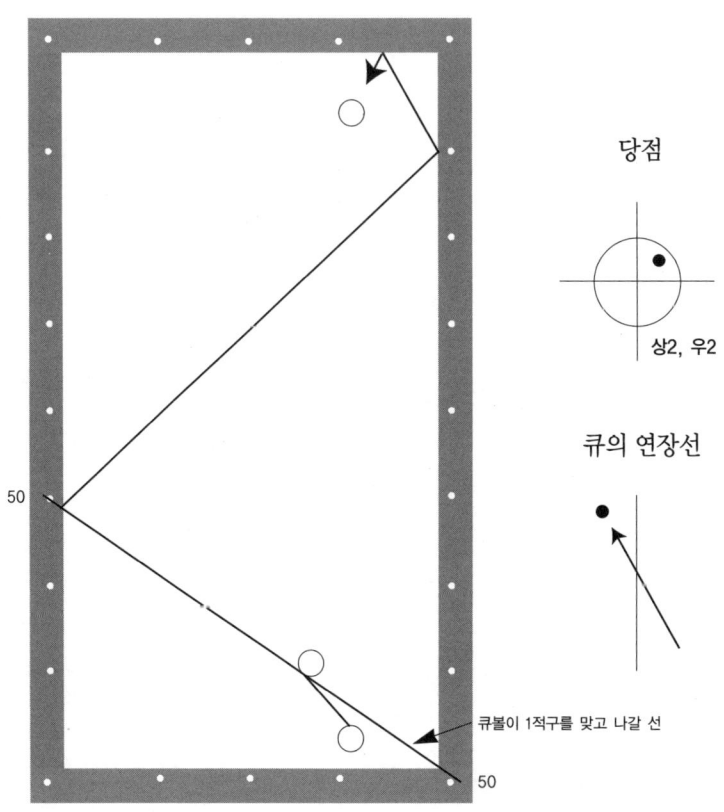

1적구의 위치가 어디에 서 있는지를 먼저 설정한 다음에 앞의 그림처럼 공략한다. 1적구의 위치는 큐볼이 맞고 나갈 지점을 큐볼 포인트와 제1쿠션 포인트를 연결하여 찾는다.

샷은 1적구를 치고 나가는 것이기 때문에 자칫 회전력을 자신도 모르게 더 주는 경우가 많다. 이것만 조심하면 별로 어렵지 않다.

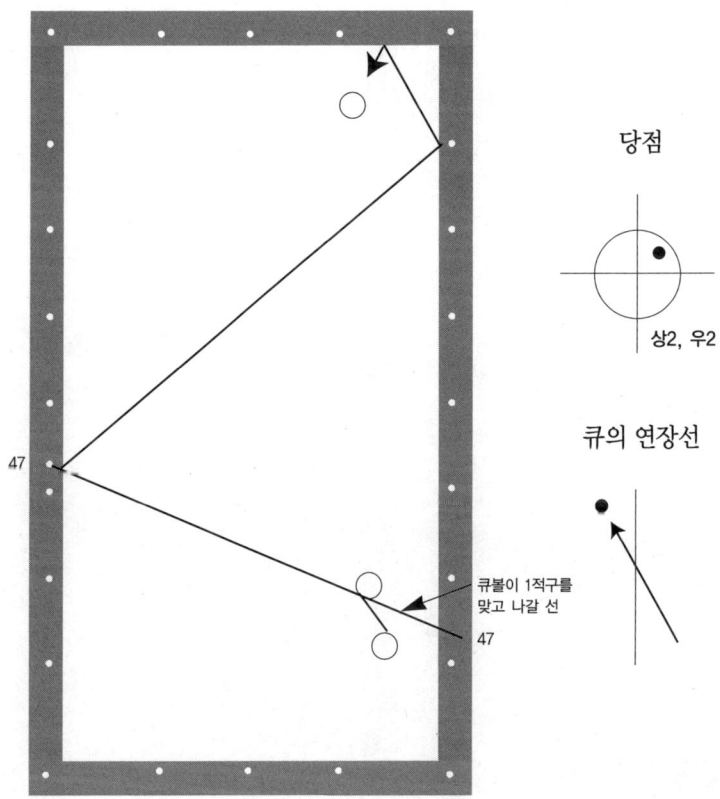

위와 같은 경우 문제가 되는 것은 1적구와 2적구 또는 큐볼과의 키스 타이밍이다. 큐볼이 1적구를 맞고 나갈 선을 찾다보면 그림과 같이 50에서 50, 47에서 47 같은 정확히 떨어지는 것이 별로 없다. 키스 타이밍 때문에 약간씩 바뀐다.

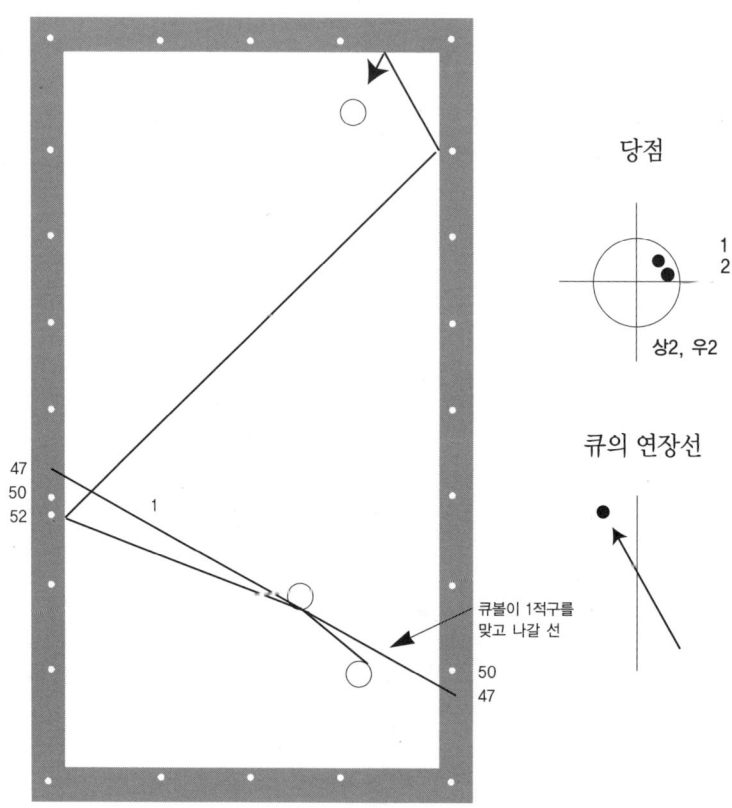

큐볼이 1적구를 맞고 나갈 선으로 큐볼을 보낼 수 없는 경우는 딱 두 가지다. 그 중 하나는 그림과 같이 도저히 1적구를 얇게 맞혀도 보낼 수 없는 경우다.
이때는 기준선과 비교하여 큐볼을 어디까지 보낼 수 있는지를 생각한 다음 약 5포인트 차이가 나면 당점을 2번으로 변화시킨다.

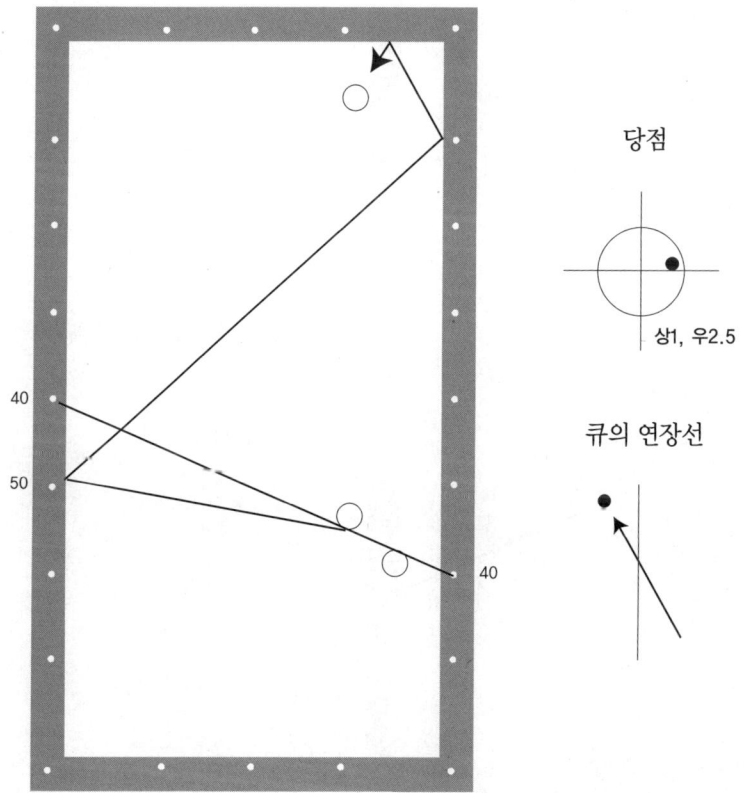

기준선과 비교하여 약 10포인트 차이가 나면 그림과 같은 당점에서 치되, 큐를 바닥과 약 5~6도 세워서 부드럽게 친다. 앞장보다 회전이 더 많이 살게 되어 위의 그림과 같이 들어간다.

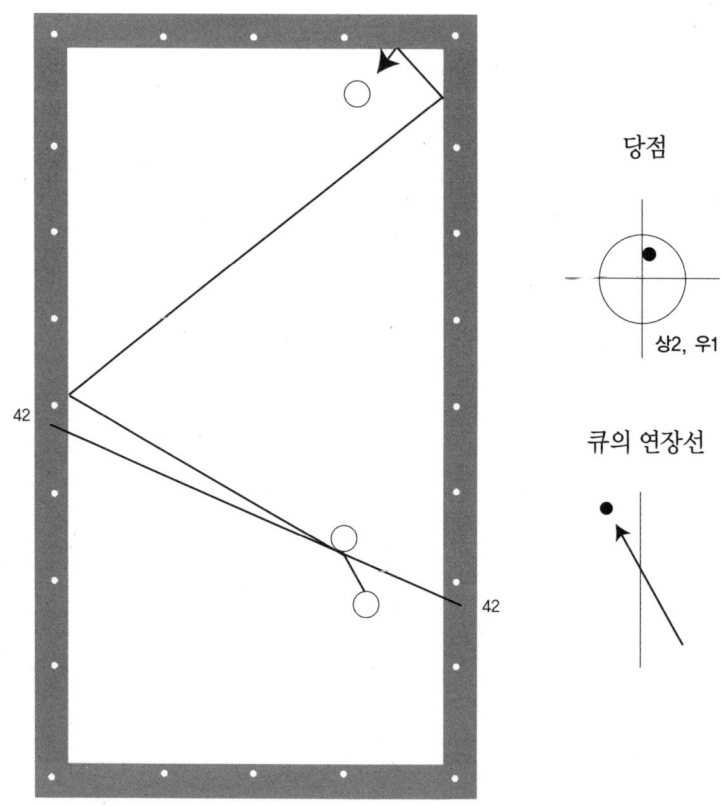

이 그림은 1적구와 2적구 또는 큐볼과의 키스를 빼기 위해서 1적구를 얇게 맞혀야 하는데, 이렇게 치게 되면 큐볼이 기준선을 넘어가는 경우다.
이때의 당점은 그림과 같이 상2 우1을 주고, 큐는 되도록 바닥과 수평을 유지하면서 샷은 부드럽게 치되 큐는 짧게 나간다. 즉, 회전을 수구에 덜 줌으로써 수구의 진도를 결정하는 것이다.

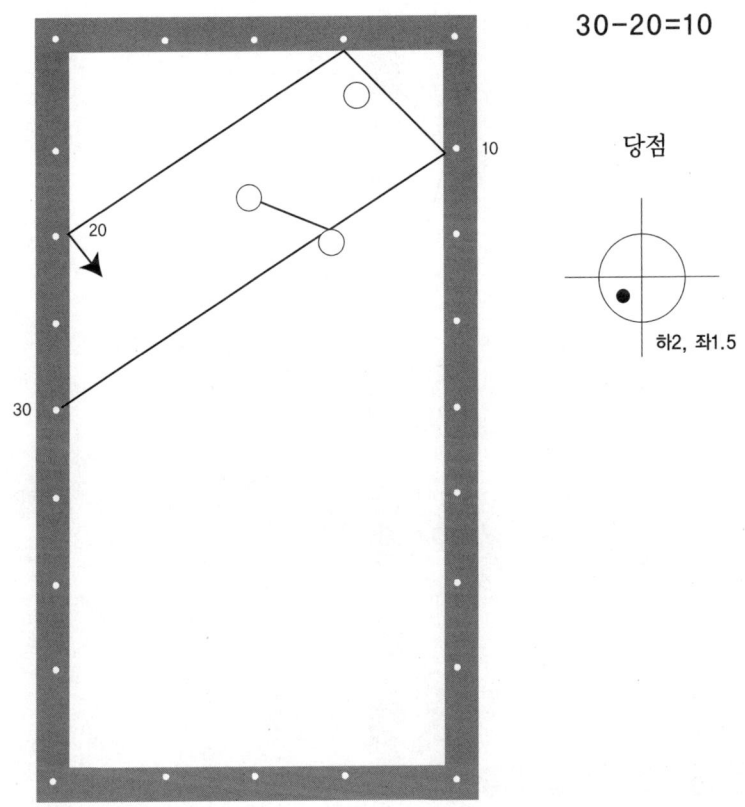

이 그림과 같은 모양에서의 응용은 많은 연습을 해야 한다. 실제로 이런 모양을 칠 때 회전력을 많이 살려 주는 게 습관이 되어 있기 때문에 1.5팁을 주어 비틀지 않고 쳐야 제 각이 나온다.
위와 같이 공 3개가 다같이 한쪽으로 있는 경우에는 회전력을 살려 주면 시스템선과는 다르게 나온다.

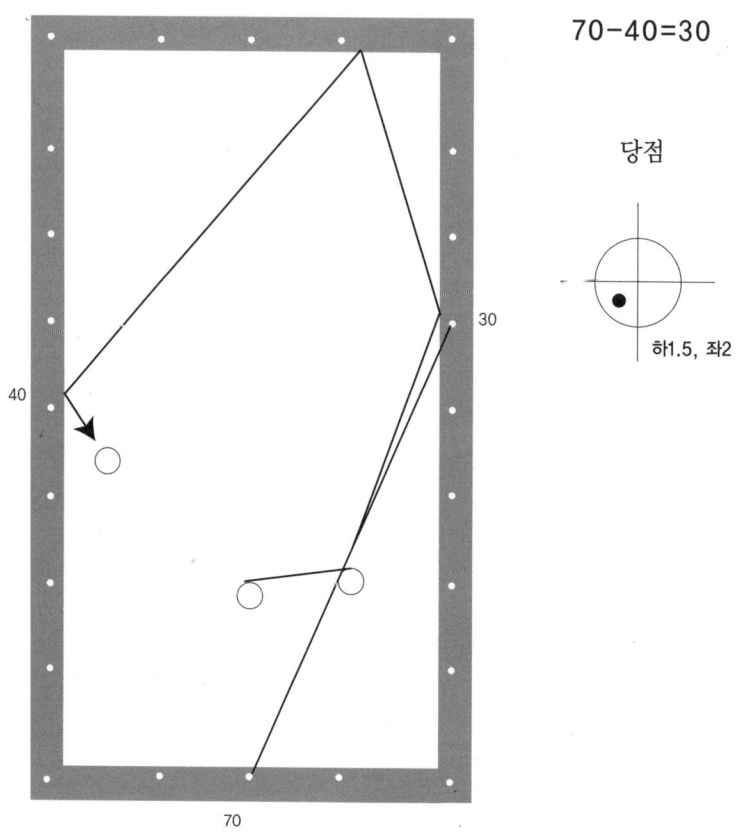

이런 빗각 모양은 먼저 시스템선을 찾고, 다음에 큐볼을 끌어칠 때 시스템상의 포인트로 보내지 말고 그 포인트보다 약 5포인트 길게 치는 것이 안전하다.
이런 모양에서 실수하는 것은 보통 1적구를 약간 얇게 맞히는 경우인데, 1적구가 얇게 겨냥이 되면 큐볼을 세게 밀어치게 된다. 그러면 큐볼이 1적구를 맞고 제1쿠션까지 가는 동안에 큐볼이 휘어가게 되어 짧아지게 된다.

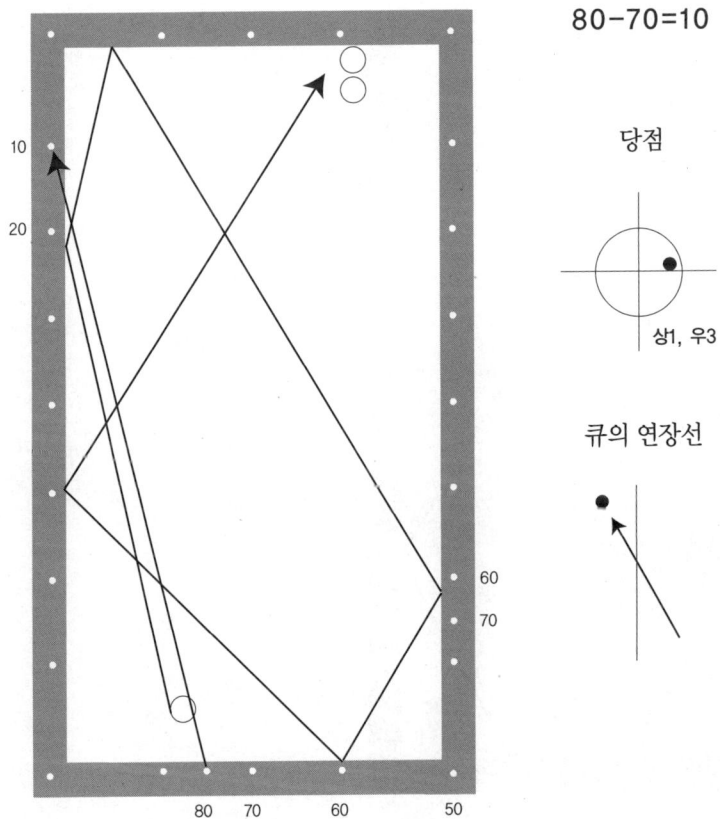

큐의 뒤쪽을 약간 세워서(약 5~6도) 치되, 큐볼이 커브가 일어나게끔 부드럽게 밀어친다. 만약 큐를 짧고 빠르게 끊어 친다면 스커트가 일어나서 오히려 더 짧아진다.

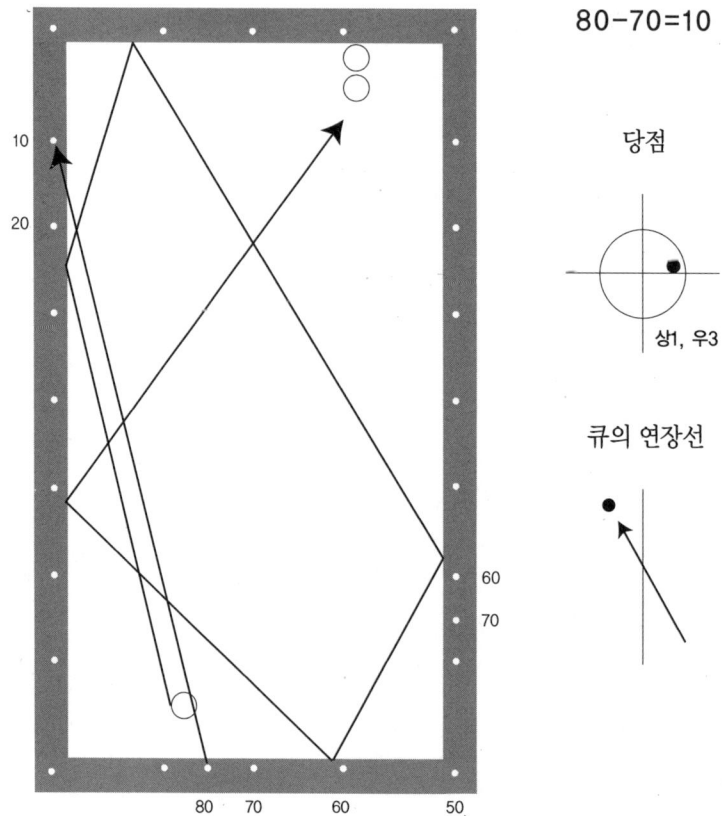

앞장과 마찬가지로 계산은 똑같지만 치는 방법이 다르기 때문에 이러한 결과가 나온 것이다. 앞장은 부드럽고 길게 큐를 밀어치지만, 여기서는 큐질을 순간적으로 잘못하여 큐를 짧게 끊어 쳐서 큐볼이 스커트 현상이 일어나면서 결과적으로 큐볼이 짧게 떨어지게 된 것이다.

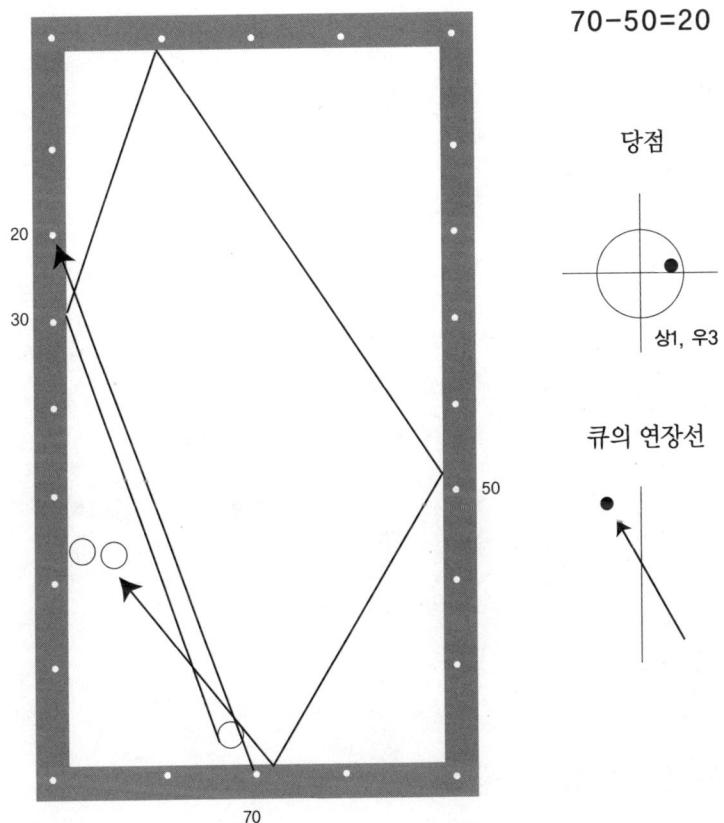

큐의 뒤쪽을 약간 세워서(약 5~6도) 치되 큐볼이 커브가 일어나게끔 부드럽게 밀어친다. 부드럽게 친다고 해서 약하게 치는 것은 아니다.
큐와 공이 닿는 순간이 빠르게, 즉 큐 스피드가 있어야 큐볼이 살아서 움직인다.

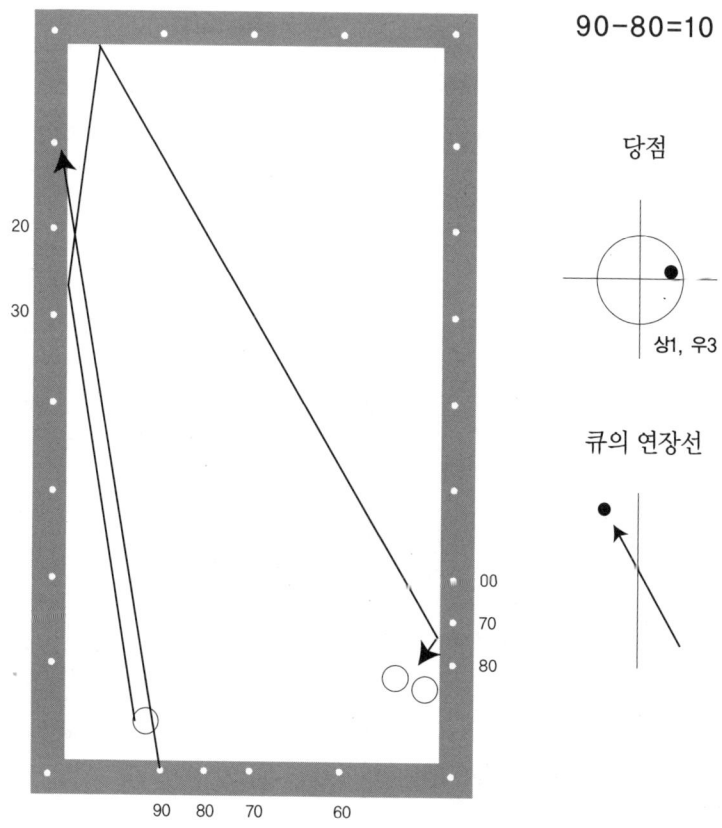

이런 유형은 수구의 회전력만 확실하게 살려 주면서, 스커트가 아닌 커브가 일어나게 치면서 제1쿠션까지 정확하게 보내주면 된다.

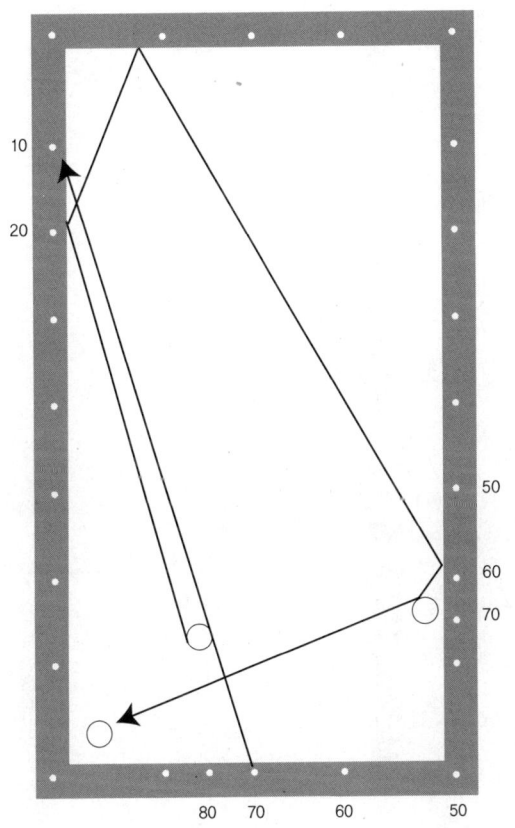

70-60=10

당점

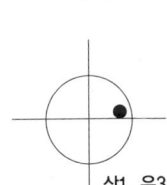

상1, 우3

큐의 연장선

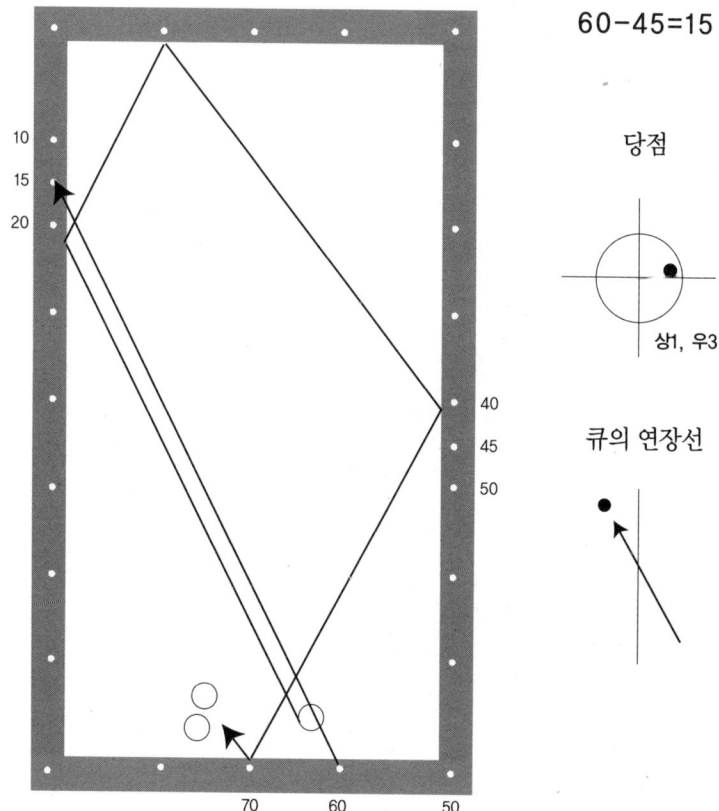

70-50=20

당점

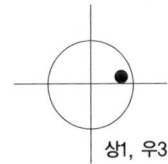

상1, 우3

큐의 연장선

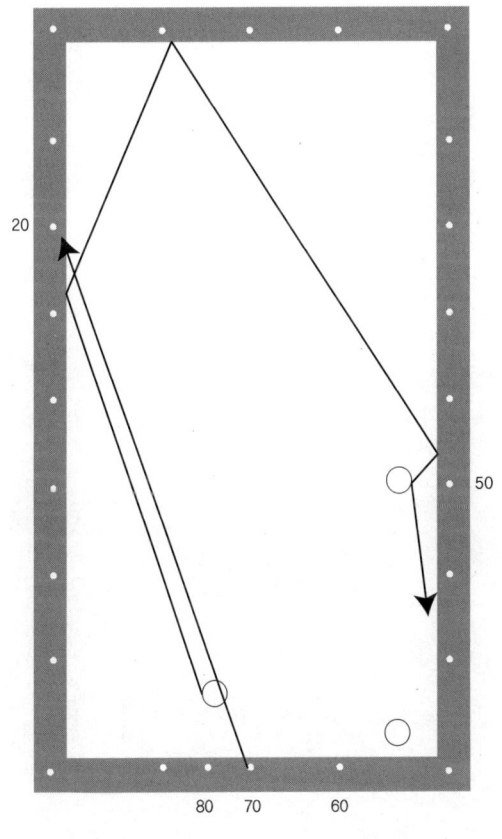

Plus Two System　2장

플러스 투 시스템

● 수구 20포인트 안쪽

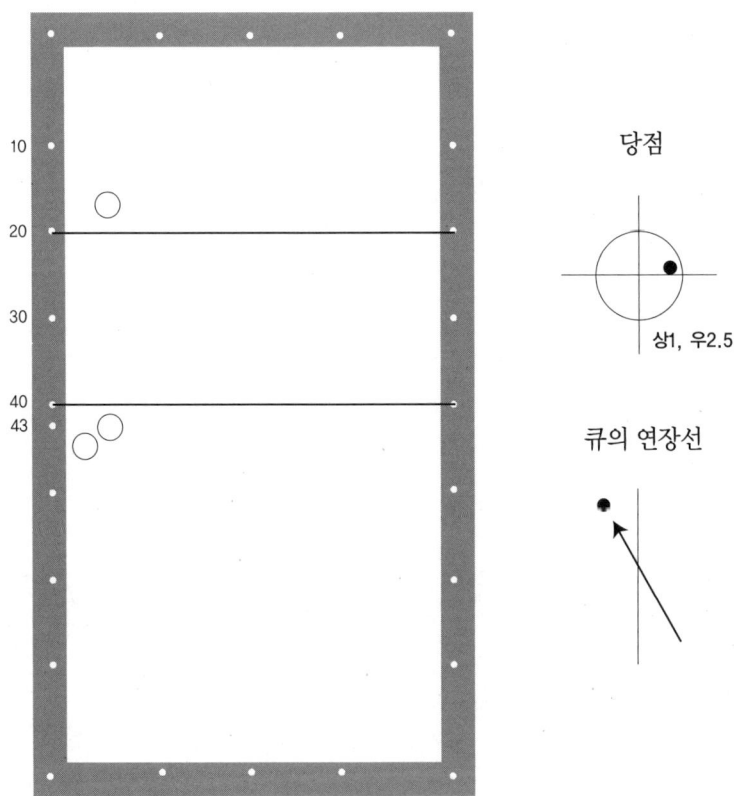

먼저 상식적인 플러스 투 시스템보다 수구가 장 쿠션 포인트로 20포인트 안에 있을 때의 치는 방법을 설명하고자 한다.

보통 20포인트 안에 수구가 있으면 플러스 투 시스템이 적용이 안 된다고 생각하는데, 자신한테 맞는 새로운 시스템을 만들면 된다. 수구는 장 쿠션 20포인트 안에 있고, 목적구는 장 쿠션 43포인트를 한계점으로 생각하고 이 공식을 적용하여 실전에서 사용하길 바란다.

제1쿠션 포인트 = 제3쿠션 포인트 - 수구 포인트 - 18

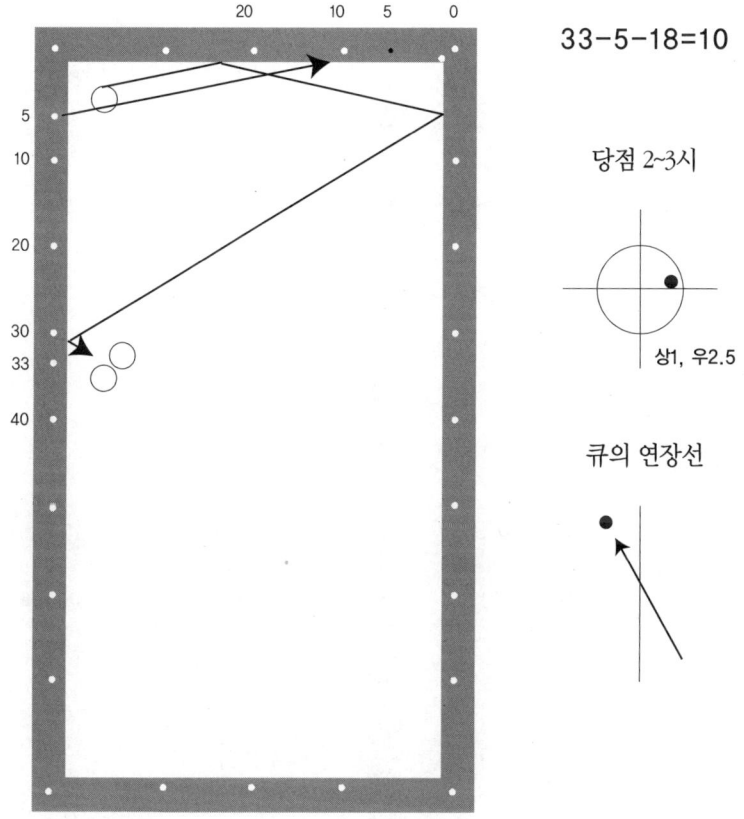

치는 방법은 수구의 회전력을 첫 쿠션에서 살려 준다는 느낌으로 가볍게 밀어친다. 만약 수구를 끊어 친다면 첫 쿠션에서 반발이 생겨 더 길게 나온다.

> 왜 일반상수 18이 나왔는지 당구대에서 직접 쳐 보길 바란다.
> 통상적으로 수구가 20포인트 안에서 단 쿠션으로 쳐 보면 제3쿠션에 수구와의 차이가 약 18 정도 차이 나게 떨어진다. 만약 당구대가 16 정도 차이 나게 떨어진다면 일반상수를 16으로 하면 된다.

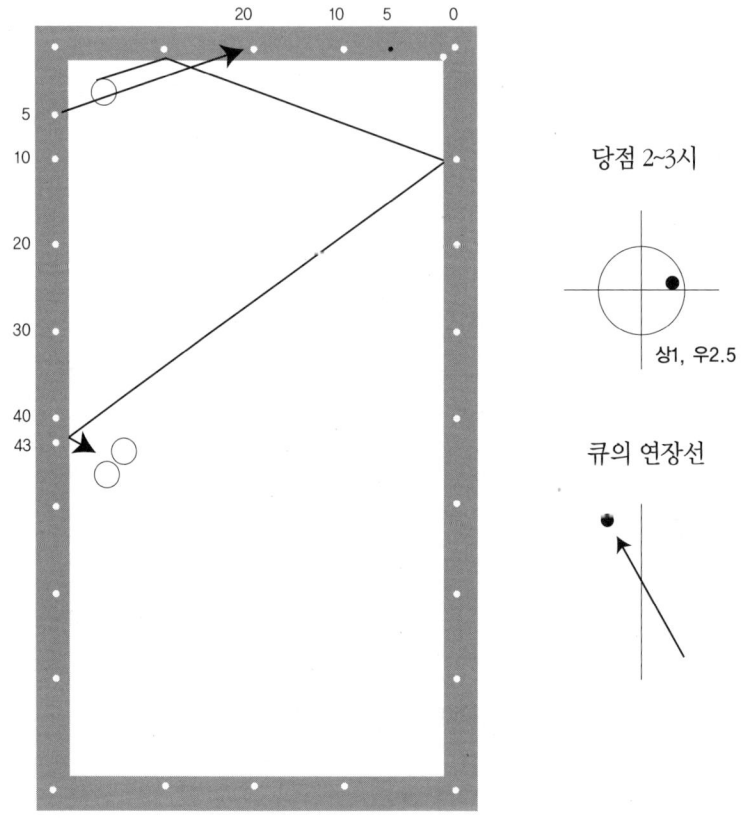

치는 방법은 수구의 회전력을 첫 쿠션에서 살려 준다는 느낌으로 가볍게 밀어친다.
만약 수구를 끊어 친다면 첫 쿠션에서 반발이 생겨서 더 길게 나온다.

43-5-18=20

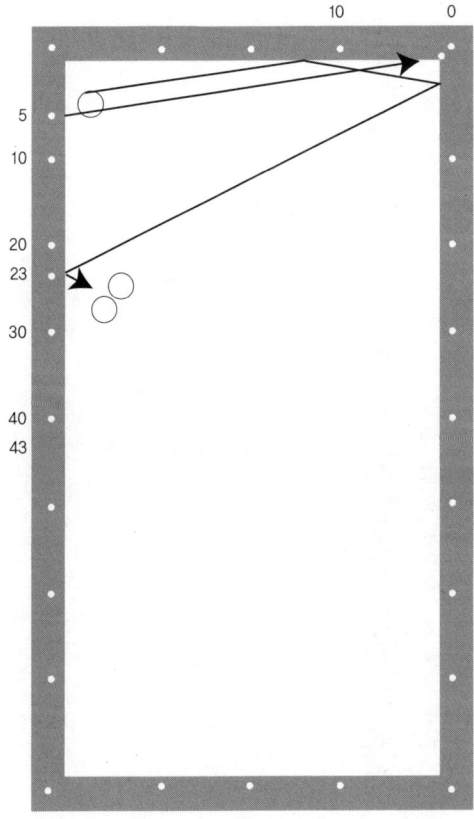

23-5-18=0

당점 2~3시

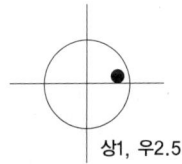

상1, 우2.5

큐의 연장선

23-5-18=0

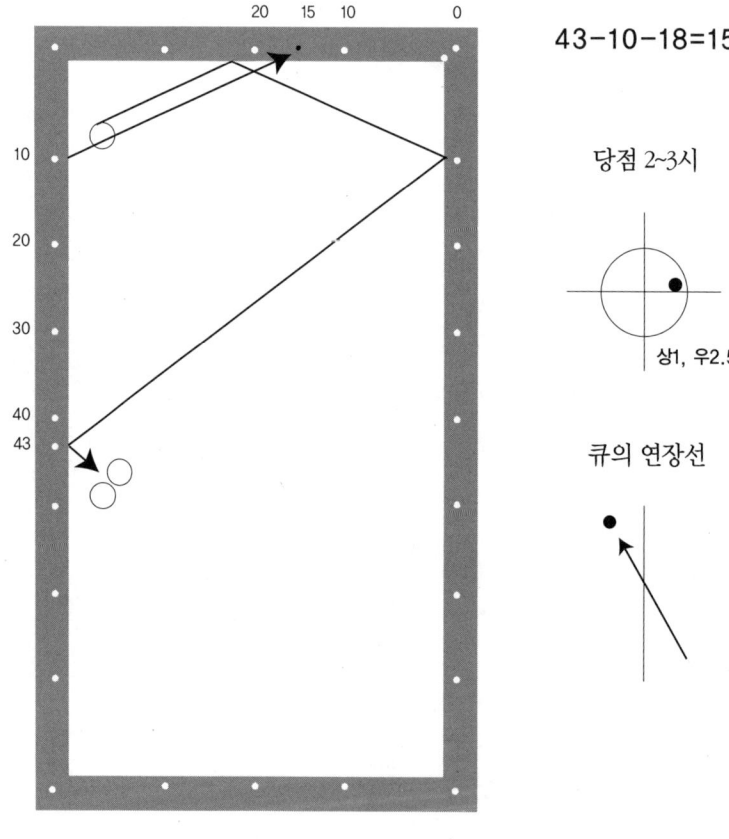

43-10-18=15

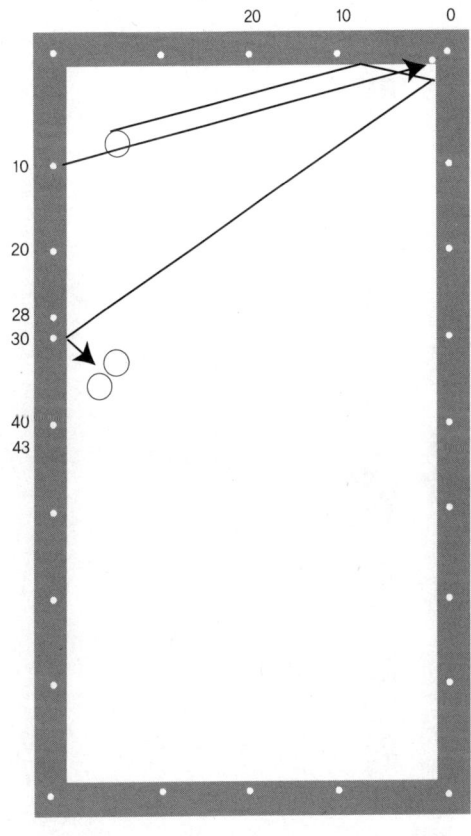

28-10-18=0

당점 2~3시

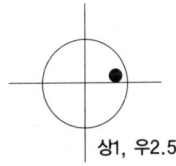

상1, 우2.5

큐의 연장선

28-10-18=0

43-15-18=0

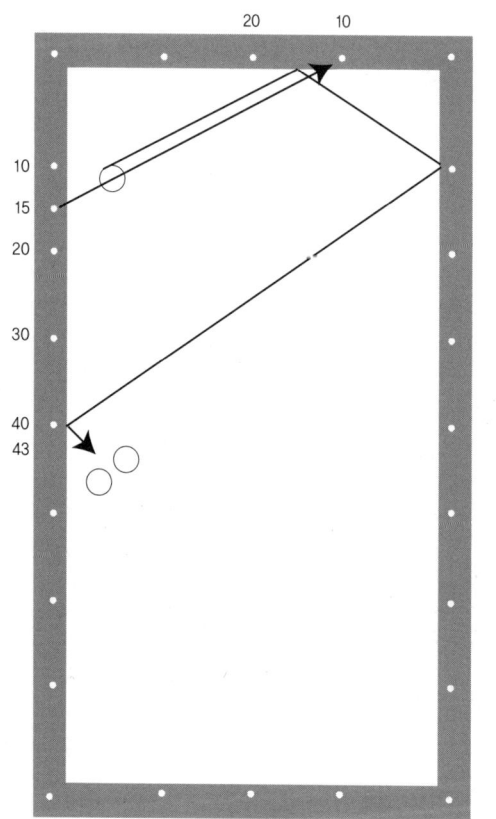

당점 2~3시

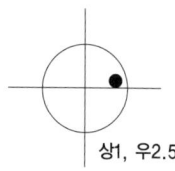

상1, 우2.5

큐의 연장선

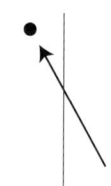

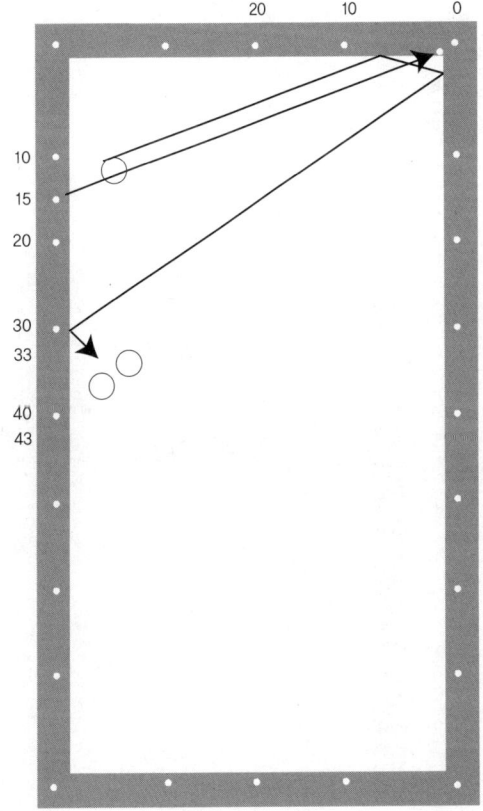

33-15-15=0

당점 2~3시

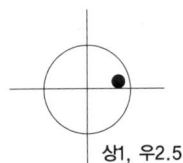

상1, 우2.5

큐의 연장선

플러스 투 시스템 75

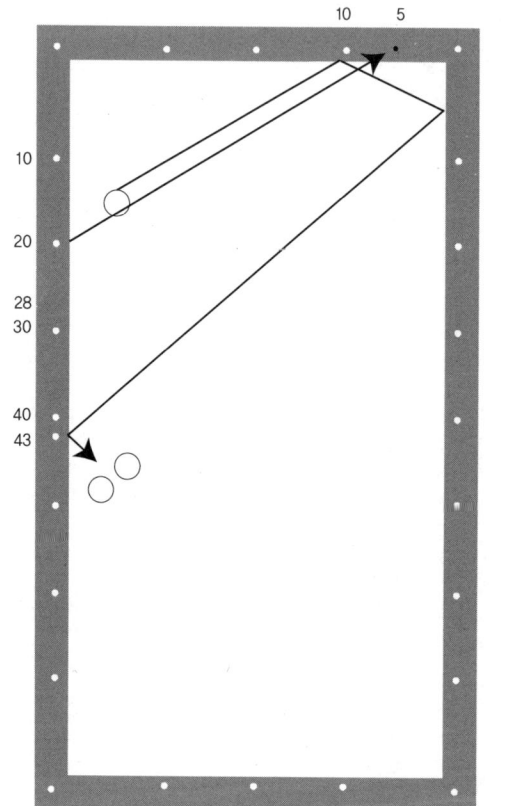

43-20-18=5

당점 2~3시

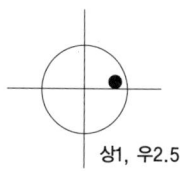

상1, 우2.5

큐의 연장선

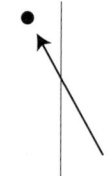

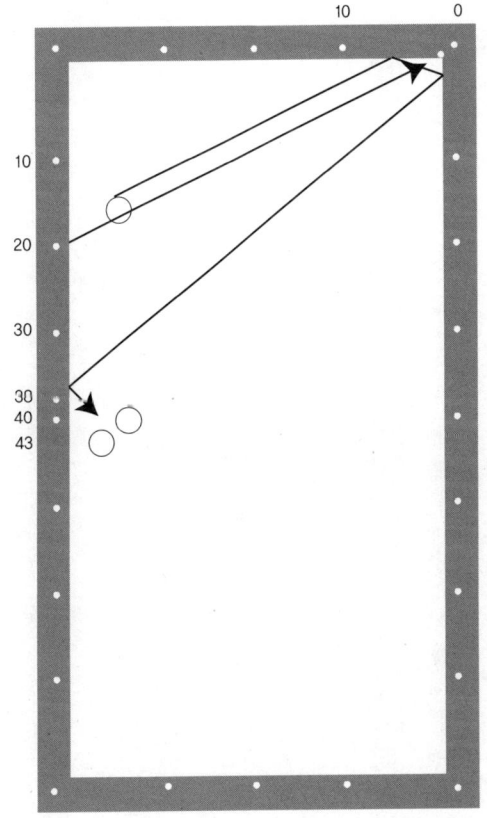

38-20-18=0

당점 2~3시

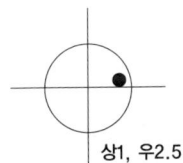

상1, 우2.5

큐의 연장선

● 응용편

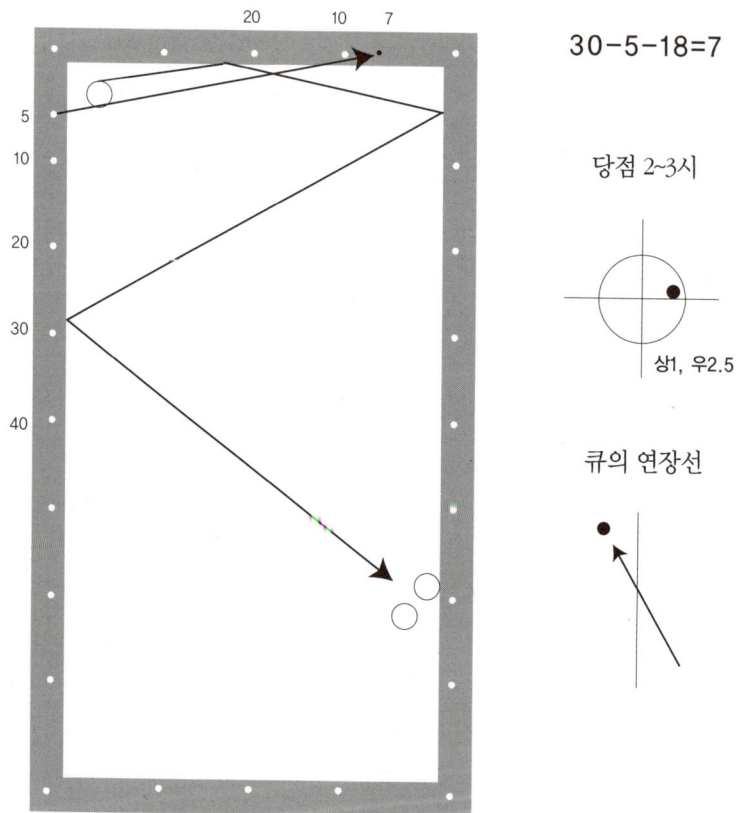

30-5-18=7

당점 2~3시

상1, 우2.5

큐의 연장선

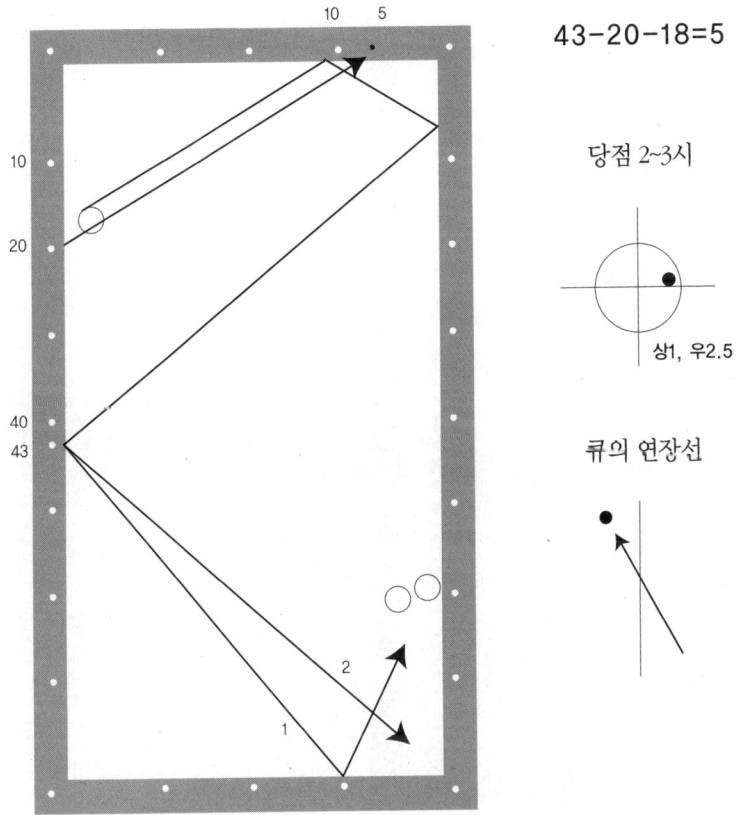

1번 선은 당구대가 약간 미끄러지는 상태에서 그림과 같이 나온다.
2번 선처럼 당구대가 약간 꺾이는 상태라면 코너를 향해 끌려 간다.

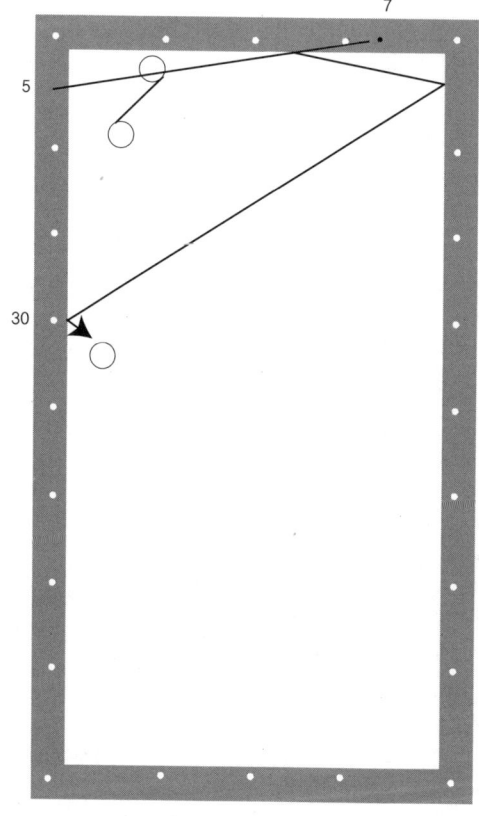

30-5-18=7

당점 3~4시

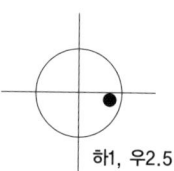

하1, 우2.5

그림과 같은 모양에서도 사용할 수 있으므로 꼭 기억해서 연습을 하기 바란다.
단, 이 모양은 빈 쿠션을 치는 것이 아니므로 당점이 하단 쪽으로 내려가며 치는 방법도 밀어치는 것이 아니라 짧게 끊어 쳐야 한다.

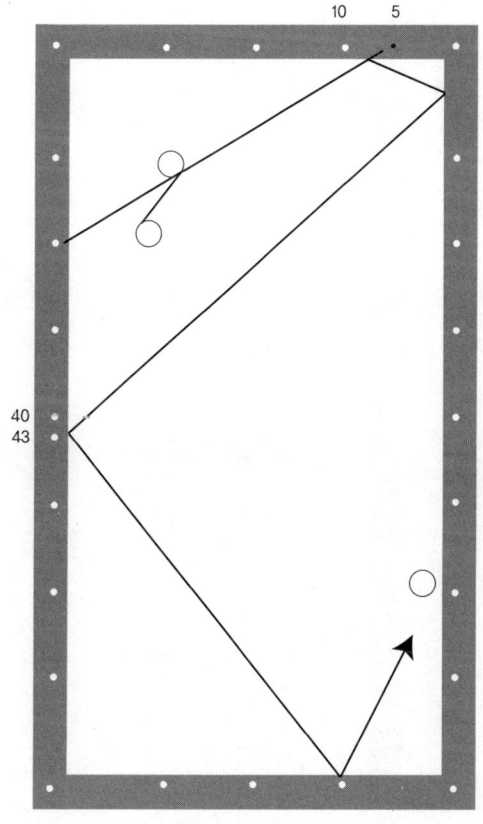

43-20-18=5

당점 3~4시

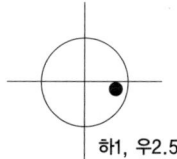

하1, 우2.5

● 제자리로 돌아오기

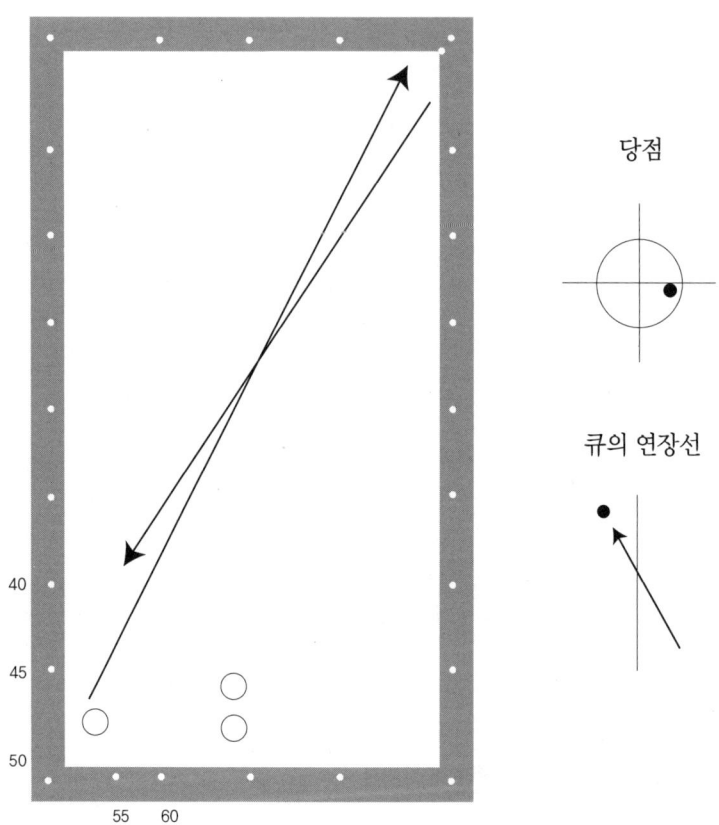

수구가 코너선에 있을 때는 항상 단 쿠션에서 수구가 예민하게 반응한다. 다시 말해 샷을 어떻게 하는가에 따라 짧게도 나오고 길게도 나온다. 그러므로 샷을 어떻게 할 것인지를 미리 판단하고 확실하게 쳐야 한다.

여기서는 큐의 스피드는 약간 빠르게 하며, 첫 쿠션에서 회전력을 살려 준다는 느낌으로 친다. 큐는 많이 안 나가고 약간 잘라 주면서 회전력을 살리기 위해 큐를 비틀면 안 된다. 당점이 포인트마다 약간씩 변화하므로 쳐 보고 기억해야 한다.

● 제자리로 돌아오기 1

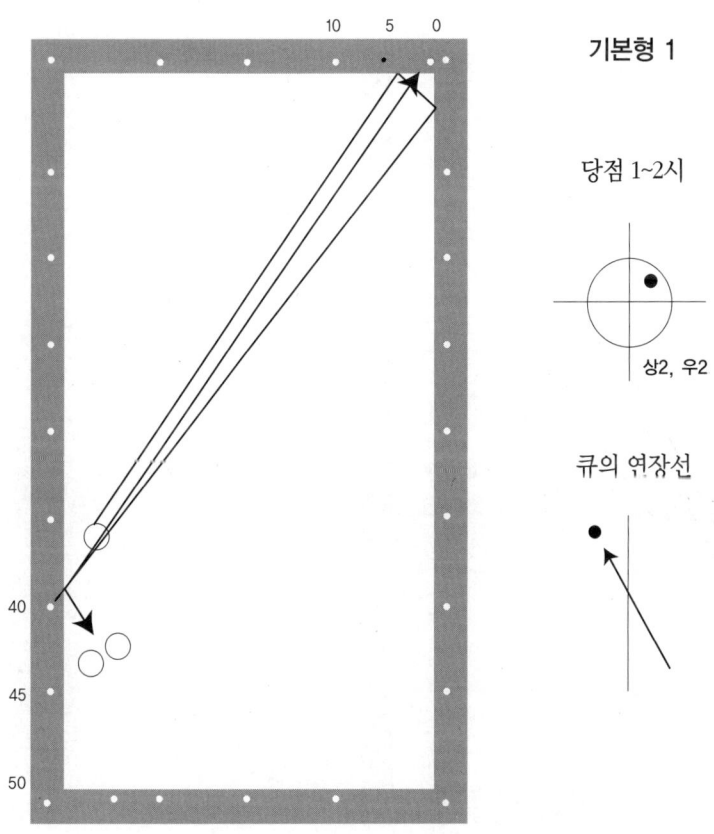

기본공식: 제1쿠션 포인트 = 제3쿠션 포인트 - 수구 포인트

수구 40일 때 제1쿠션 코인트 0, 5, 10
먼저 수구가 40에 있을 때는 제1쿠션 포인트의 코너가 0이 된다.
당점은 중·상단, 즉 상2 우2로 주고 쳐야 한다.

40-40=0

● 제자리로 돌아오기 2

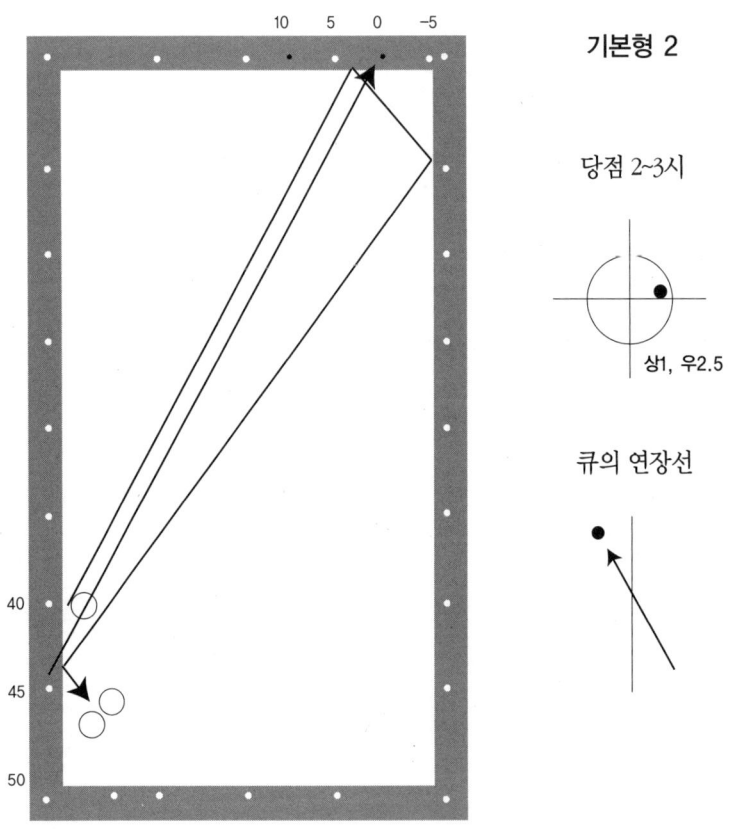

수구가 45에 있을 때는 제1쿠션의 코너가 -5가 된다.

기본공식: 제1쿠션 포인트 = 제3쿠션 포인트 - 수구 포인트

당점은 2~3시 방향으로 바뀐다.

● 제자리로 돌아오기 3

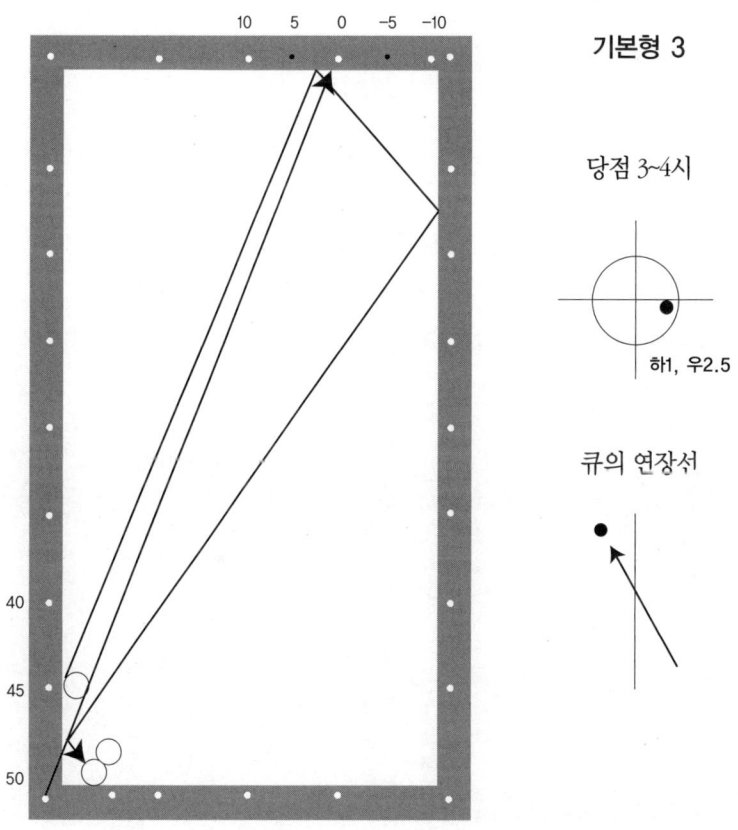

기본형 3

당점 3~4시

하1, 우2.5

큐의 연장선

수구가 50에 있을 때는 제1쿠션 포인트의 코너가 -10이 된다.

기본공식: 제1쿠션 포인트 = 제3쿠션 포인트 - 수구 포인트

당점은 3~4시 방향으로 바뀐다.

● 플러스 투 시스템 2

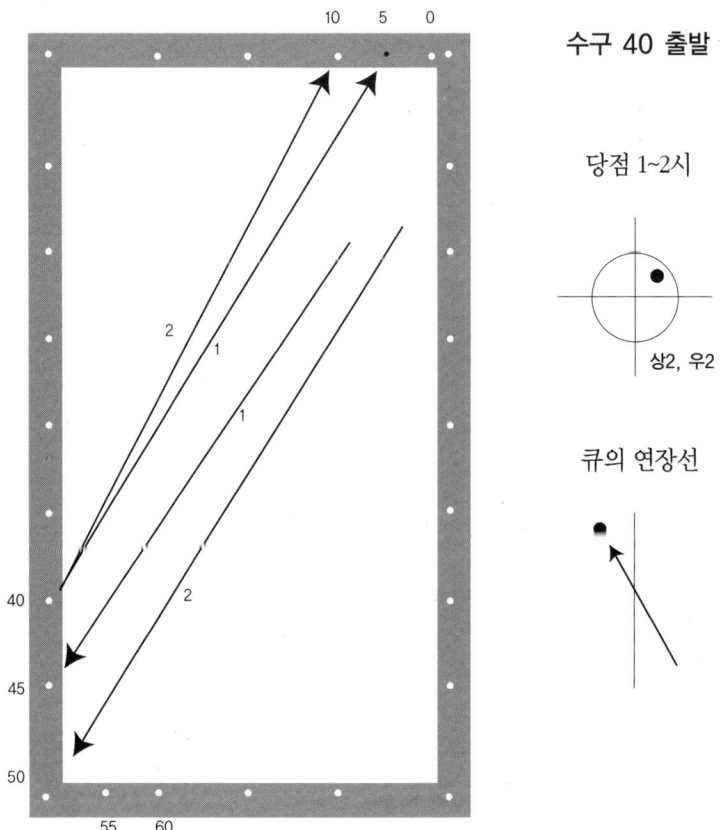

수구가 40일 때의 제1쿠션 포인트를 기억해야 한다.

1번 선   45-40=5
2번 선   50-40=10

기본공식: 제1쿠션 포인트 = 제3쿠션 포인트 - 수구 포인트

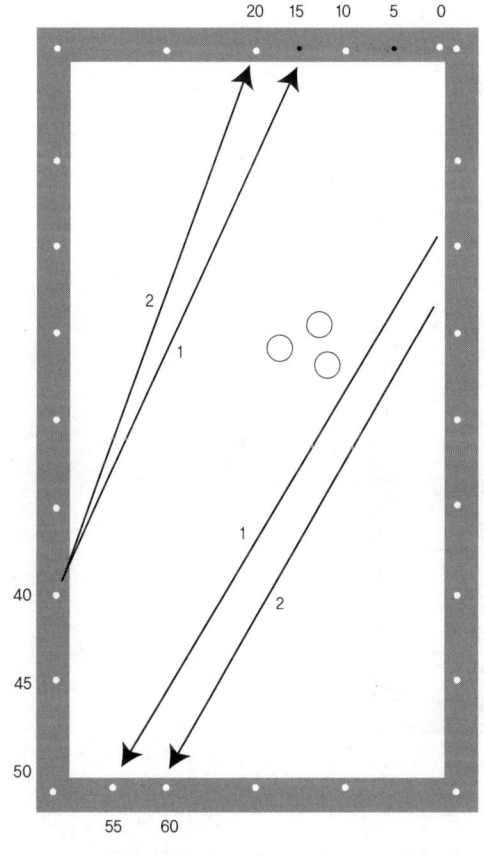
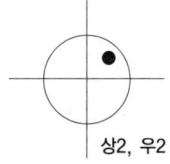
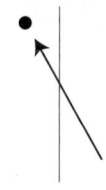

수구 40 출발

당점 1~2시

상2, 우2

큐의 연장선

1번 선 55-40=15
2번 선 60-40=20

기본공식: 제1쿠션 포인트 = 제3쿠션 포인트 - 수구 포인트

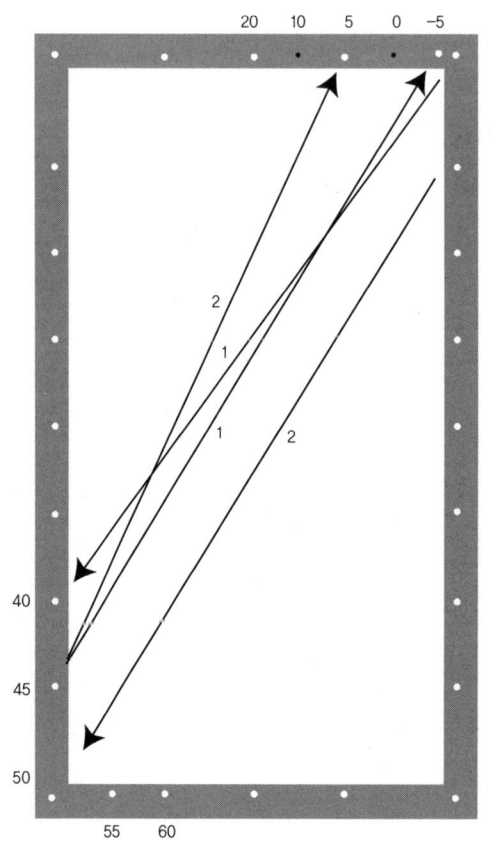
수구 45 출발

당점 2~3시

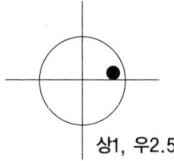

상1, 우2.5

큐의 연장선

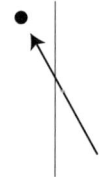

수구의 위치가 45일 때는 제1쿠션의 코너가 -5가 되는 점에 유의해야 한다.

1번 선   40-45=-5
2번 선   50-45=5

기본공식: 제1쿠션 포인트 = 제3쿠션 포인트 - 수구 포인트

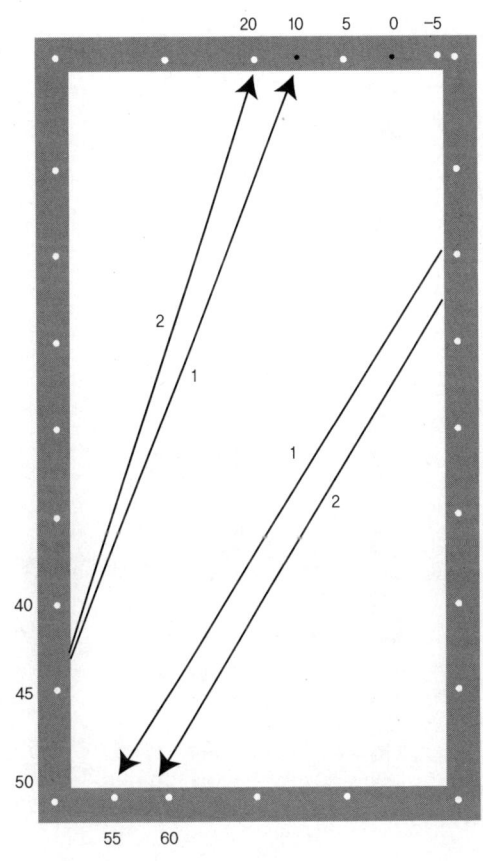

수구 45 출발

당점 2~3시

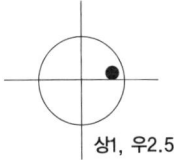

상1, 우2.5

큐의 연장선

수구의 위치가 45일 때는 제1쿠션의 코너가 -5가 되는 점에 유의해야 한다.

1번 선   55-45=10
2번 선   60-45=15

기본공식: 제1쿠션 포인트 = 제3쿠션 포인트 - 수구 포인트

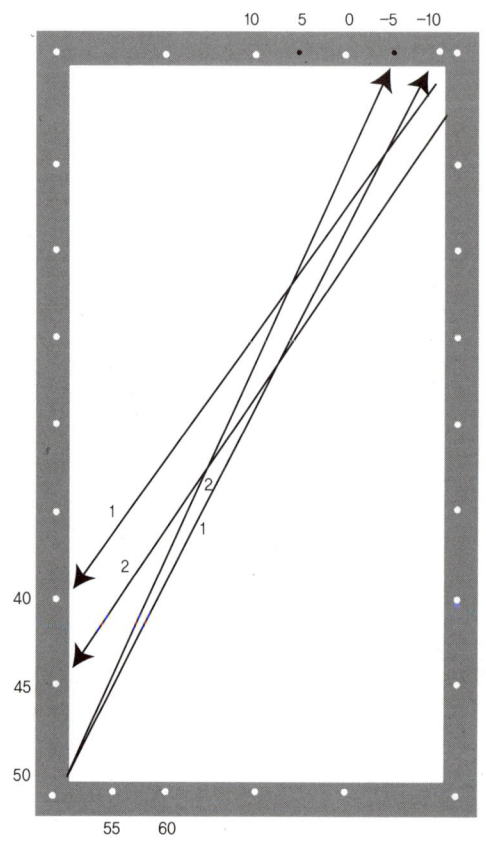
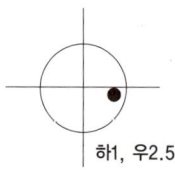

수구의 위치가 50일 때는 제1쿠션의 코너가 -10이 되는 점에 유의해야 한다.

1번 선 40-50=-10
2번 선 45-50=-5

기본공식: 제1쿠션 포인트 = 제3쿠션 포인트 - 수구 포인트

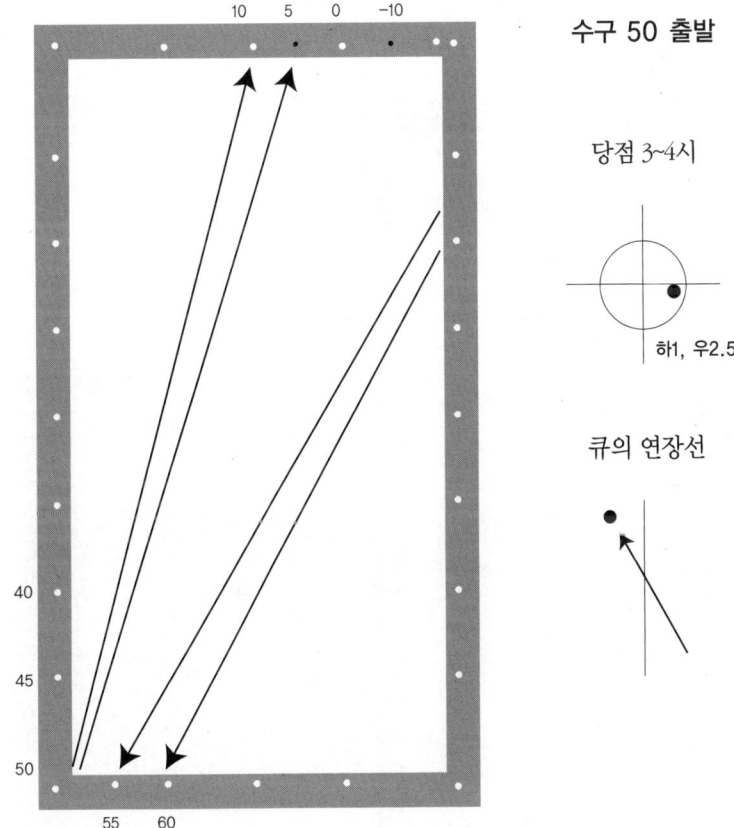

기본공식: 제1쿠션 포인트 = 제3쿠션 포인트 - 수구 포인트

● 플러스 투 시스템 3(특수한 경우)

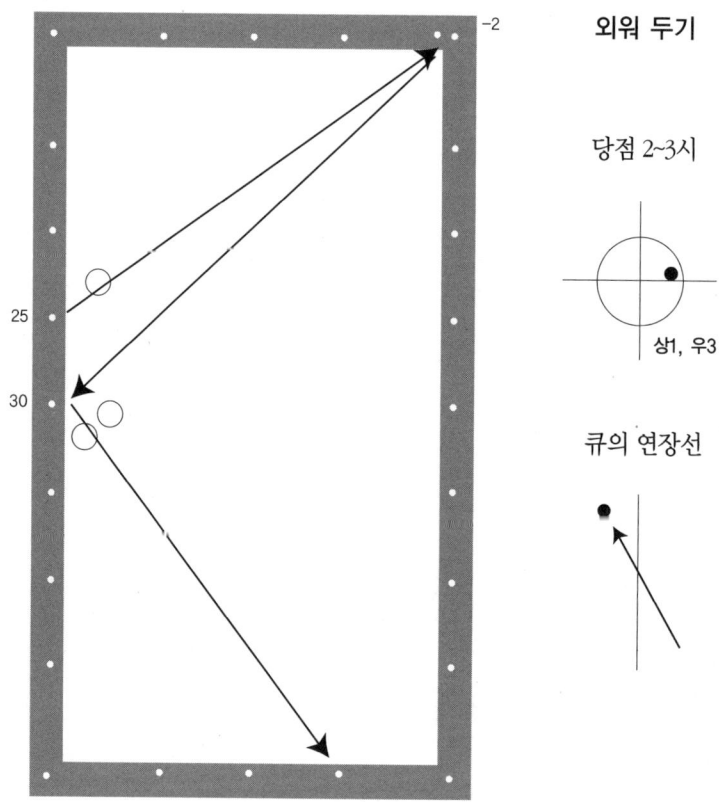

3번째 포인트에서 4번째 포인트로 보내는 것은 큐 선이 코너 각을 보고 빠른 큐질로 치되, 큐는 길게 나가지 않고 짧게 보낸다. 왜냐하면 수구의 회전력이 첫 쿠션에서 강하게 살아야 제2쿠션으로 들어가는 입사각이 좋아지기 때문이다.

기본공식이 적용되지 않는다.

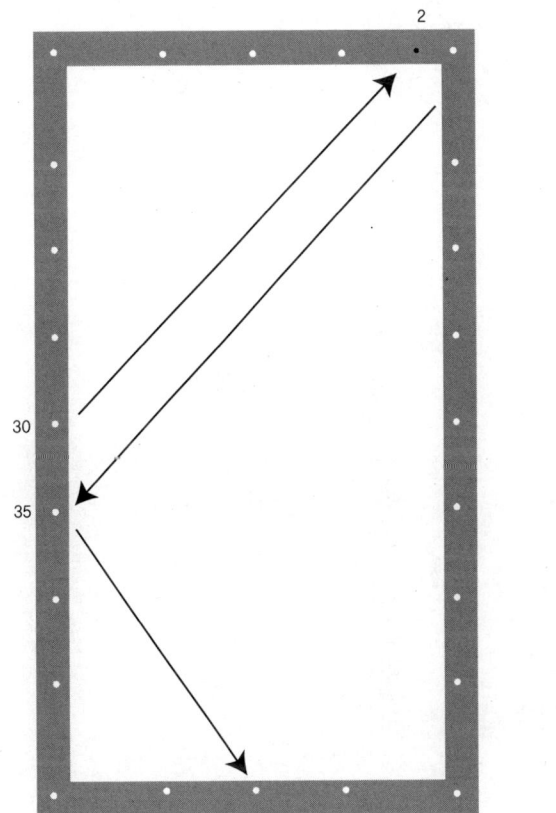

기본공식이 적용되지 않는다.

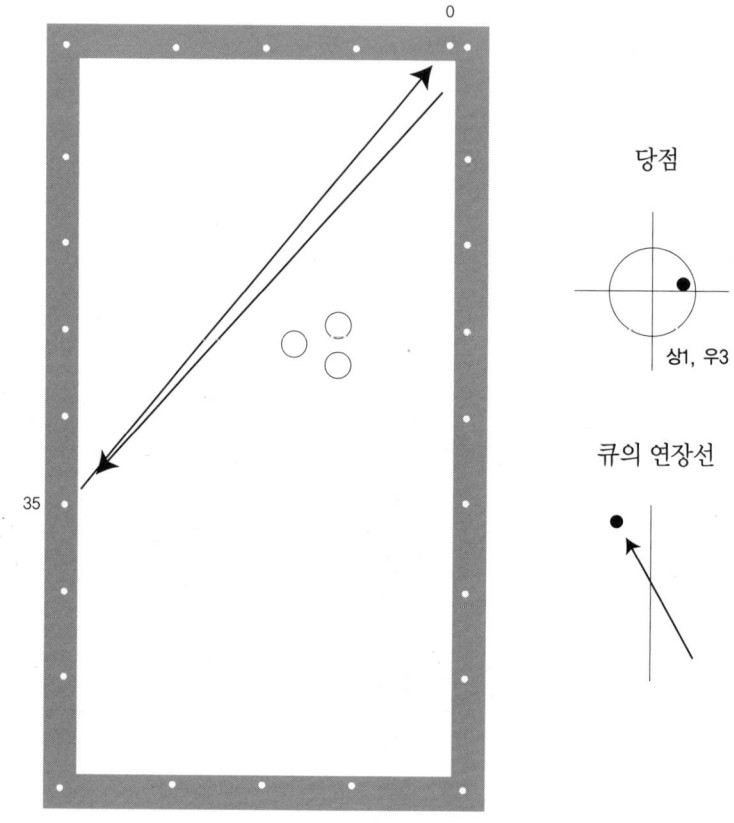

기본공식 : 제1쿠션 포인트 = 제3쿠션 포인트 − 수구 포인트

35−35=0

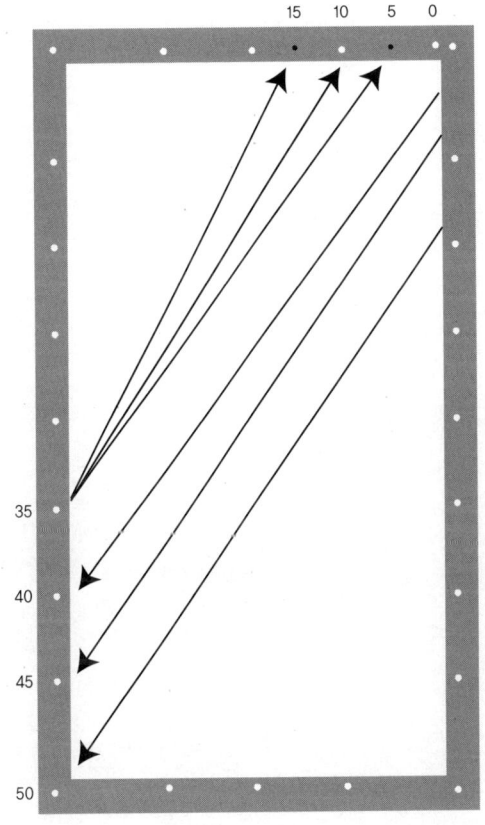
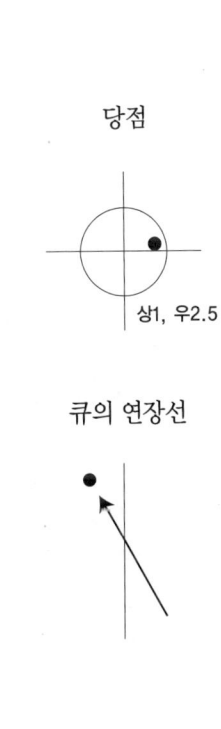

수구 포인트가 35일 때도 코너 포인트가 0이 된다.

기본공식: 제1쿠션 포인트 = 제3쿠션 포인트 - 수구 포인트

3장

One Cushion Bank Shot

원 쿠션
뱅크 샷

● 백아웃 시스템(Backout System)

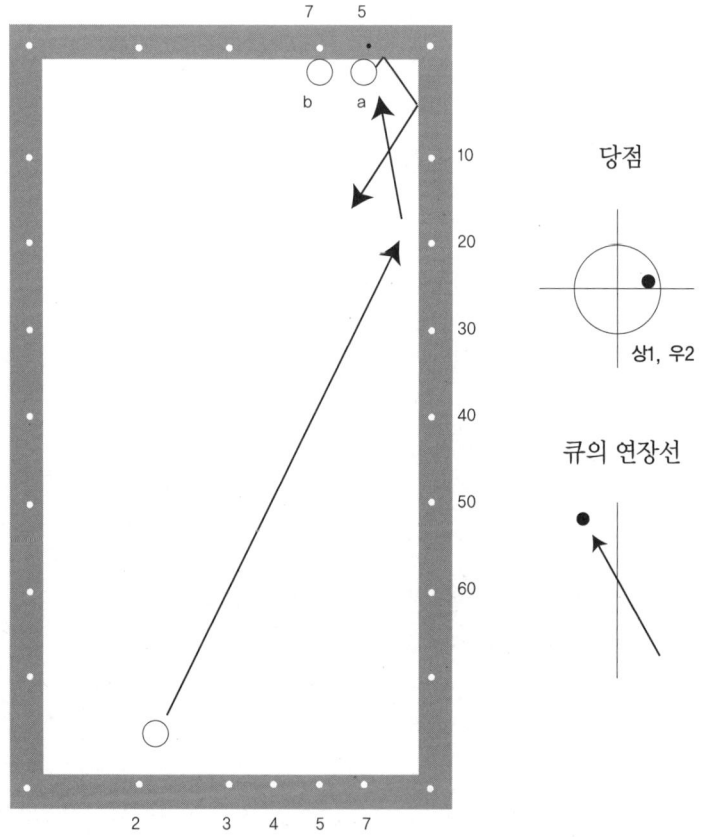

a의 위치는 5, b의 위치는 7로 하며, 각각에는 보정치수가 주어진다.
a의 보정치수는 −3이고, b의 보정치수는 +4이다.

계산방법: 제1쿠션 포인트 = 수구 포인트 x 목적구 포인트 + 보정치수

샷을 할 때 주의할 점은 수구의 미는 힘이 너무 강하면, 1적구를 맞고 2, 3쿠션을 돌아나올 때 많이 꺾이므로 부드럽게 밀어쳐야 한다는 것이다.

● 1적구가 5포인트에 있을 때

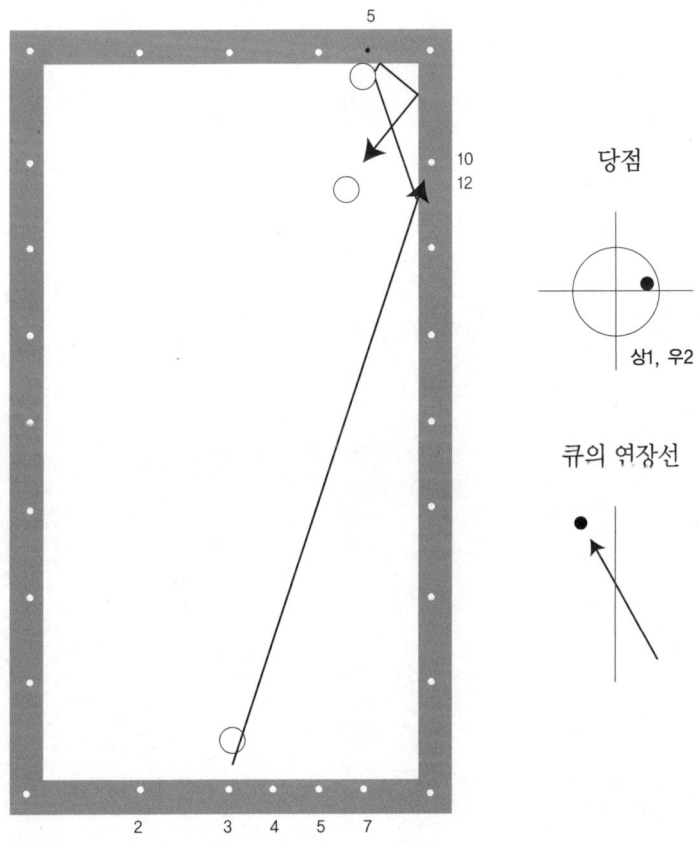

계산방법: 제1쿠션 포인트 = 수구 포인트 x 목적구 포인트 + 보정치수

1적구가 5의 위치에 있으므로 보정치수는 -3이다.

3x5-3=12

● 1적구가 5포인트에 있을 때

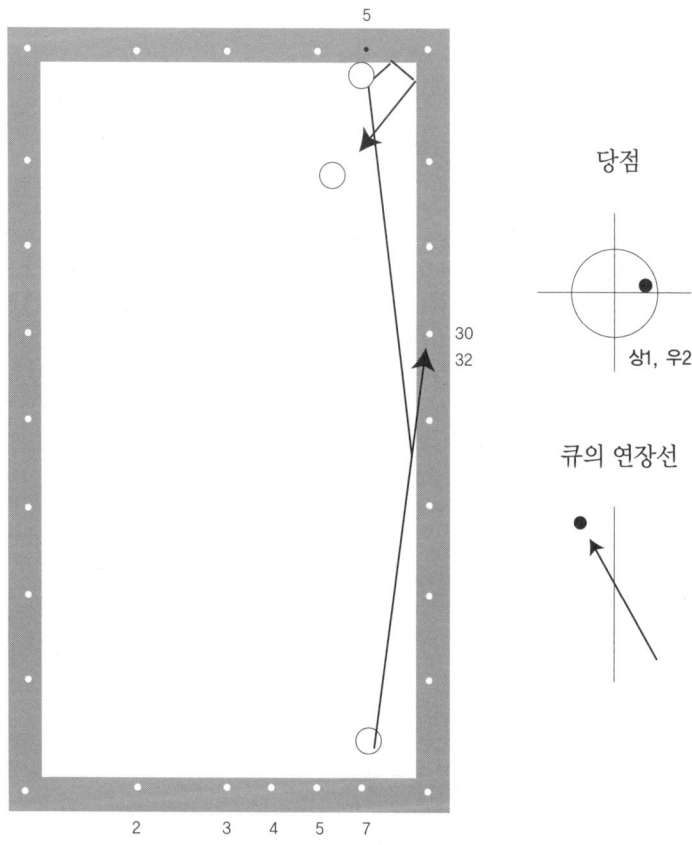

계산방법: 제1쿠션 포인트 = 수구 포인트 x 목적구 포인트 + 보정치수

1적구가 5의 위치에 있으므로 보정치수는 −3이다.

7x5−3=32

● 1적구가 7포인트에 있을 때

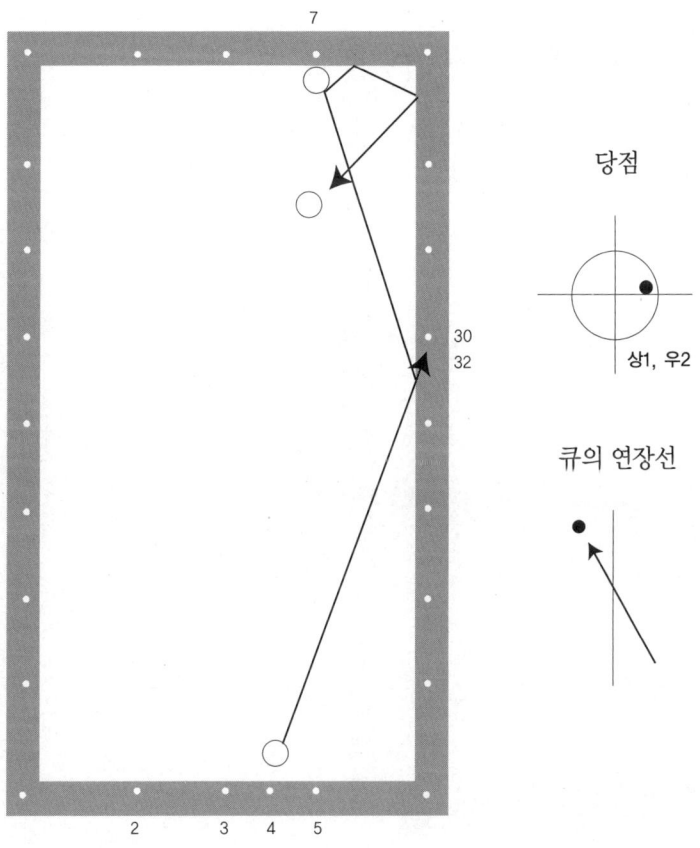

계산방법: 제1쿠션 포인트 = 수구 포인트 x 목적구 포인트 + 보정치수

1적구가 7의 위치에 있으므로 보정치수는 +4이다.

4x7+4=32

● 1적구가 7포인트에 있을 때

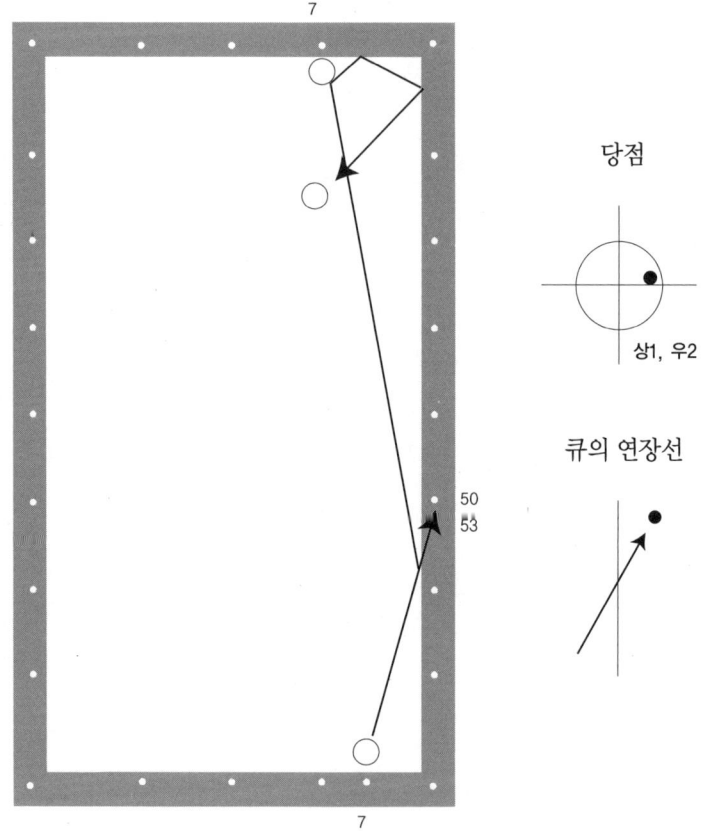

계산방법: 제1쿠션 포인트 = 수구 포인트 x 목적구 포인트 + 보정치수

1적구가 7의 위치에 있으므로 보정치수는 +4이다.

7x7+4=53

● 1적구가 5포인트에 있을 때

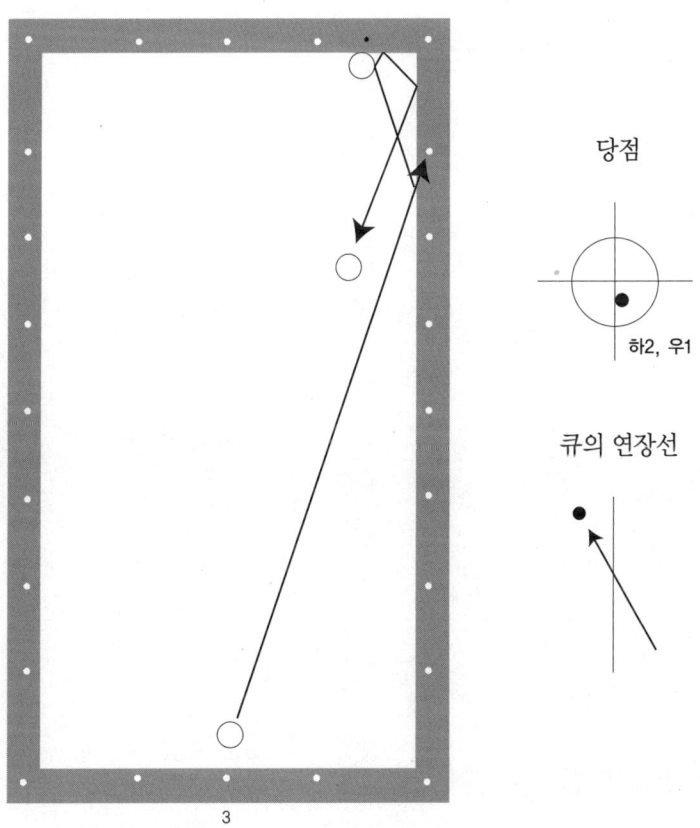

3

계산방법: 제1쿠션 포인트 = 수구 포인트 x 목적구 포인트 + 보정치수
1적구가 5의 위치에 있으므로 보정치수는 -3이다.

2적구의 위치가 앞장과 다르게 많이 올라와 있으면, 수구의 당점을 하단 쪽으로 주고 회전은 많이 주면 안 된다. 샷은 밀어치는 것이 아니라 수구에 충격이 안 들어갈 정도로 가볍게 쳐야 한다.

제1쿠션 포인트=3x5-3=12

● 응용편

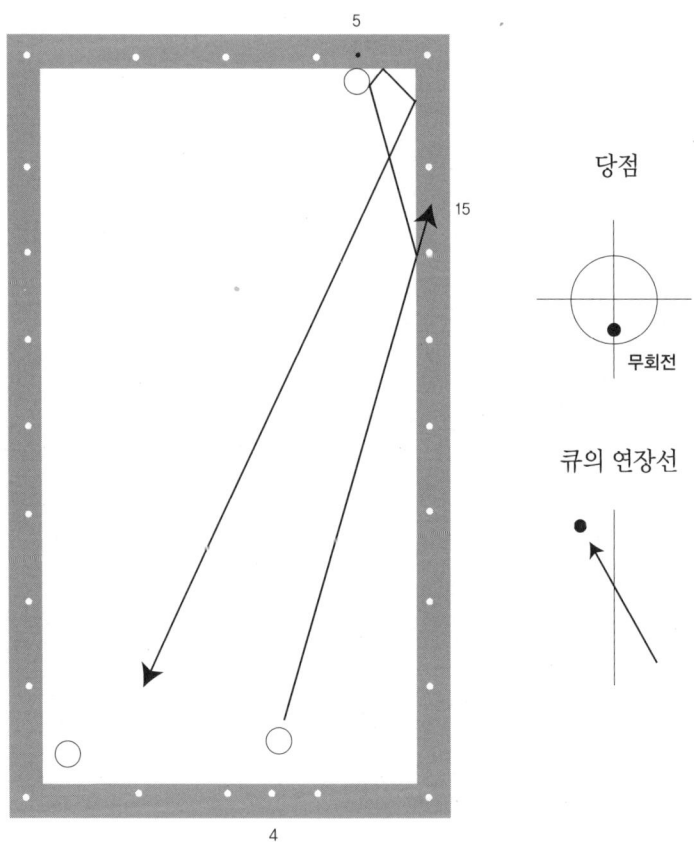

그림과 같은 모양에서는 수구의 당점을 하단 무회전에 주고 가볍게 끊어 치면 된다. 끊어 치는 것이므로 계산보다 약 2포인트 더 빼준다.

계산방법: 제1쿠션 포인트 = 수구 포인트 x 목적구 포인트 + 보정치수 -2
4x5-3-2=15

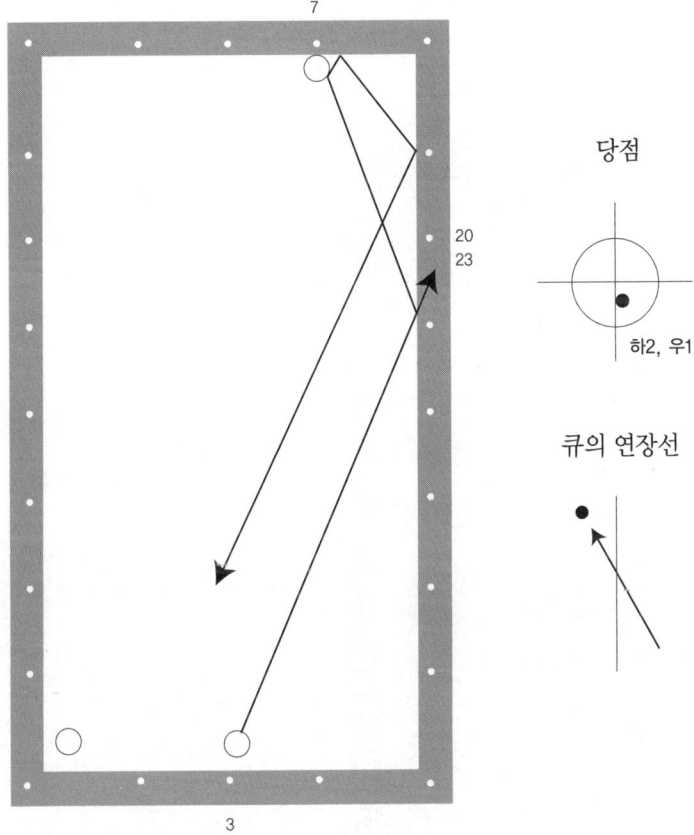

그림과 같이 1적구와 제1쿠션의 거리가 약간 떨어져 있을 때는 회전을 약간(1팁 정도) 주는 것이 오히려 조절하기 편하다.
샷을 할 때는 확실하게 하단효과를 살릴 수 있게 해야 한다. 즉, 큐의 뒤쪽을 약간 들고 당점을 겨냥해서 수구를 찌르듯이 치면 하단효과를 확실하게 살릴 수 있다.

계산방법: 제1쿠션 포인트 = 수구 포인트 x 목적구 포인트 + 보정치수 −2
3x7+4−2=23

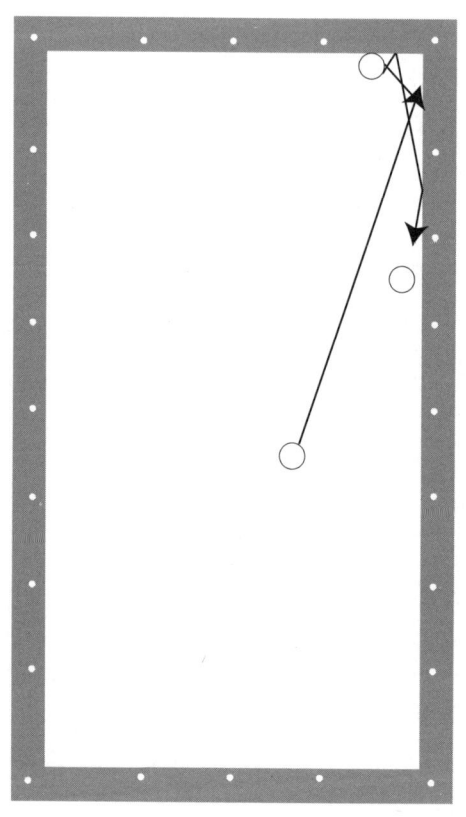

그림과 같이 2적구가 쿠션에 거의 붙어 있을 때는 1적구의 두께를 어느 정도 얇게 맞힐 수 있어야 한다.

회전은 수구가 돌아가는 반대의 회전을 약간 주고(반 팁 개념) 가볍게 친다.

● 타입 어브 티키(Type of Ticky)

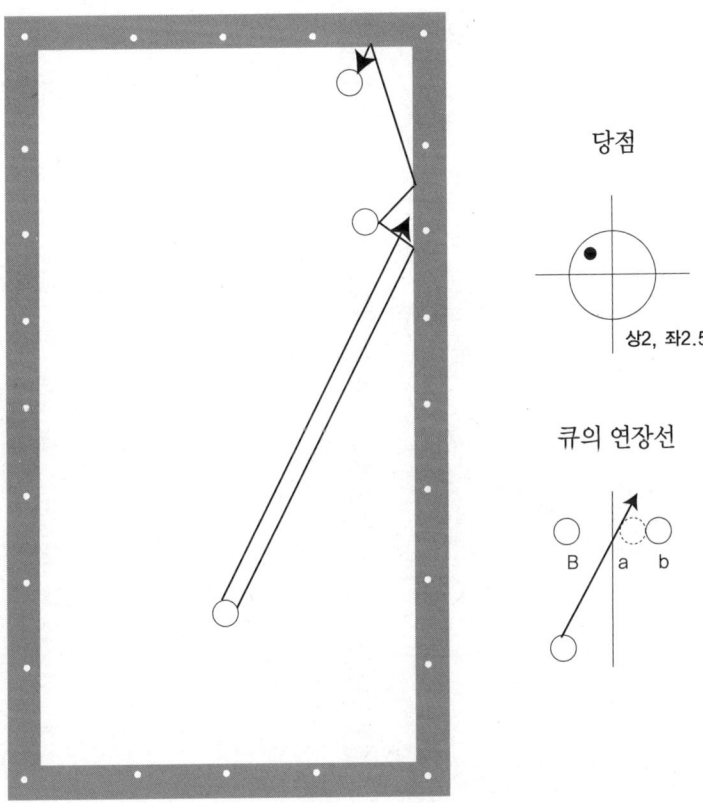

이런 유형을 치는 방법은, 1적구(B)를 고무 쿠션 끝 날선을 기준으로 좌우 대칭형의 가상의 공(b)을 만든 다음, 그 공보다 1개 앞으로(a) 겨냥해서 치면 된다.
너무 세게 치려고 하면 수구의 진행이 스커트가 일어나 1적구가 두껍게 맞는 경우가 생기므로 부드럽게 쳐야 한다. 부드럽게 친다고 해서 약하게 치는 것이 아니고 당점을 살려 줄 수 있는 샷을 해야 한다는 것이다.

항상 당점을 주면 그 당점을 살려 주는 샷을 해야 한다.

● 1적구를 아주 얇게 맞히고 싶을 때

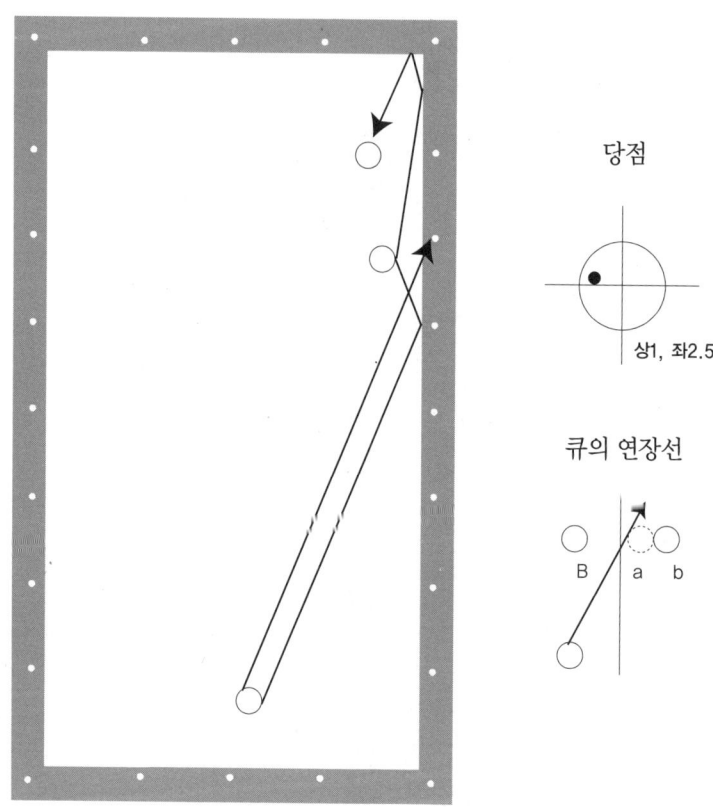

실제적으로 두껍거나 얇거나 재는 방법은 같으나 치는 방법이 완전히 다르다. 얇게 맞힐 때는 수구의 커브 현상을 이용하는 방법이 편하다. 즉, 큐의 뒤쪽을 약간(5~6도) 들고 치되, 제1쿠션에서 수구의 회전력을 살려 준다는 느낌으로 아주 부드럽게 밀어쳐야 한다. 그러면 수구는 제1쿠션에서 회전이 살아 1적구를 아주 얇게 맞힌다.

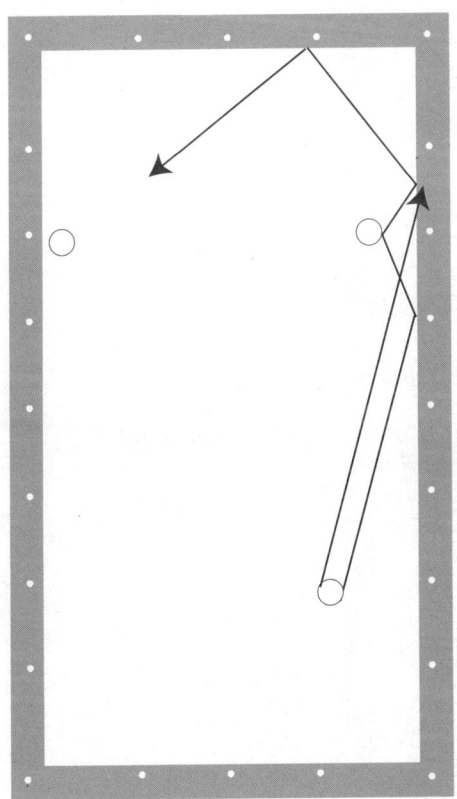
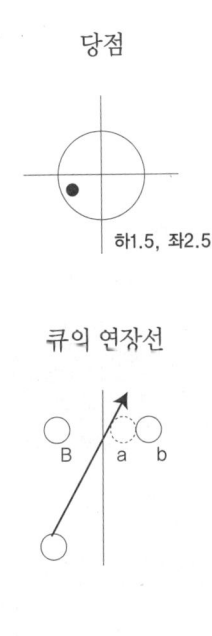

이 모양은 그냥 평범하게 치면 2적구의 앞으로 빠진다.
당점을 약간 하단 쪽으로 주고 가볍게 끊어 쳐서 수구의 진행이 약간 끌리도록 쳐야 한다.

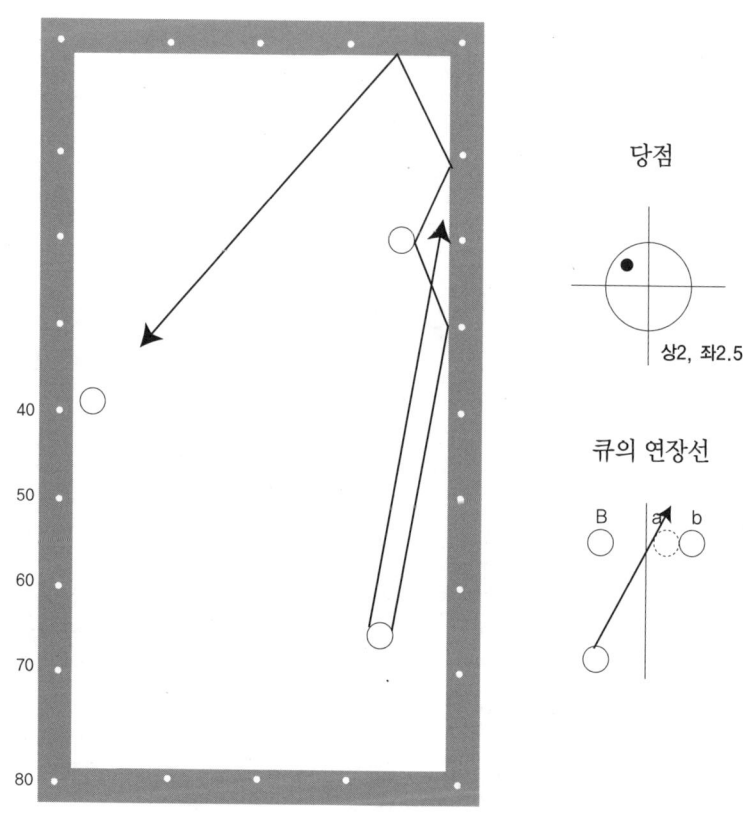

수구의 진행이 끌리거나 밀리지 않게 아주 평범하게 진행하면 된다.

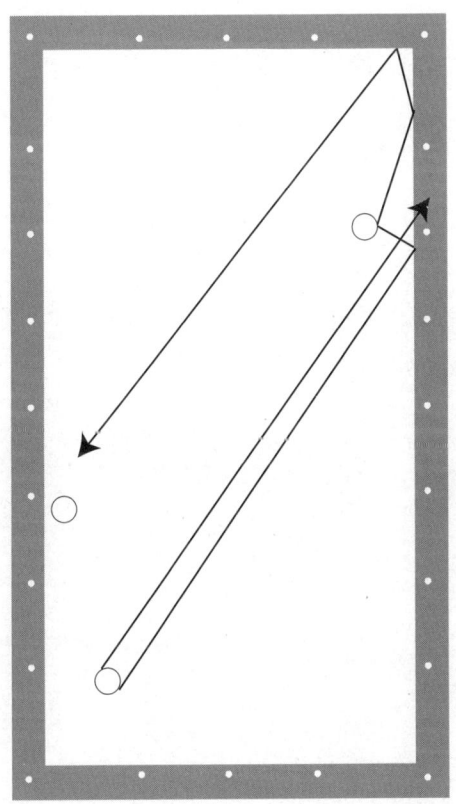
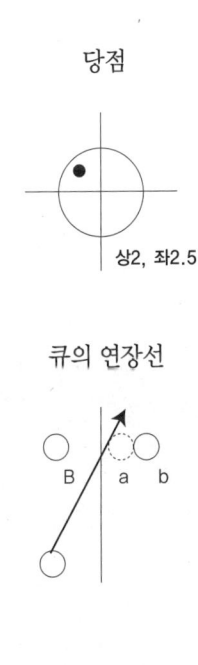

평범하게 칠 때 1적구와 수구의 각이 수구의 진로를 결정하는 경우가 많다. 그림과 같은 모양에서도 당점을 9~10시에 주고 평범하게 치면 수구는 제3쿠션 50에 들어갈 확률이 높다.

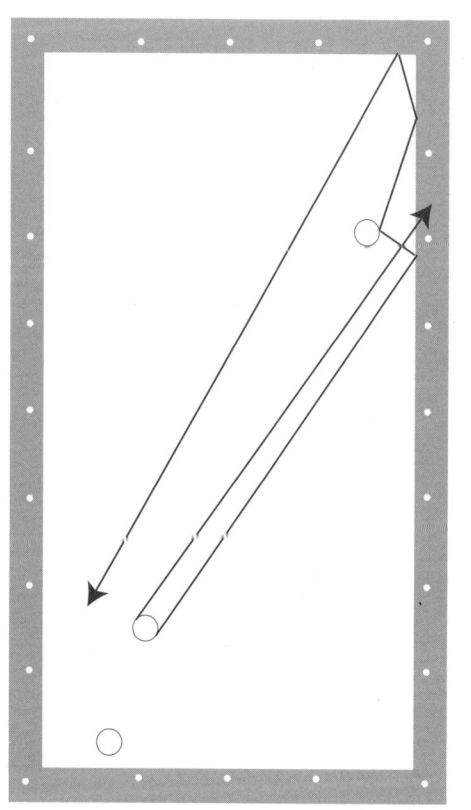
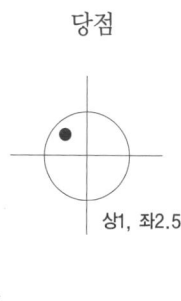

상1, 좌2.5

큐의 연장선

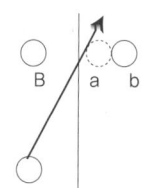

당점을 9~10시에 주고 1적구를 얇게 맞혀야 한다. 얇게 맞히는 방법은 앞에서도 설명했듯이 수구의 커브 현상을 이용하면 쉽게 칠 수 있다.

● 타입 어브 티키(Type of Ticky)

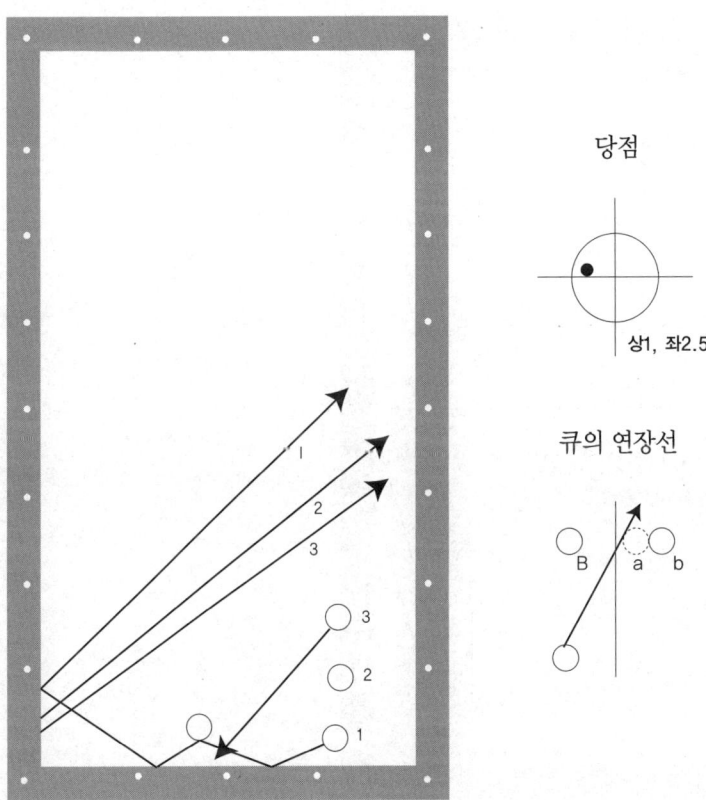

1적구는 고정되고 수구의 위치가 변할 때, 수구의 진행선이다.
1적구의 위치는 단 쿠션으로부터 약 공의 1과 1/3 정도 떨어진 상태다.
당점은 9~10시에 주고 샷은 부드럽게 밀어친다.

● Outside Umbrella Shot 기본형태(걸쳐 치기) 1

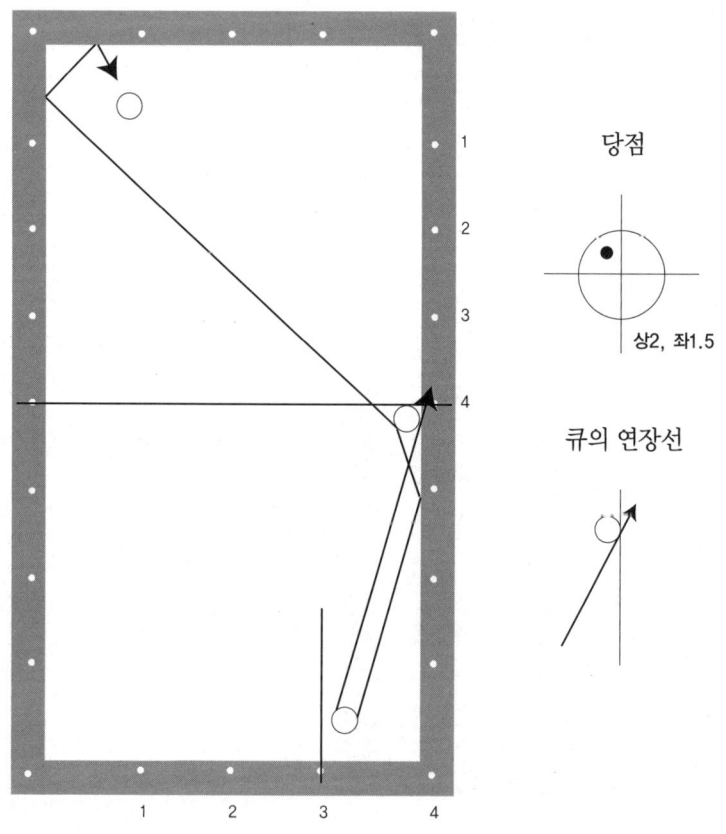

1적구가 4포인트에 있으면 제2쿠션이 단 쿠션에 맞는 것이 아니라 장 쿠션으로 간다. 큐의 겨냥점은 1적구와 쿠션의 접점을 향한다. 또는 쿠션 끝 날선을 기준으로 좌우 대칭점을 찾는다.

수구의 위치는 3~4포인트에 있는 것으로 한다. 당점은 상2 좌1.5를 주고, 샷은 가볍게 치되 당점의 효과를 살릴 수 있는 정도만 치면 된다.

기본선을 외운 다음 다른 모양에 응용하면 상당히 편리하다.

● Outside Umbrella Shot 기본형태(걸쳐 치기) 2

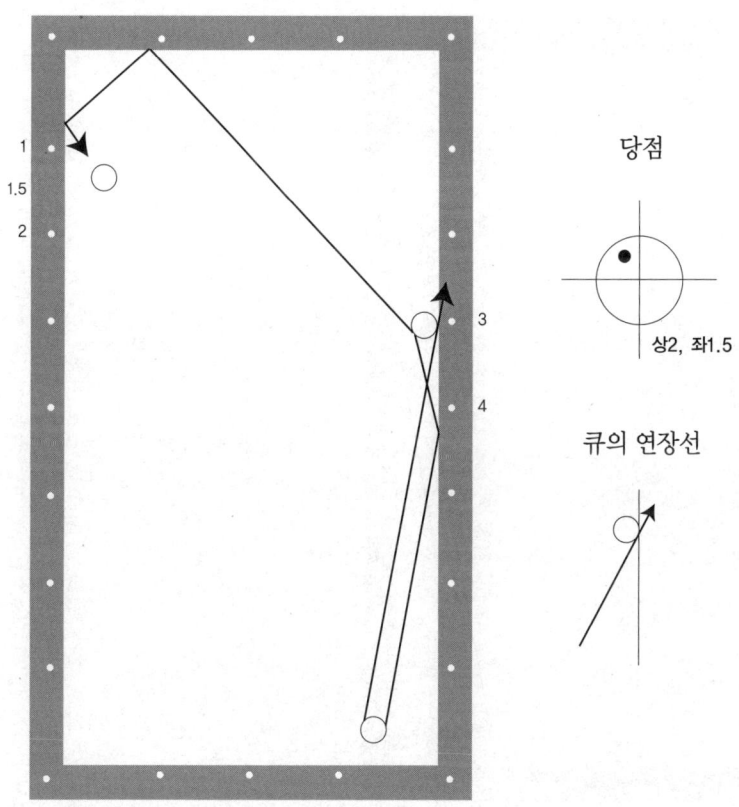

1적구가 3포인트에 있으면 수구는 제3쿠션 1포인트에 입사선으로 들어간다.

● Outside Umbrella Shot 기본형태(걸쳐 치기) 3

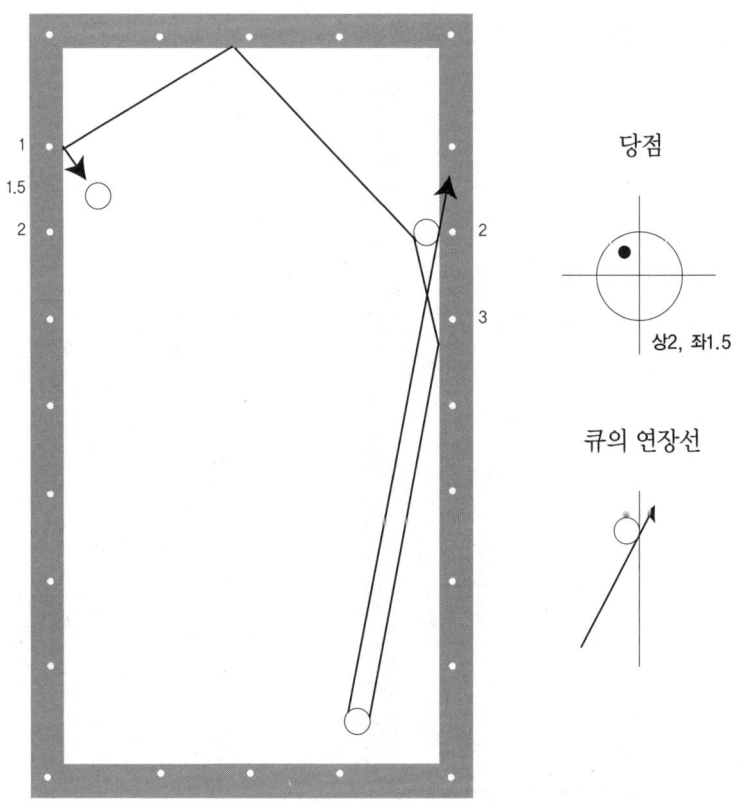

1적구가 2포인트에 있으면 수구는 제3쿠션 1.5포인트에 입사선으로 들어간다.

● Outside Umbrella Shot 기본형태(걸쳐 치기) 4

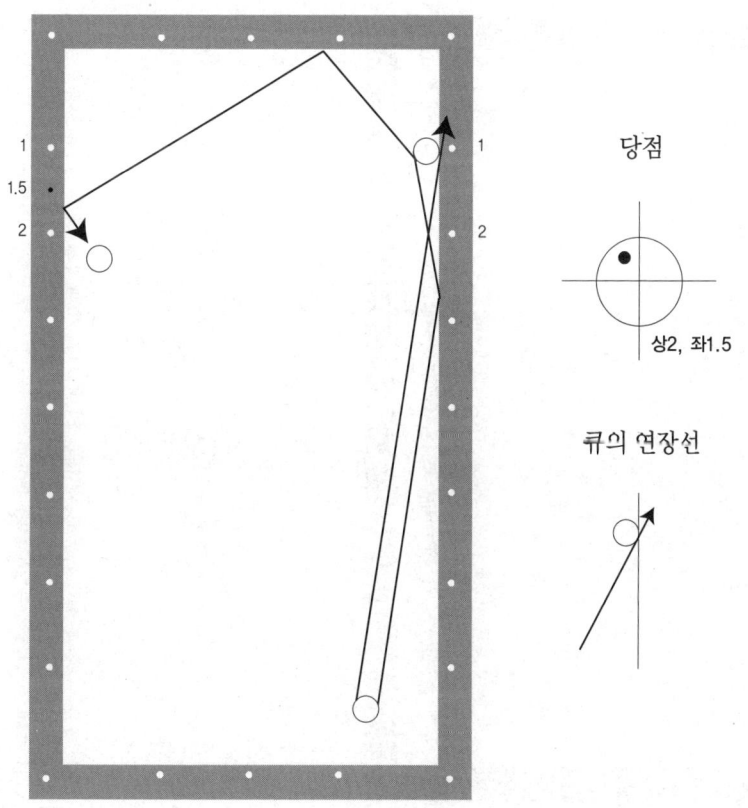

1적구가 1포인트에 있으면 수구는 제3쿠션 2포인트에 입사선으로 들어간다.

● Outside Umbrella Shot 기본형태(걸쳐 치기) 5

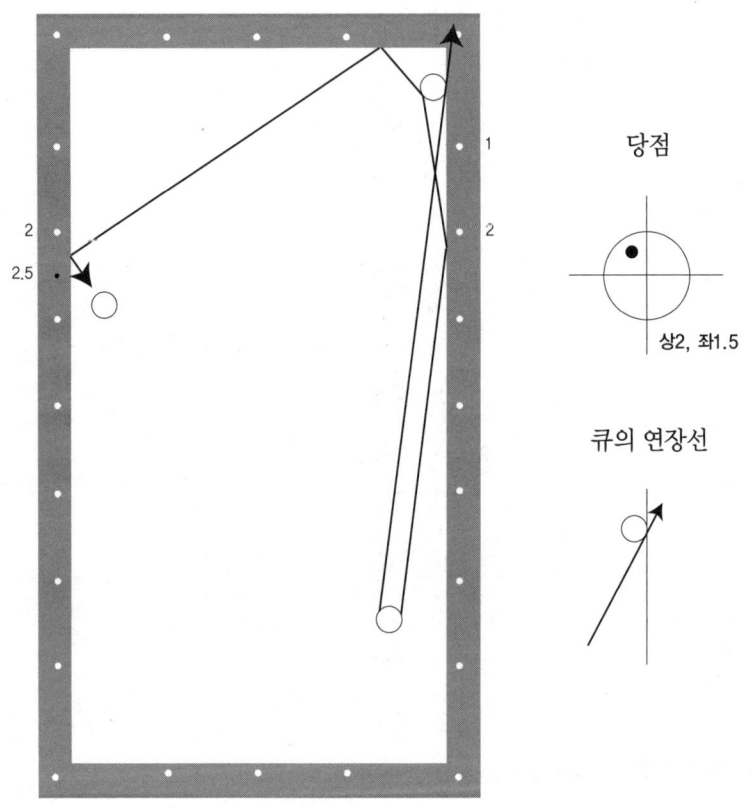

1적구가 0.5포인트에 있으면 수구는 제3쿠션 2.5포인트에 입사선으로 들어간다.

이상의 그림들은 수구에 정회전을 주고 부드럽게 밀어치는 것이다. 만약 수구에 강한 타격을 가하게 되면, 수구는 스커트 현상이 일어나 1적구를 얇게 맞히거나 수구의 다른 변화가 일어난다.

● Outside Umbrella Shot 기본형태(걸쳐 치기) 6

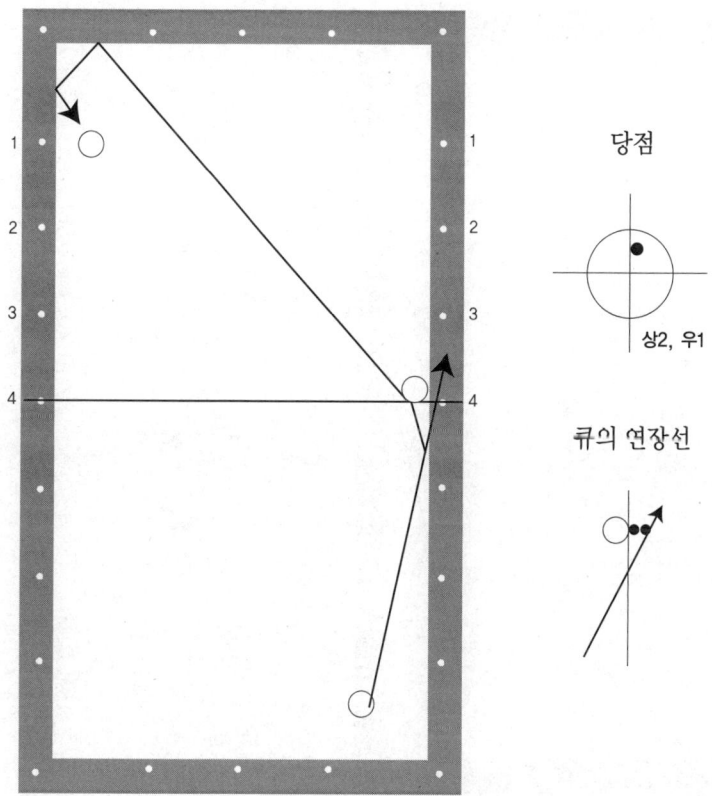

제1쿠션 포인트 + 제3쿠션 포인트 = 5

1적구가 4포인트에 있을 때, 수구는 제3쿠션 1포인트 입사선으로 들어간다.
당점은 역회전 1팁 정도를 주고, 가볍게 밀어치기를 한다. 두께는 1적구와 쿠션의 접점으로부터 큐 끝 팁의 2개 정도 쿠션 쪽으로 겨냥하면 약간 얇은 두께를 맞힐 수 있다. 만약 세게 치면 역회전의 스커트가 일어나므로 오히려 1적구가 두껍게 맞는다.

● Outside Umbrella Shot 기본형태(걸쳐 치기) 7

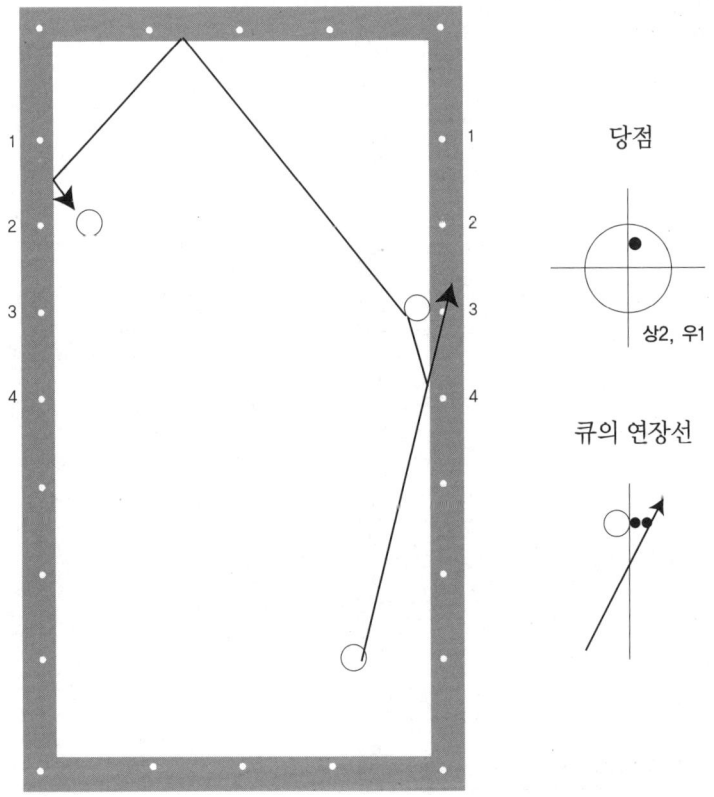

제1쿠션 포인트 + 제3쿠션 포인트 = 5

1적구가 3포인트에 있을 때, 수구는 제3쿠션 2포인트 입사선으로 들어간다.

● Outside Umbrella Shot 기본형태(걸쳐 치기) 8

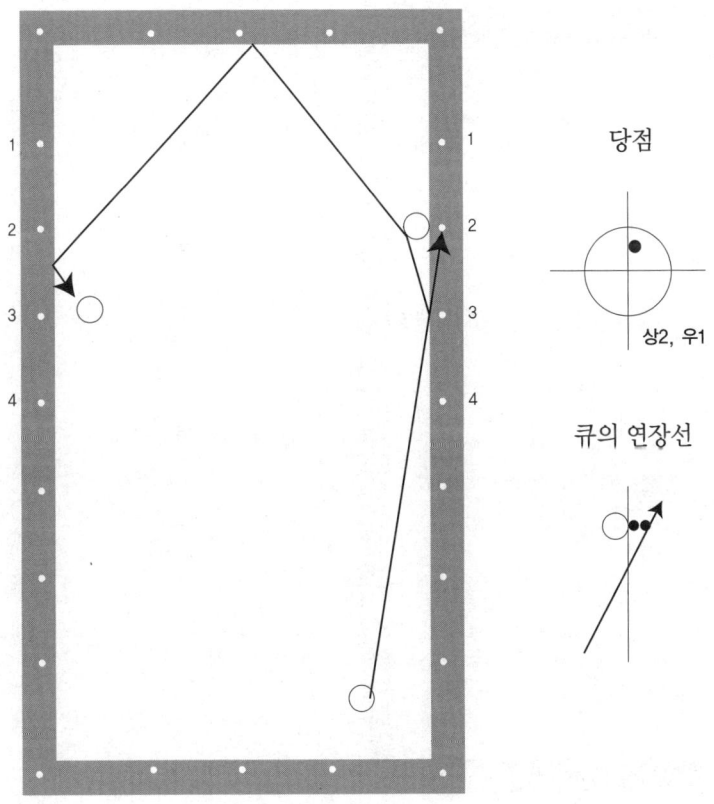

제1쿠션 포인트 + 제3쿠션 포인트 = 5

1적구가 2포인트에 있을 때, 수구는 제3쿠션 3포인트 입사선으로 들어간다.

1적구가 2포인트 근처에 있을 때는 1적구와 수구의 키스가 있으므로 항상 신경을 써야 한다.

● Outside Umbrella Shot 기본형태(걸쳐 치기) 9

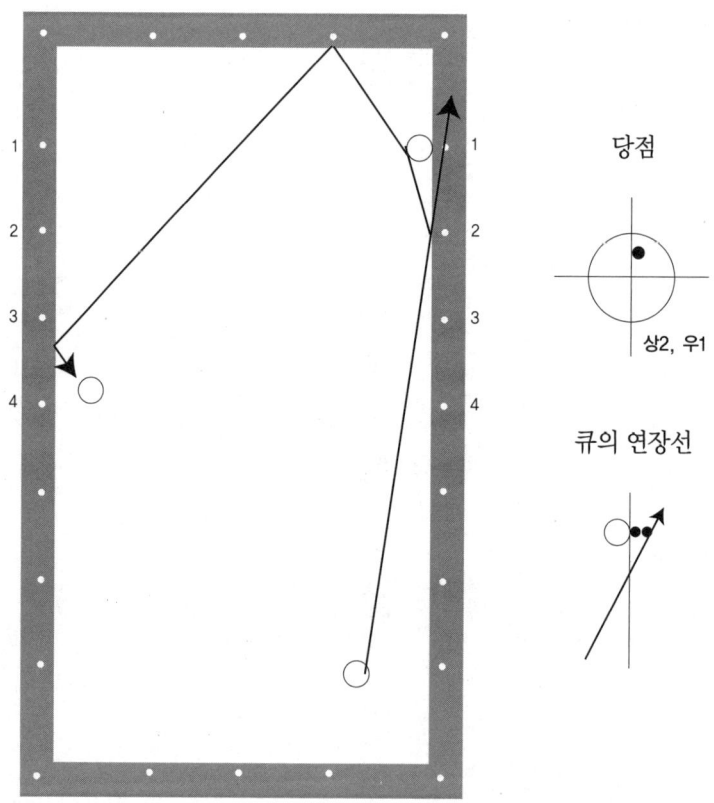

제1쿠션 포인트 + 제3쿠션 포인트 = 5

1적구가 1포인트에 있을 때, 수구는 제3쿠션 4포인트 입사선으로 들어간다.

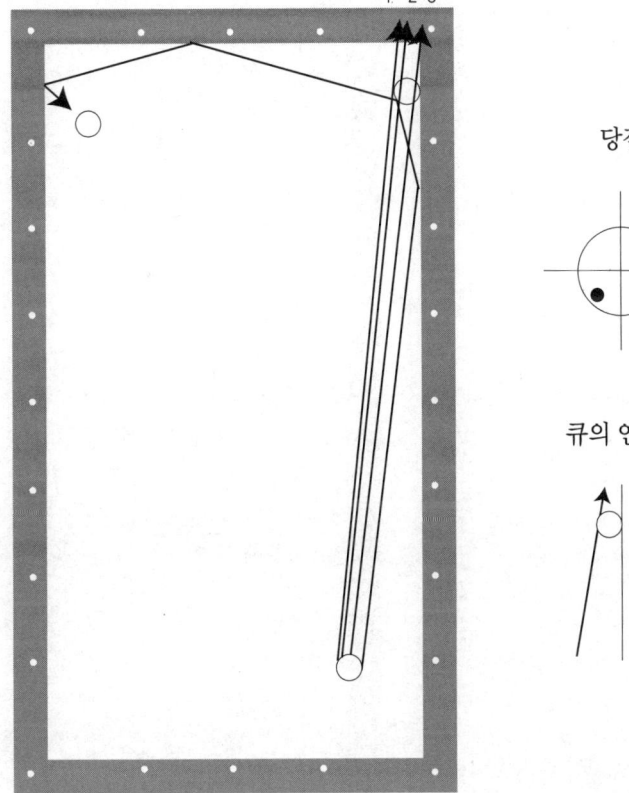

그림의 모양은 걸쳐 치기를 하되 수구가 1적구를 맞고 끌리게 쳐야 하는 경우다. 이런 모양에서 실수를 많이 보았기 때문에 그 실수를 설명하고자 한다.

수구를 많이 끌리게 하려고 당점을 하단에 회전을 많이 주고 치는데, 이렇게 되면 수구는 스커트 현상이 크게 일어나므로 1적구가 아주 얇거나 아예 안 맞는 경우가 생긴다. 이는 겨냥점 자체를 그림과 같이 1적구의 왼쪽이나 그 이상을 봐야 자신이 원하는 수구의 진행방향이 나올 것이다.

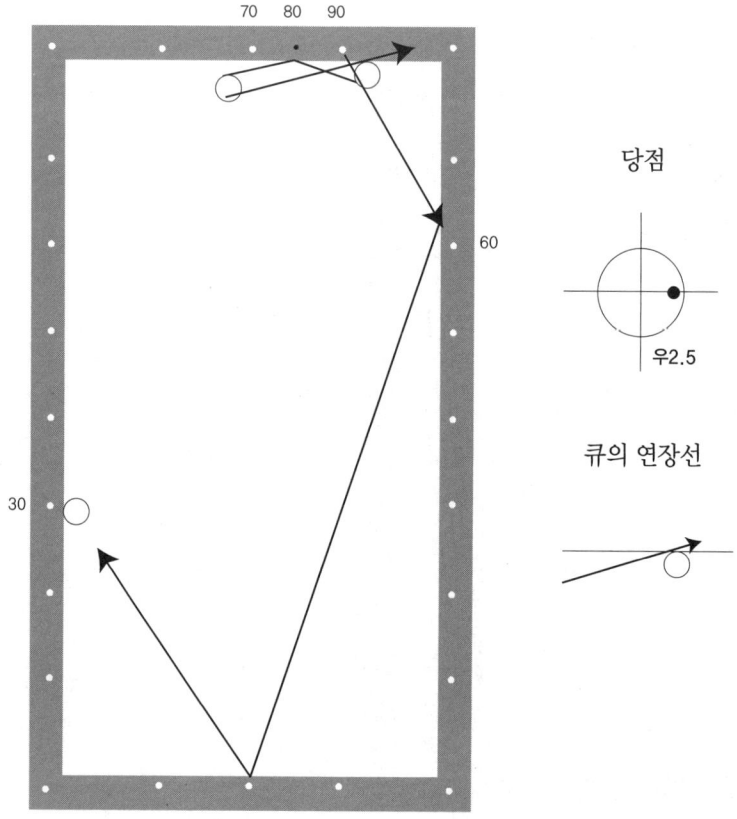

이런 유형은 파이브 앤 어 하프 시스템을 이용해서 계산하면 수구를 어디까지 보내야 하는지를 알 수 있다.

90-30=60

> 수구가 1적구를 맞고 밀리는 경우는 수구가 제2쿠션에 제대로 들어가도 입사각 자체가 바뀌었기 때문에 제3, 4쿠션에서 짧아진다. 그러므로 샷을 할 때 살짝 끊어 치기를 하면 수구의 휨 현상을 방지할 수 있다.

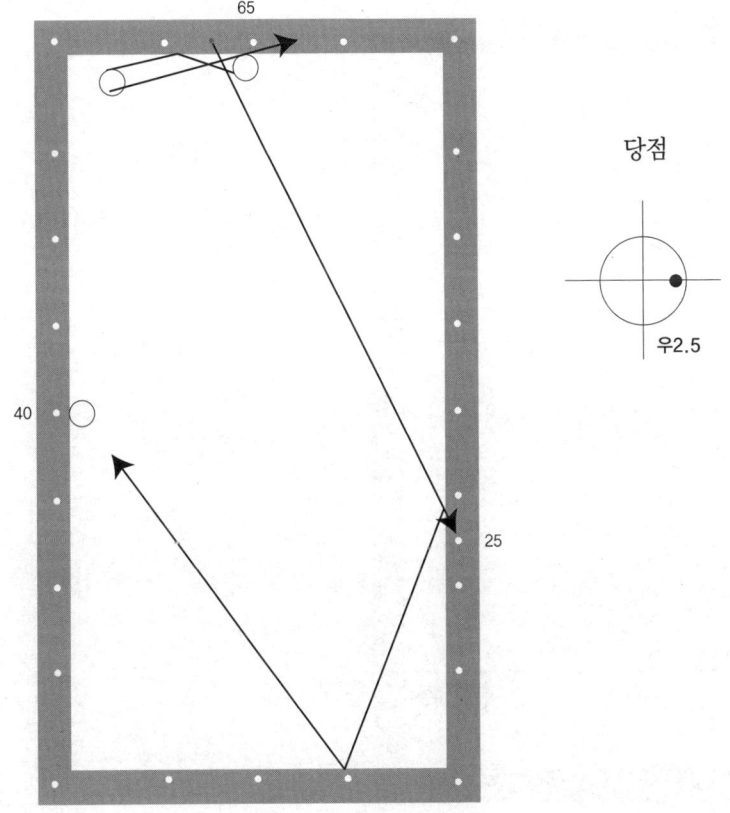

끊어 칠 때의 주의사항은 샷에 따라 많은 차이가 나므로 연습을 많이 해보고 쳐야 한다.

65-40=25

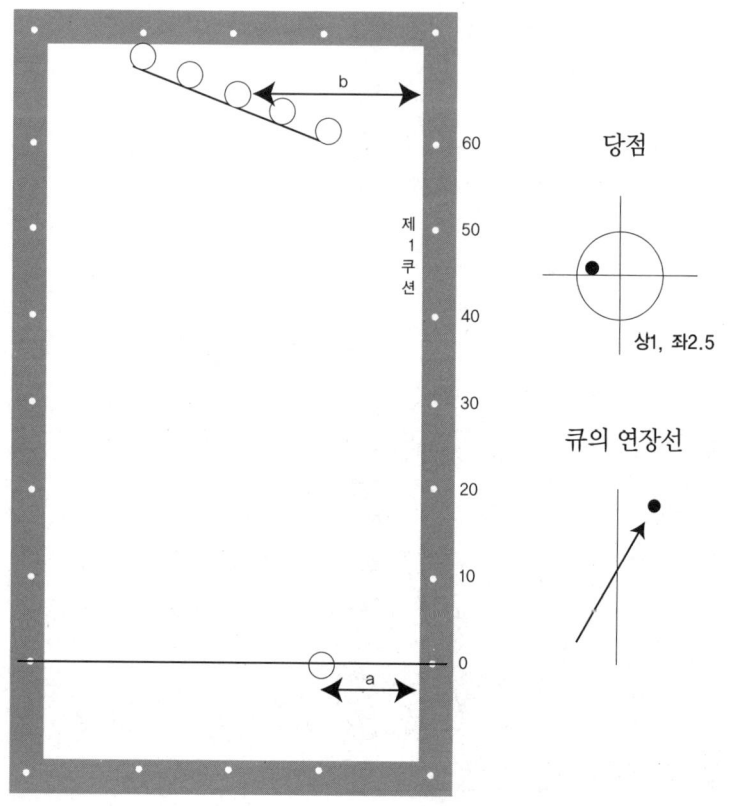

제1 적구의 위치가 엇비슷하게 있지만 다 같은 60선에 있다는 전제하에 계산한다.

수구와 제1쿠션의 거리 ──▶ a
1적구와 제1쿠션의 거리 ──▶ b
수구와 1적구의 거리 ──▶ 60

a 또는 b 중 제1쿠션과 가까운 쪽이 기준(1)이 된다.
제1쿠션 포인트 = 60 / (a+b)

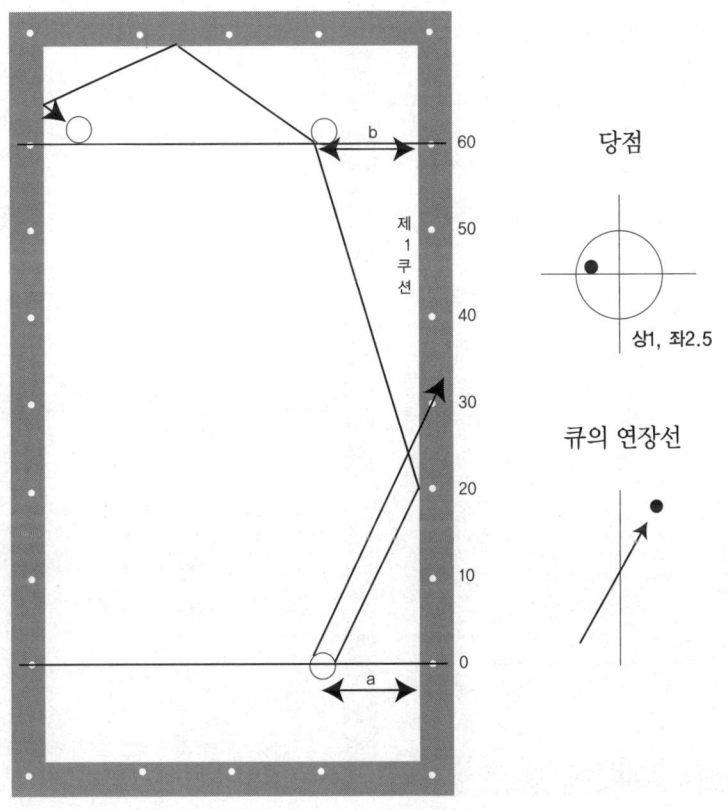

수구와 제1쿠션의 거리 a를 1로 하면 제1적구와 제1쿠션의 거리 b도 1이 되므로
제1쿠션 포인트 = 60 / (a+b)
제1쿠션 포인트는 60/ (1+1) =30이 된다.
샷은 제1쿠션에서 회전력을 살려 준다는 느낌으로 가볍게 밀어친다.

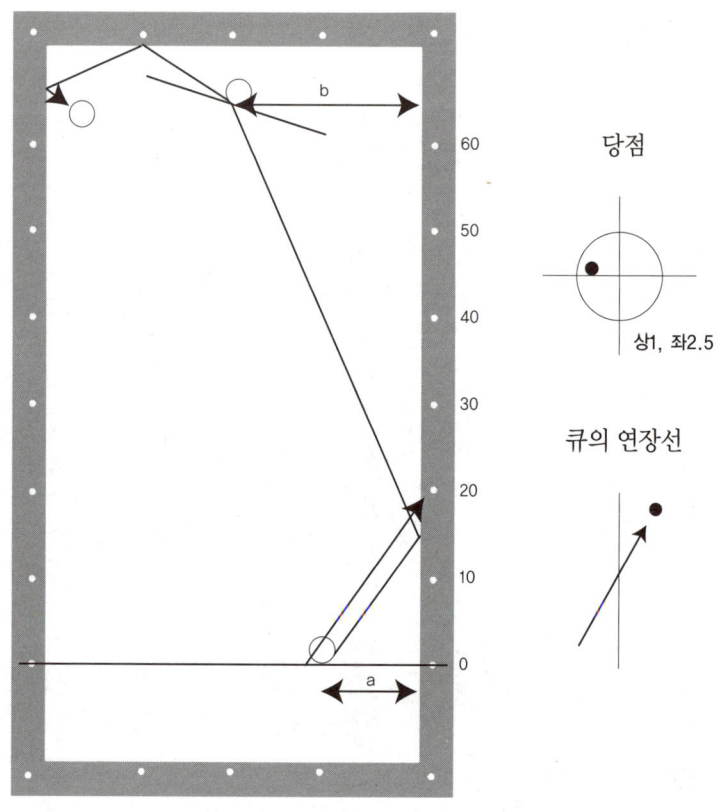

수구와 제1쿠션의 거리 a를 1로 하면 1적구와 제1쿠션의 거리 b는 2가 되므로
제1쿠션 포인트=60/(a+b)
제1쿠션 포인트는 60/(1+2)=20이 된다.
샷은 제1쿠션에서 회전력을 살려 준다는 느낌으로 가볍게 밀어친다.

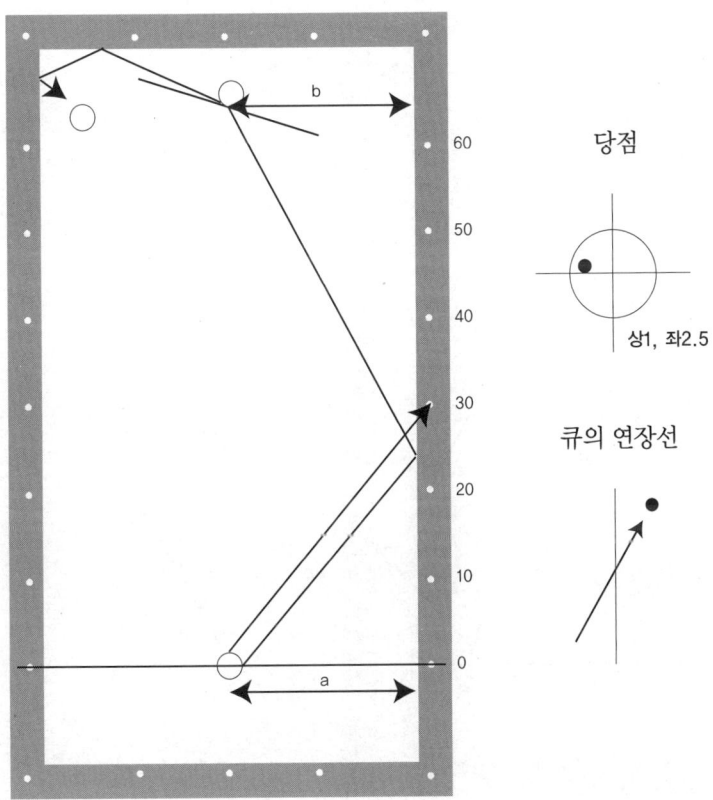

수구와 제1쿠션의 거리 a를 1로 하면 1적구와 제1쿠션의 거리 b도 1이 되므로
제1쿠션 포인트=60/(a+b)
제1쿠션 포인트는 60/(1+1)=30이 된다.
샷은 제1쿠션에서 회전력을 살려 준다는 느낌으로 가볍게 밀어친다.

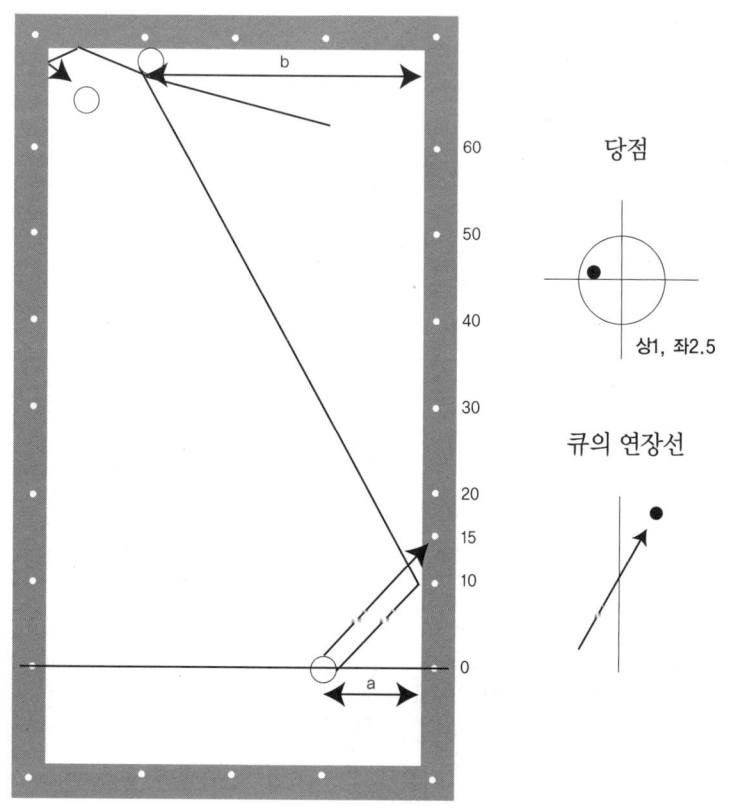

수구와 제1쿠션의 거리 a를 1로 하면 1적구와 제1쿠션의 거리 b는 3이 되므로
제1쿠션 포인트=60/(a+b)
제1쿠션 포인트는 60/(1+3)=15가 된다.
샷은 제1쿠션에서 회전력을 살려 준다는 느낌으로 가볍게 밀어친다.

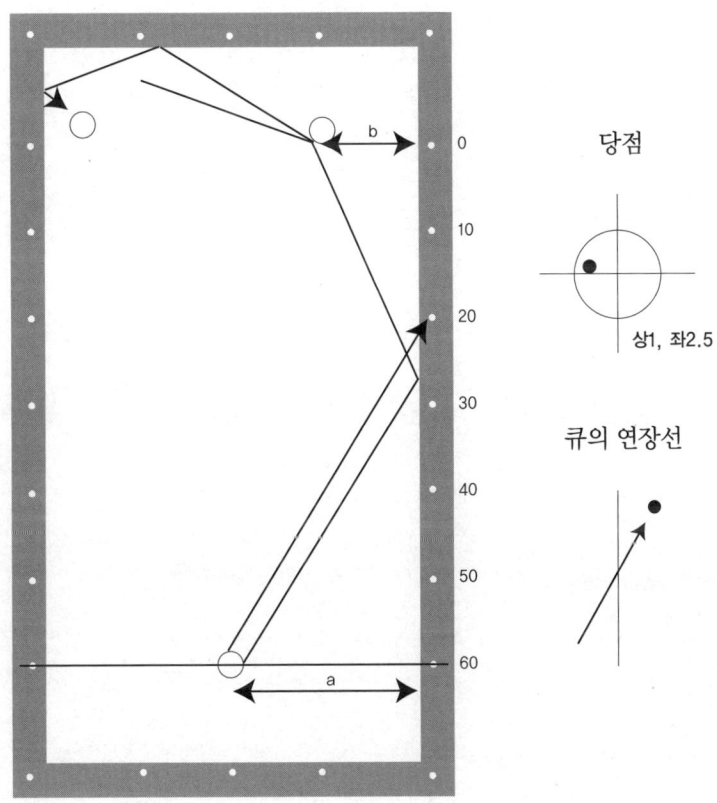

만약 1적구가 수구보다 제1쿠션에 가까이 있으면 1적구(b) 쪽이 기준이 된다. 장 쿠션 포인트도 1적구 쪽이 0이 된다.
그림에서 b를 1로 하면 수구와 제1쿠션의 거리는 2가 된다.
제1쿠션 포인트=60/(a+b)
제1쿠션 포인트는 60/(2+1)=20이 된다.

Three Cushions no English Bank Shot

4장

3쿠션 무회전 뱅크 샷

● 무회전 샷 1(수구가 40포인트 이상에 있을 때)

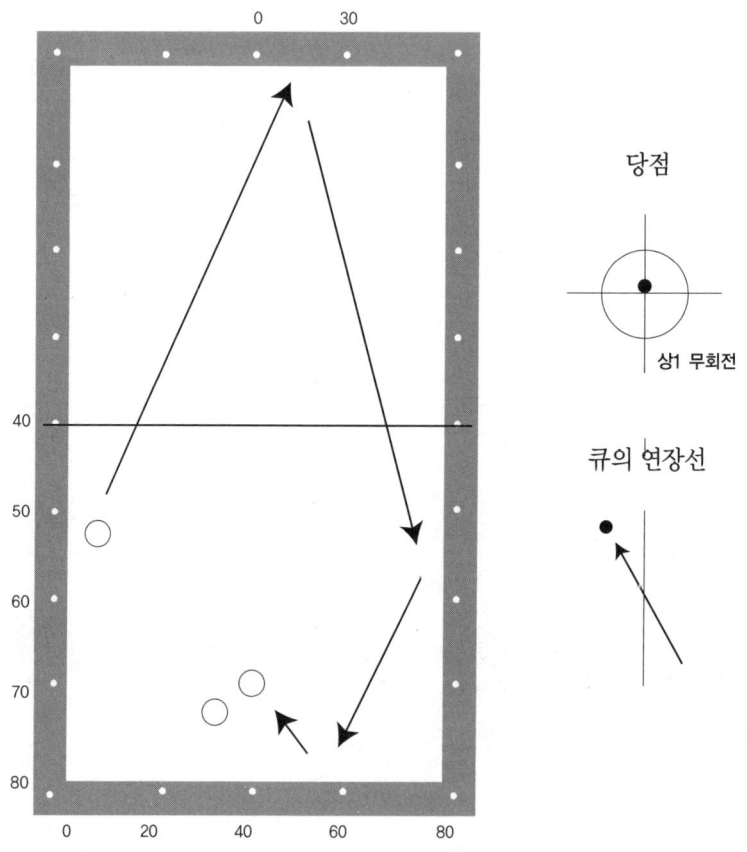

수구 포인트 : 10단위 ──────▶ 40, 50, 60, 70, 80
제3쿠션 포인트 : 수구 쪽으로부터 20단위 ──▶ 20, 40, 60, 80
제1쿠션 포인트 : 중간 포인트부터 30단위 ──▶ 0, 30, 60

계산방법: 제1쿠션 포인트 = 수구 포인트 − 제3쿠션 포인트

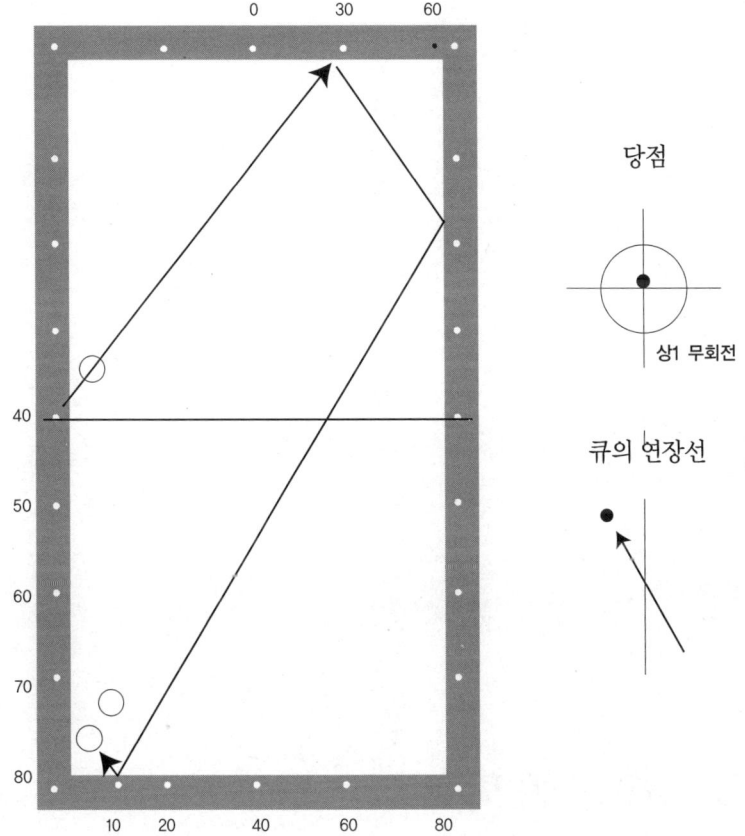

계산방법: 제1쿠션 포인트 = 수구 포인트 - 제3쿠션 포인트

40-10=30

이런 유형을 칠 때는 브리지를 길게 잡으면 큐가 흔들리므로, 브리지는 되도록 짧게 잡고 부드럽게 밀어친다. 무회전 샷은 특별히 연습을 많이 해야 하고, 좌우 어느 한쪽으로 치우치지 않게 칠 수 있도록 노력해야 한다.

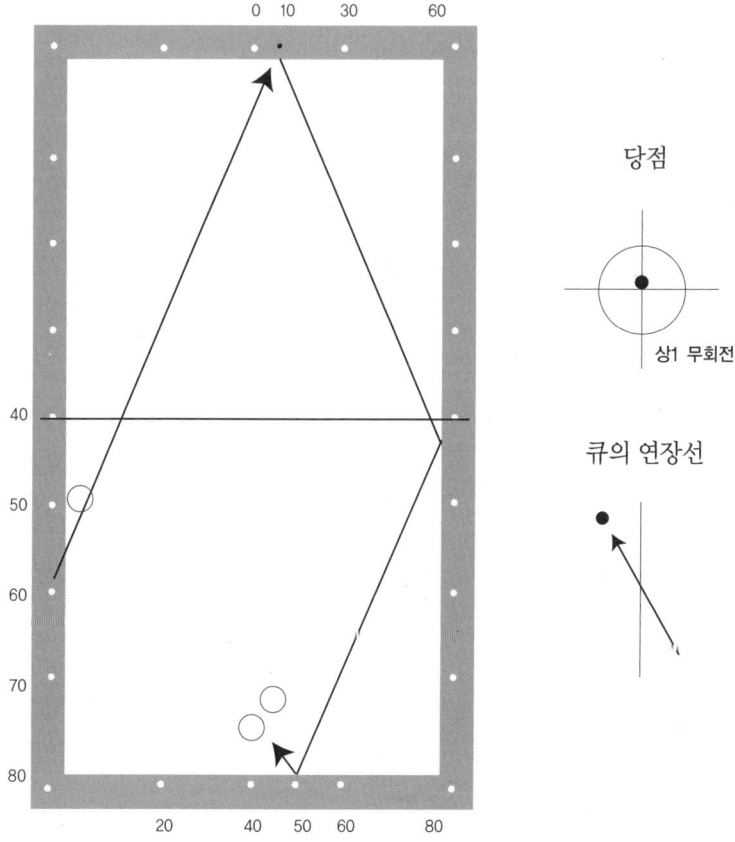

계산방법: 제1쿠션 포인트 = 수구 포인트 - 제3쿠션 포인트

60-50=10

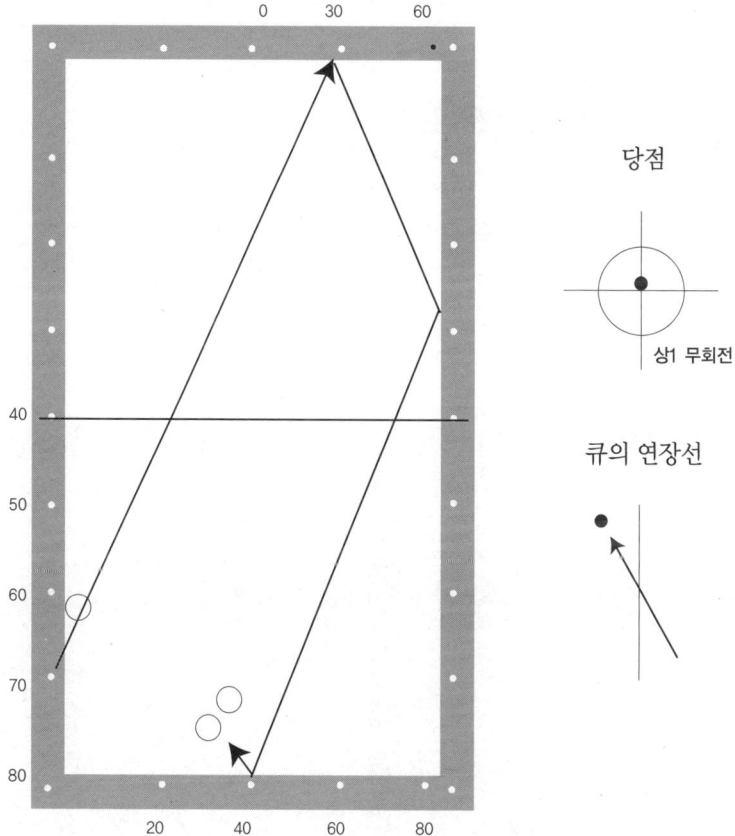

계산방법: 제1쿠션 포인트 = 수구 포인트 − 제3쿠션 포인트

70−40=30

● 무회전 샷 2(수구가 30포인트 안쪽에 있을 때)

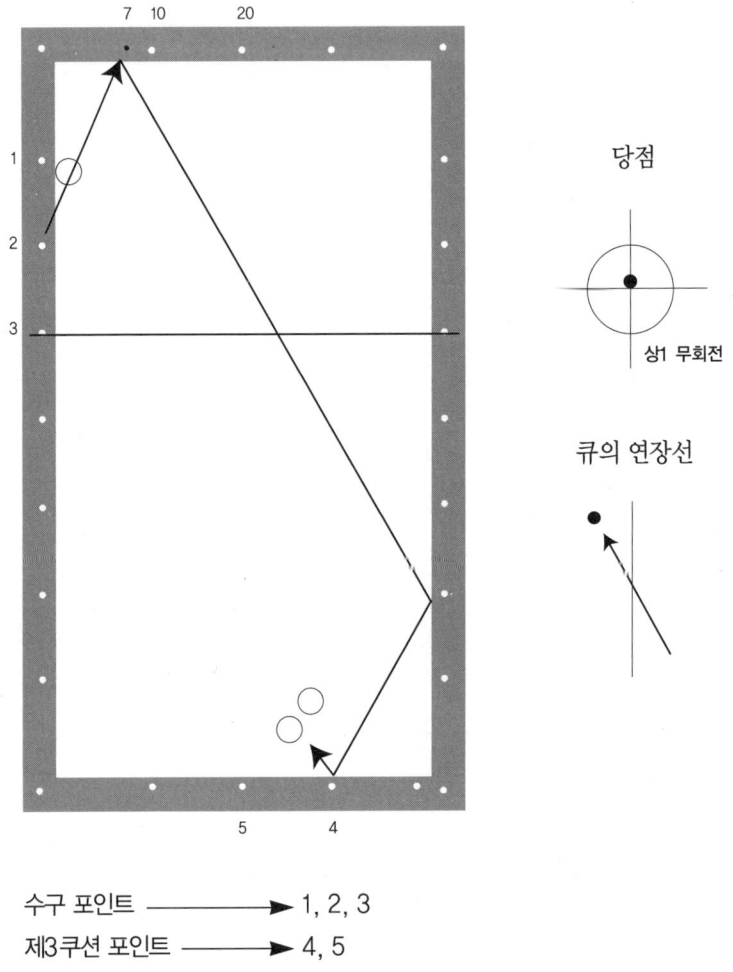

수구 포인트 ──────▶ 1, 2, 3
제3쿠션 포인트 ────▶ 4, 5
제1쿠션 포인트 ────▶ 10, 20

계산방법: 제1쿠션 포인트 = 수구 포인트 × 제3쿠션 포인트 - 1

2×4-1=7

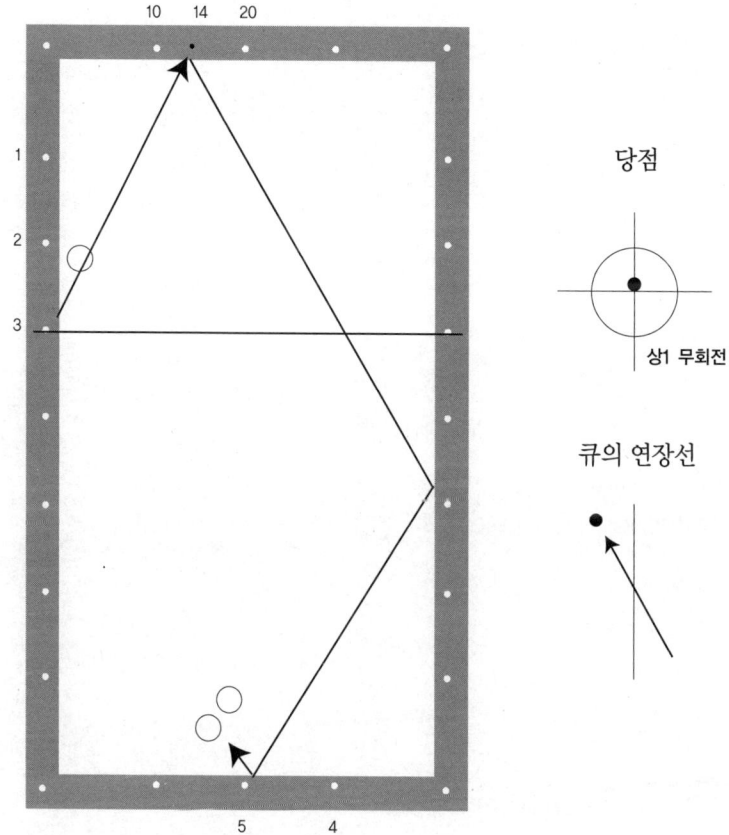

계산방법: 제1쿠션 포인트 = 수구 포인트 × 제3쿠션 포인트 − 1

3×5−1=14

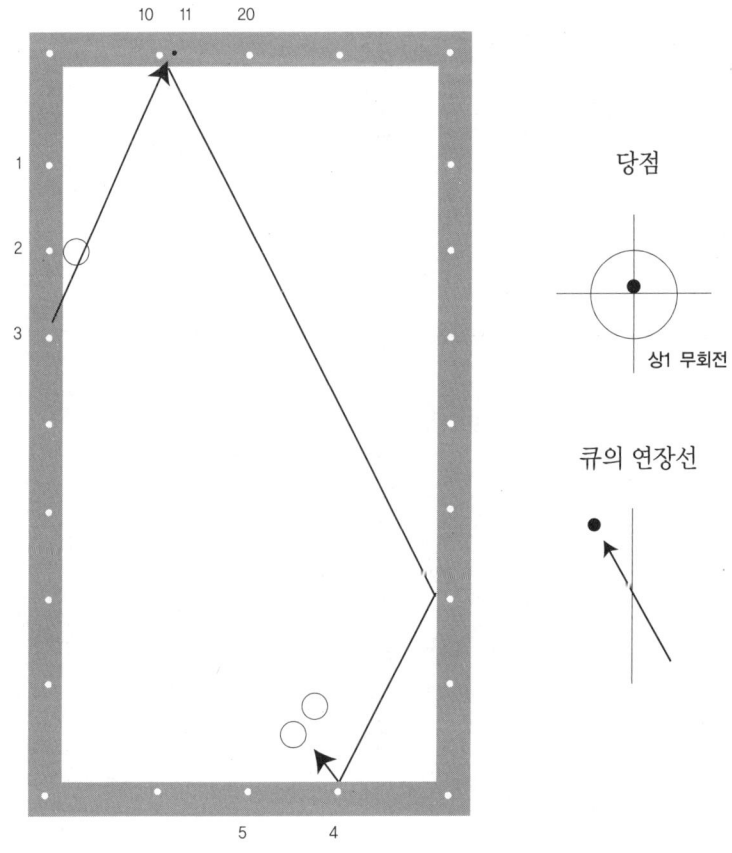

계산방법: 제1쿠션 포인트 = 수구 포인트 x 제3쿠션포인트 -1

3x4-1=11

● 무회전 샷 3

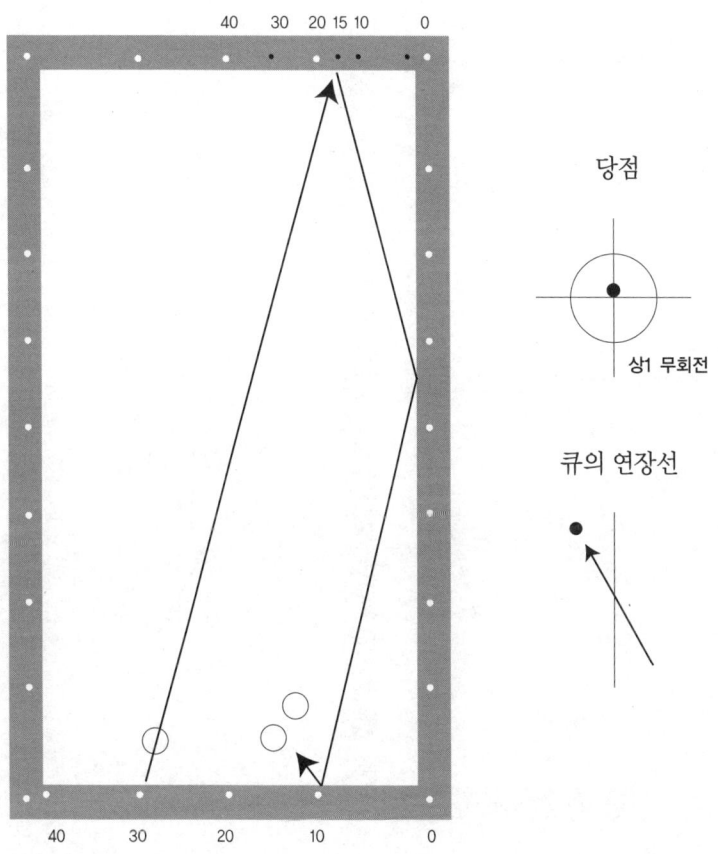

수구의 위치가 단 쿠션에 있을 때는 포인트와 계산하는 방법이 달라진다.
계산방법: 제1쿠션 포인트 = 수구 포인트 - (제3쿠션 포인트 + 제3쿠션 포인트 / 2)

수구 포인트는 10단위 ──────▶ 10, 20, 30, 40
제1쿠션 포인트는 20단위 ──────▶ 20, 40
제3쿠션 포인트는 10단위 ──────▶ 0, 20, 30, 40

그림에서 제1쿠션 포인트는 30-(10+10/2)=15

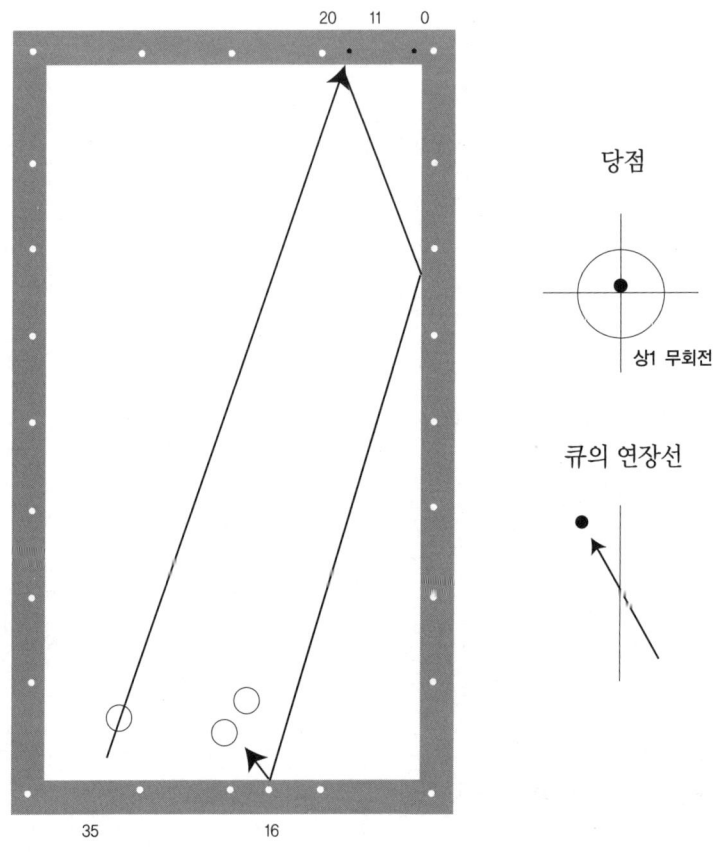

계산방법 : 제1쿠션 포인트 = 수구 포인트 - (제3쿠션 포인트 + 제3쿠션 포인트 / 2)

35-(16+16/2)=11

● 무회전 샷 4

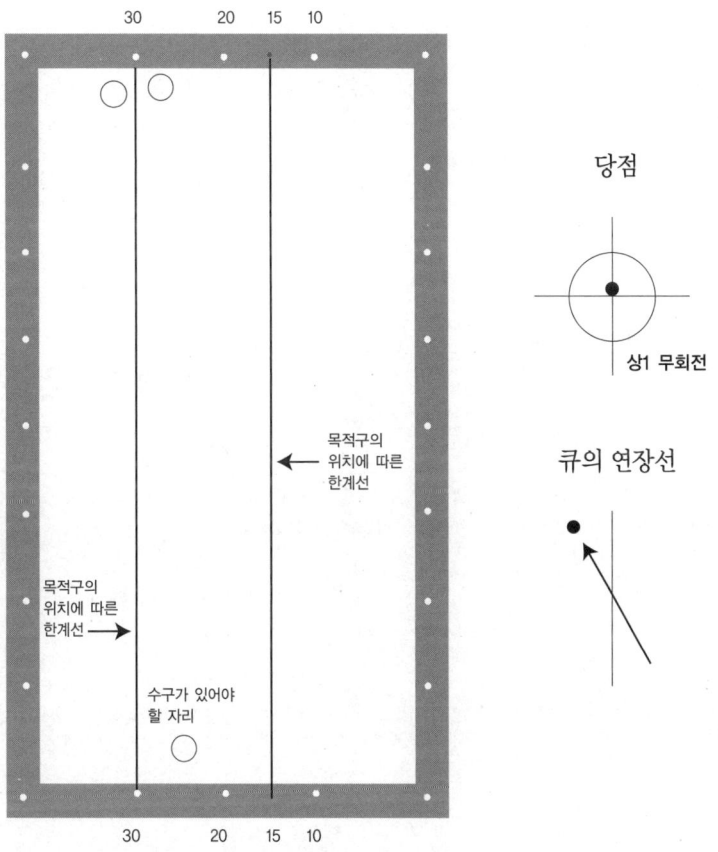

이런 모양을 알고 있으면 많은 도움이 되므로 연습을 많이하는 것이 좋다.
계산방법: 제1쿠션 포인트 = 수구 포인트 - 제3쿠션 포인트 / 2

이 시스템은 한계선이 있다. 계산을 하다 보면 마이너스가 나올 때가 있다. 그러므로 수구와 목적구의 위치가 최소한 같은 선상에 있어야 한다.

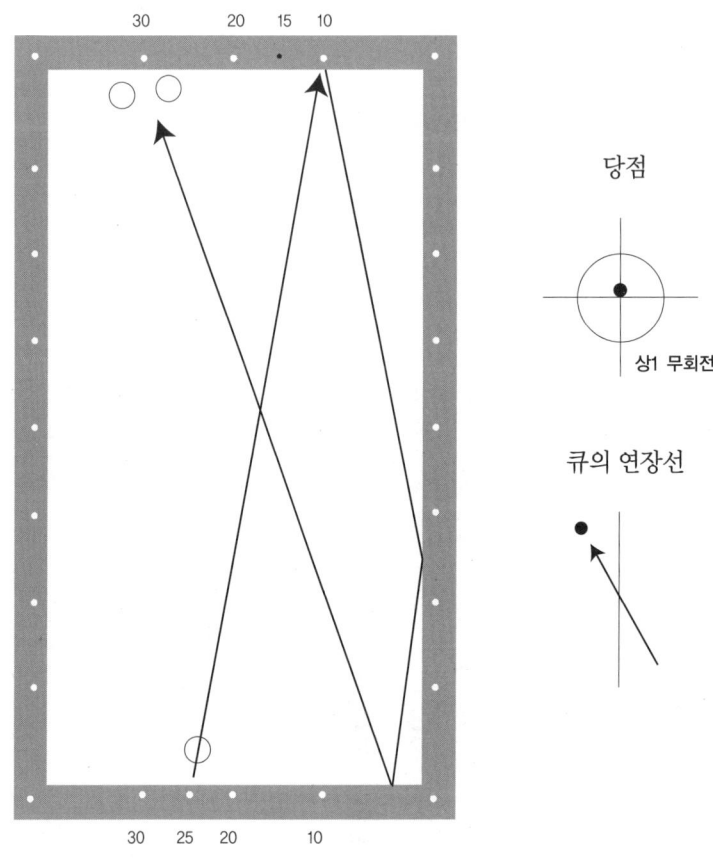

제1쿠션 포인트 = 수구 포인트 - 제3쿠션 포인트 / 2

제1쿠션 포인트=25-(30/2)=10

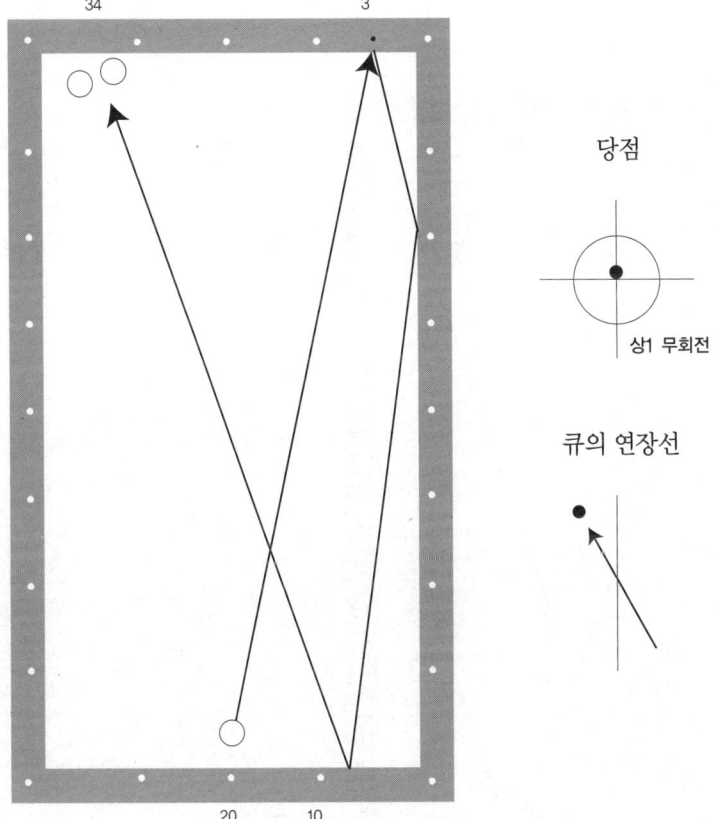

제1쿠션 포인트 = 수구 포인트 - 제3쿠션 포인트 / 2

제1쿠션 포인트=20-(34/2)=3

● 무회전 샷 5

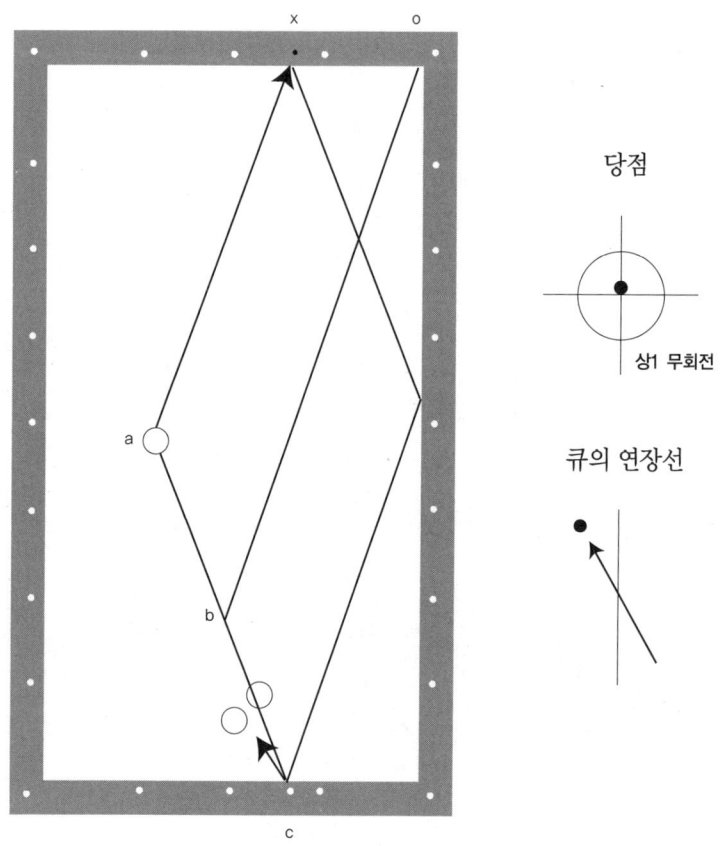

또 한 가지 찾는 방법 : a: 수구 위치, c: 제3쿠션 포인트, b: a와 c의 1/2지점, o:코너 지점, x: 제1쿠션 포인트

먼저 수구 a와 제3쿠션 c의 위치를 알 수 있으므로 선분 ac의 1/2지점을 찾고, 그 지점 b와 o 코너를 연결하여 선분 bo를 만든다.
제1쿠션 x 포인트는 선분 bo와 수평선을 수구의 위치 a로부터 제1쿠션 방향으로 찾으면 된다.

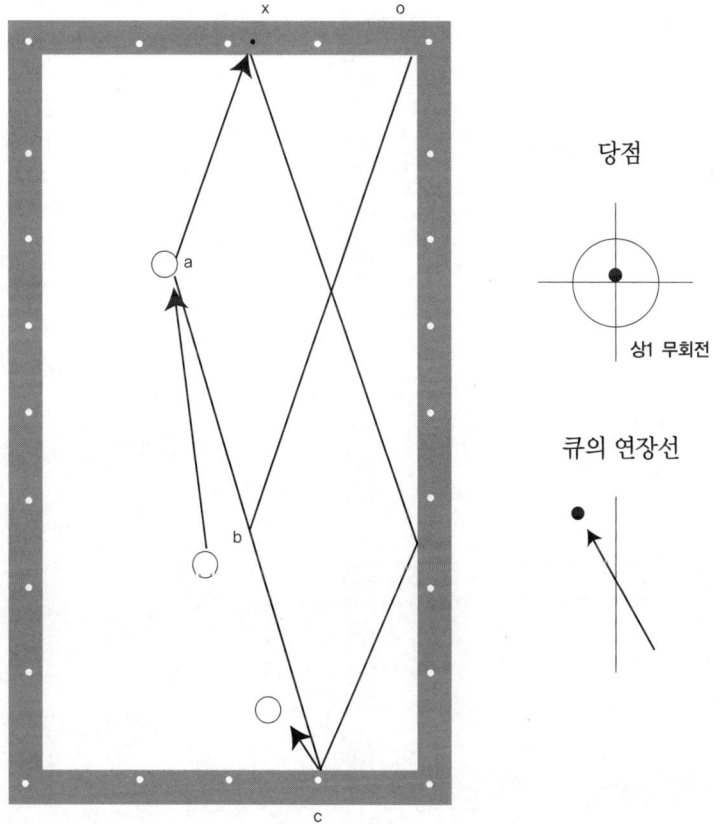

a:1적구, c: 제3쿠션 포인트, b: a와 c의 1/2지점, o: 코너 지점, x: 제1쿠션 포인트

먼저 1적구 a와 제3쿠션 c의 위치를 알 수 있으므로 선분 ac의 1/2지점(b)을 찾고 그 지점 b와 코너를 연결하여 선분 bo를 만든다.
제1쿠션 x 포인트는 선분 bo와 수평선을 수구의 위치 a로부터 제1쿠션 방향으로 찾으면 된다. 남은 것은 어떻게 하면 수구가 1적구를 맞히고 제1쿠션 x 지점까지 보낼 수 있는가 하는 것이다.

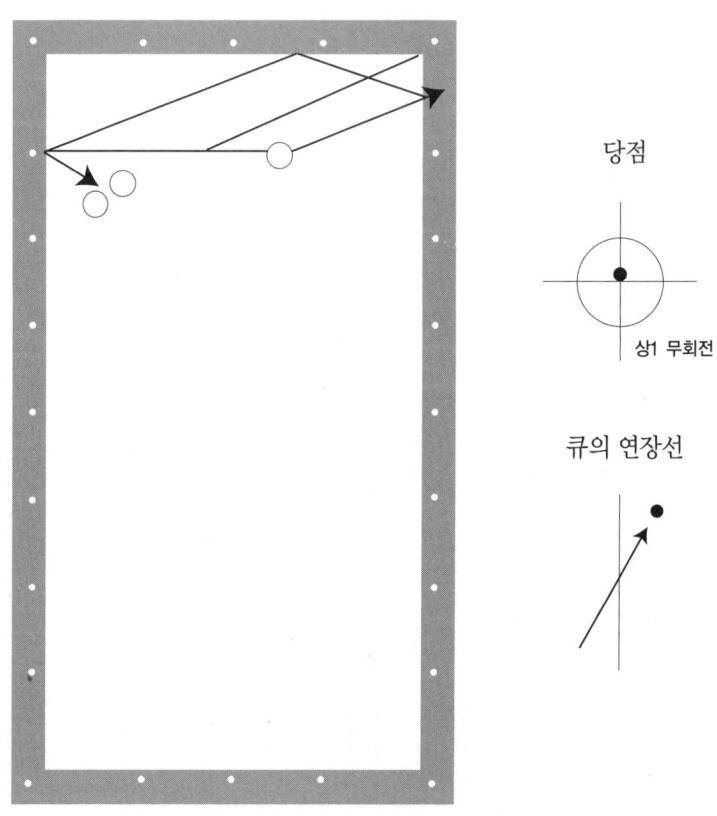

연습 삼아 직접 찾아보고 쳐 보길 바란다.
이때 무회전 샷이므로 절대 비틀리거나 하면 안 된다. 샷을 할 때 좌우로 틀어지는 것을 신경쓰면서 가볍게 밀어치면 아주 잘 될 것이다.

Two Cushions no English Bank Shot

5장

2쿠션 무회전 뱅크 샷

● **2쿠션 뱅크 샷 1**

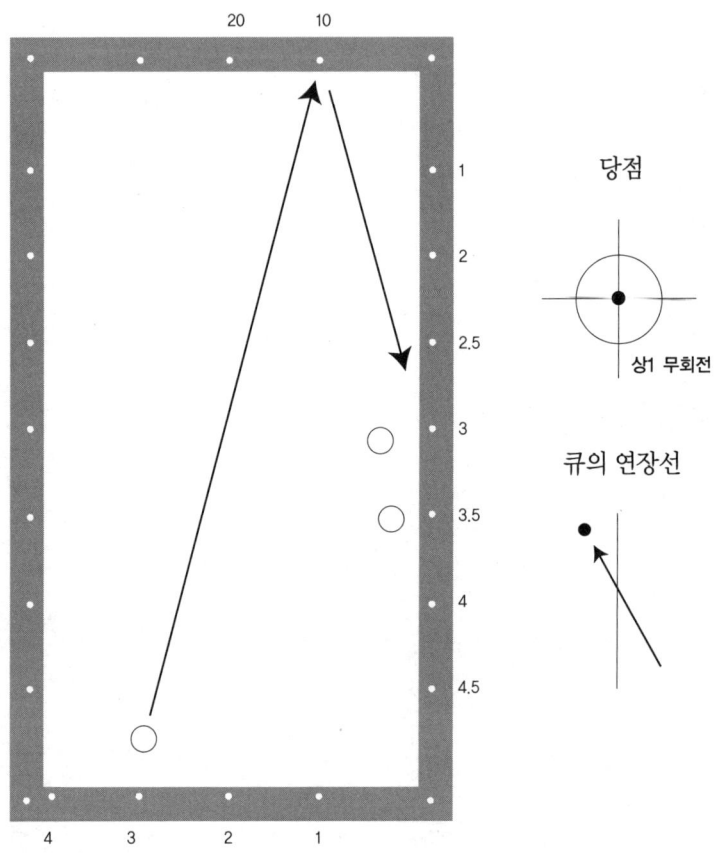

2쿠션 뱅크 샷은 무회전으로 치되, 역시 밀어치지 않고 약간 끊어 치는 느낌으로 수구를 제1쿠션에서 세워 준다. 밀어치게 되면, 수구가 제1쿠션을 맞고 제2쿠션으로 진행하면서 바깥쪽으로 약간 휘는 경향이 있어서 생각보다 약간 짧게 떨어진다.

계산방법: 제1쿠션 포인트 = 수구 포인트 x 제2쿠션 포인트

단, 여기서 제2쿠션 포인트는 1적구가 제2쿠션으로부터 공 1과 3분의 1 정도 떨어진 포인트이다.

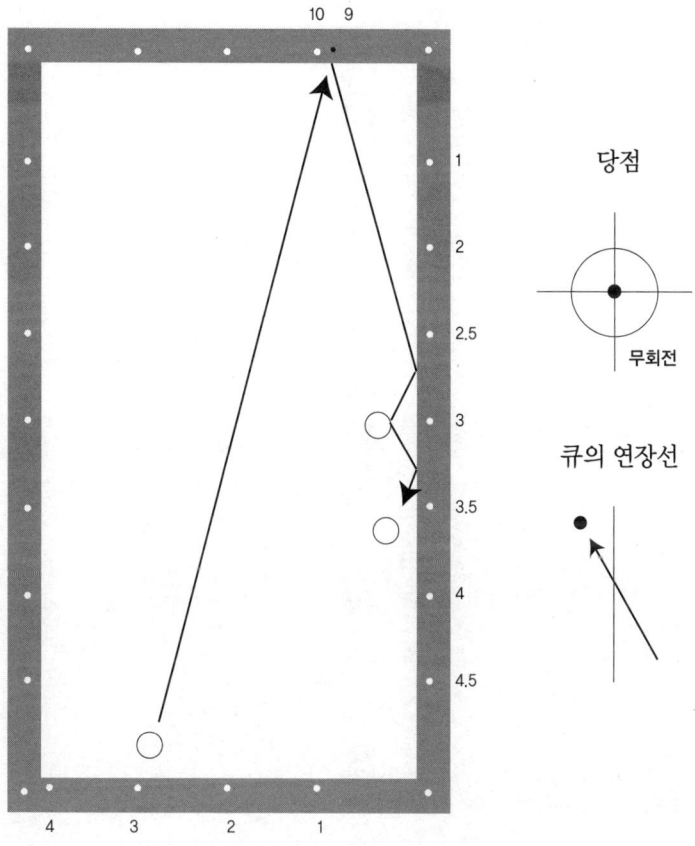

계산방법: 제1쿠션 포인트 = 수구 포인트 x 제2쿠션 포인트

단, 여기서 제2쿠션 포인트는 1적구가 제2쿠션으로부터 공 1과 3분의 1 정도 떨어진 포인트이다.

3x3=9

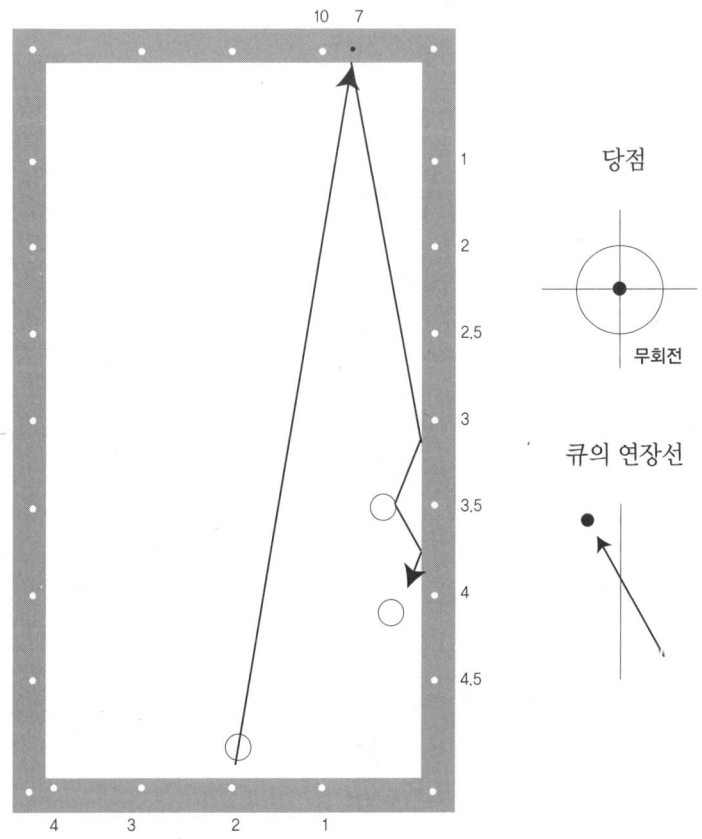

계산방법: 제1쿠션 포인트 = 수구 포인트 x 제2쿠션 포인트

단, 여기서 제2쿠션 포인트는 1적구가 제2쿠션으로부터 공 1과 3분의 1 정도 떨어진 포인트이다.

2x3.5=7

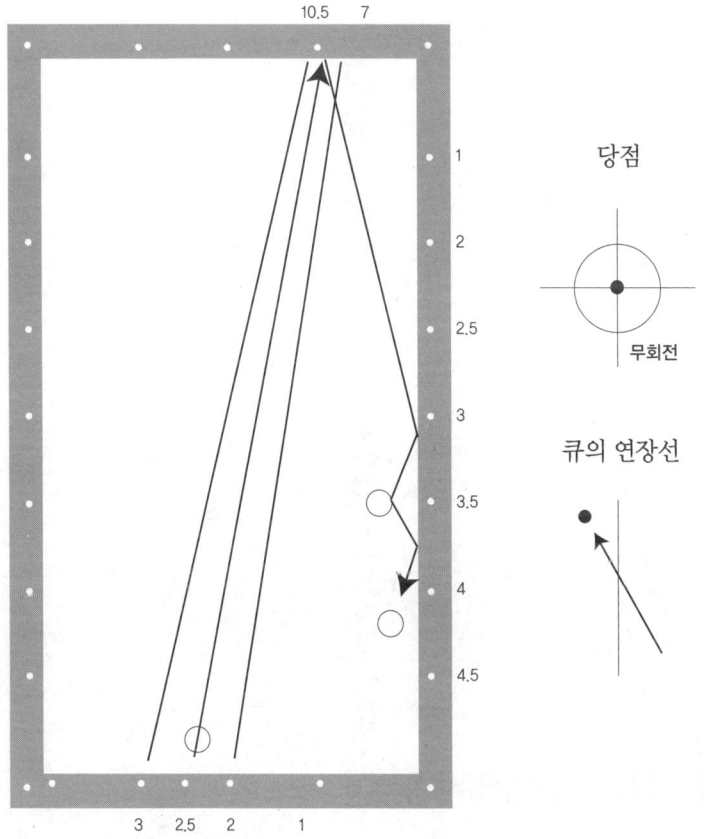

계산방법: 제1쿠션 포인트 = 수구 포인트 × 제2쿠션 포인트

수구가 단순히 1, 2, 3의 위치에 있으면 계산이 간단히 나올 수 있으나, 수구는 2.5, 1적구는 3.5와 같이 단순히 계산이 안 될 때는 그림과 같이 양쪽의 계산을 뽑아 수구의 위치와 제1쿠션의 위치를 찾으면 된다.
수구가 2와 3 사이에 있으므로 수구 포인트 2와 3을 각각 계산하여 그 사이의 포인트를 찾으면 복잡하게 계산하지 않아도 된다.

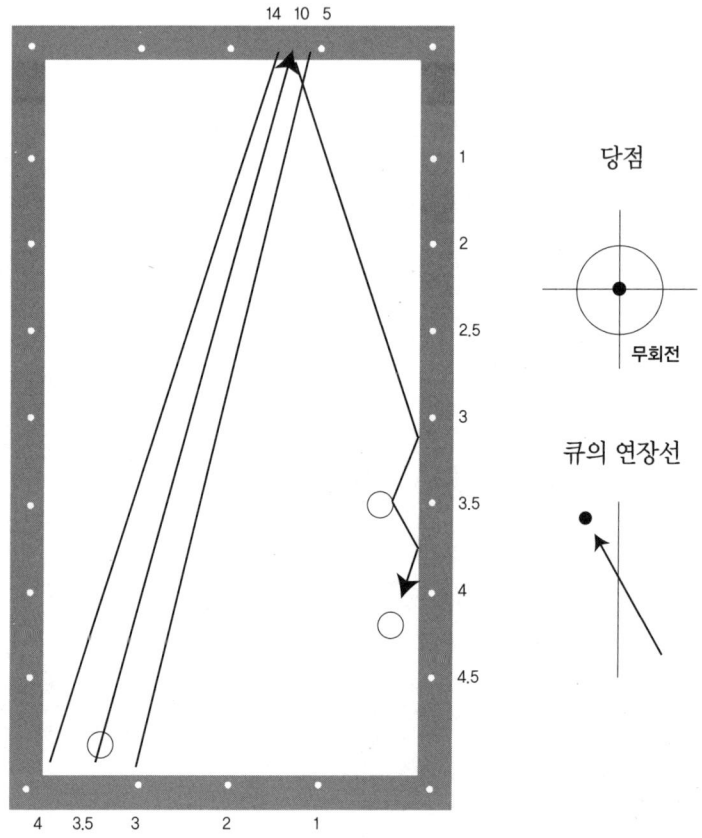

계산방법: 제1쿠션 포인트 = 수구 포인트 x 제2쿠션 포인트

먼저 수구 위치 3으로 계산하면 제1쿠션 포인트는 10.5이고 수구 포인트 4로 계산하면 제1쿠션 포인트는 14이다. 그러므로 그림에서 수구 위치에 따른 제1쿠션 포인트는 10.5~14에 있다.

● 2쿠션 뱅크 샷 2

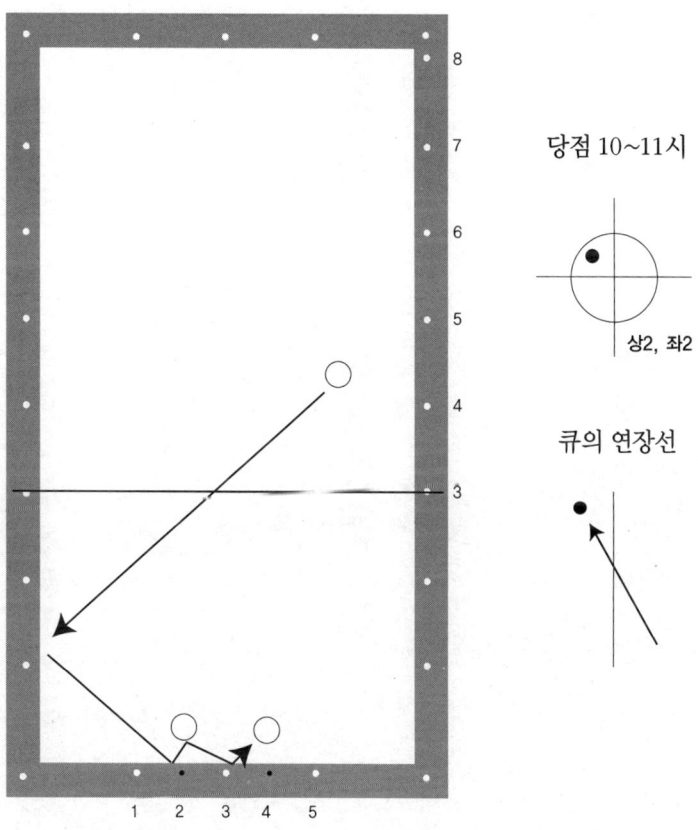

계산방법: 제1쿠션 포인트 = 수구 포인트 x 제2쿠션 포인트

수구 포인트는 3번째 포인트 이상에 있고, 1적구의 위치는 단 쿠션으로부터 공 1과 3분의 1 정도 떨어져 있을 때 쓰면 된다.
1적구의 위치가 1, 2, 3, 4까지는 보통대로 치면 되나, 5의 위치에서는 보정치수 2.5를 빼주면 비교적 정확하다.

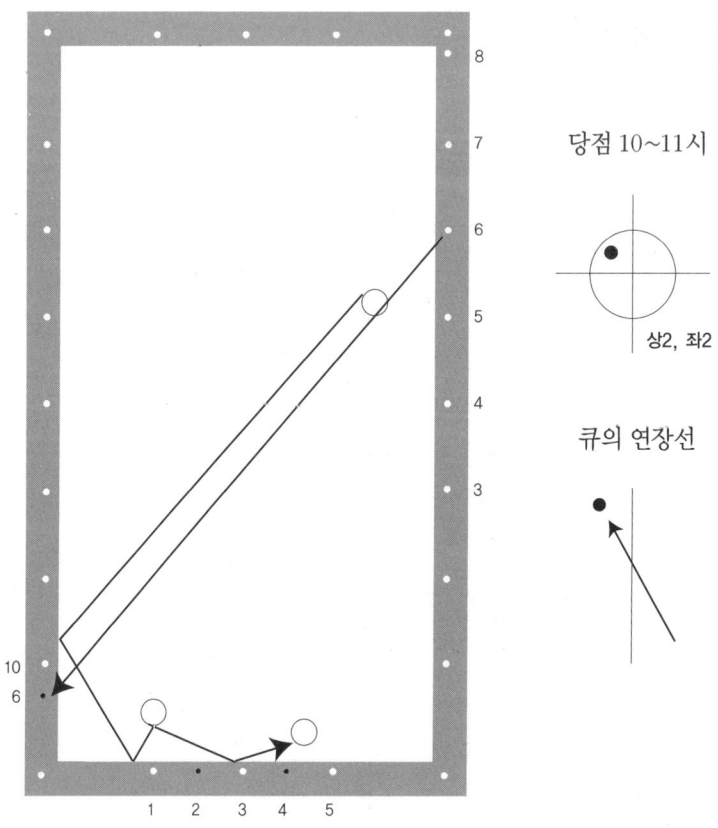

계산방법: 제1쿠션 포인트 = 수구 포인트 x 제2쿠션 포인트

6x1=6

큐는 약간 짧게 잡고 치면 너무 길게 나가지 않는다. 너무 세거나 약하지 않게 치며, 연습을 통하여 익혀 두면 편리하다.

비틀어 치면 안 된다.

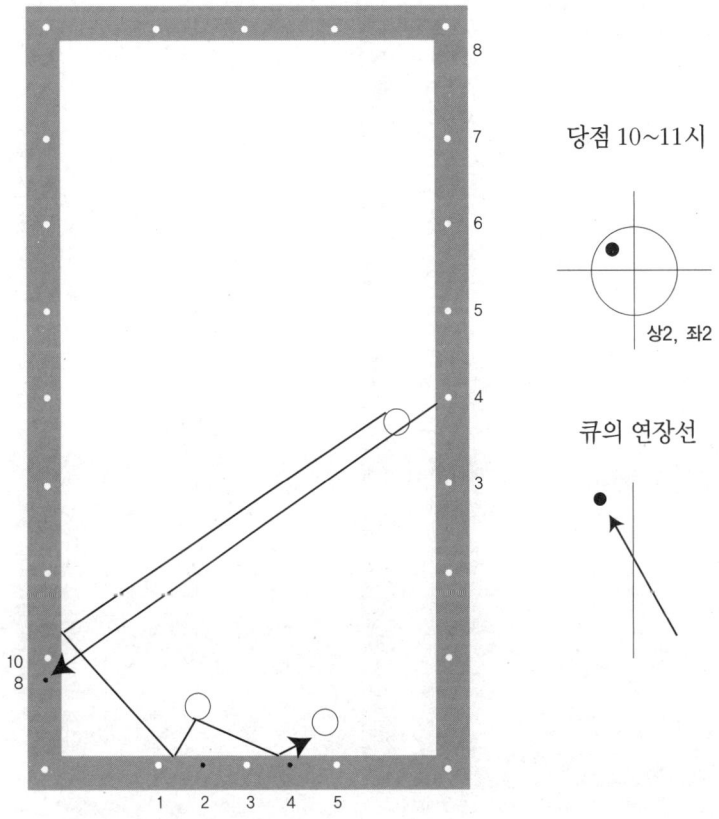

계산방법: 제1쿠션 포인트 = 수구 포인트 x 제2쿠션 포인트

4x2=8

비틀어 치면 안 된다.

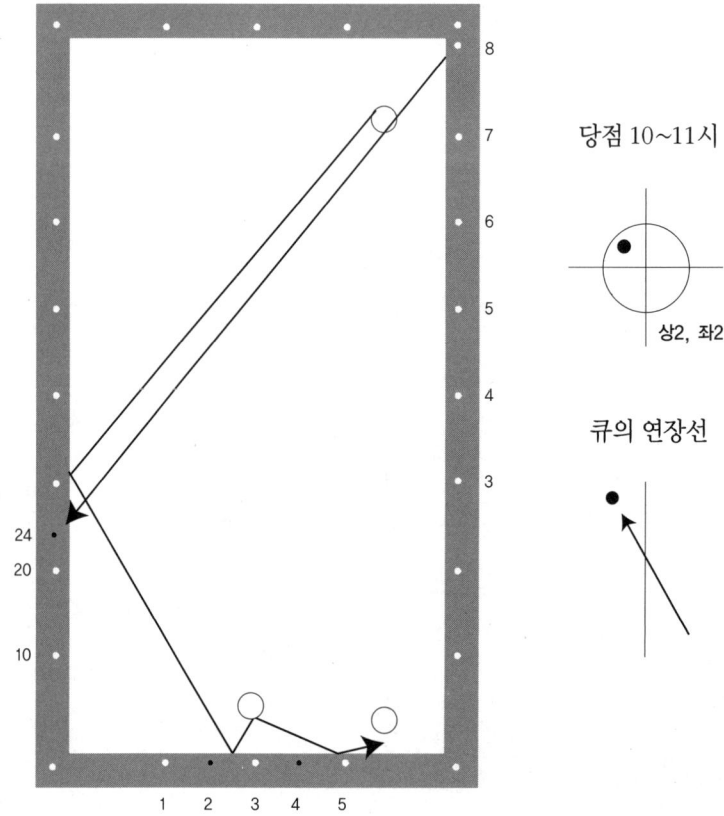

계산방법: 제1쿠션 포인트 = 수구 포인트 x 제2쿠션 포인트

8x3=24

비틀어 치면 안 된다.

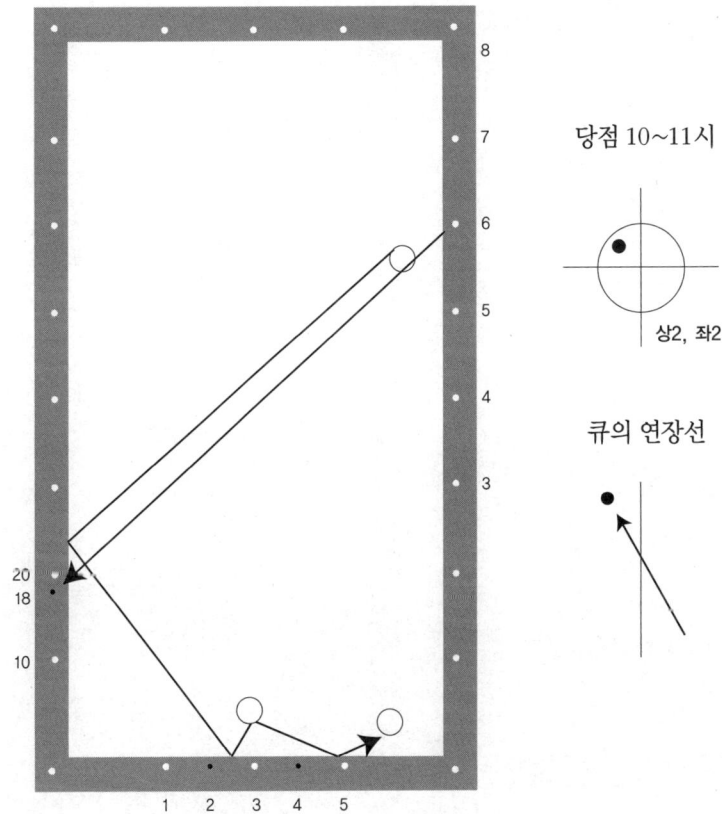

계산방법: 제1쿠션 포인트 = 수구 포인트 x 제2쿠션 포인트

6x3=18

비틀어 치면 안 된다.

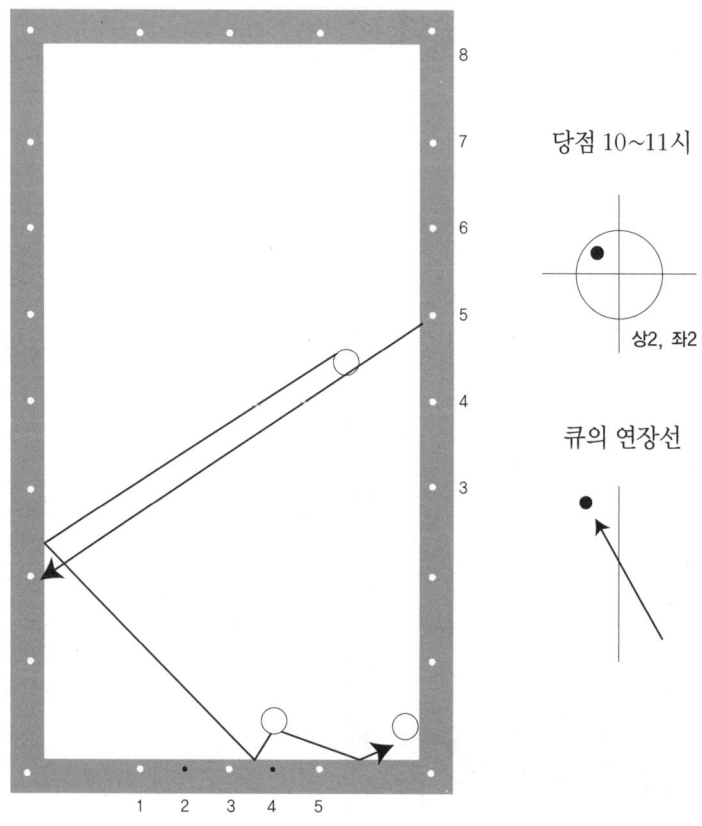

계산방법: 제1쿠션 포인트 = 수구 포인트 x 제2쿠션 포인트

5x4=20

비틀어 치면 안 된다.

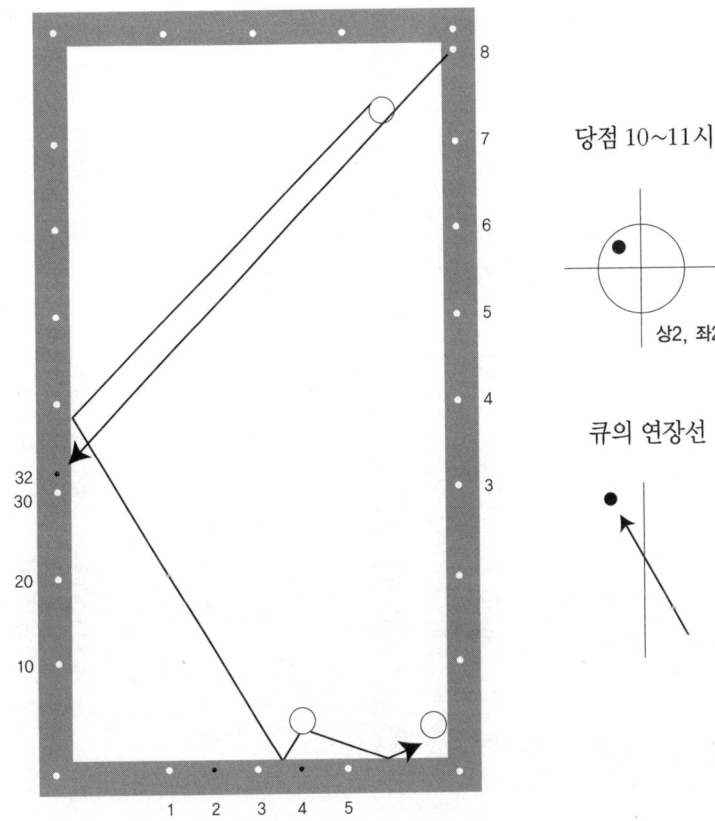

계산방법: 제1쿠션 포인트 = 수구 포인트 x 제2쿠션 포인트

8x4=32

비틀어 치면 안 된다.

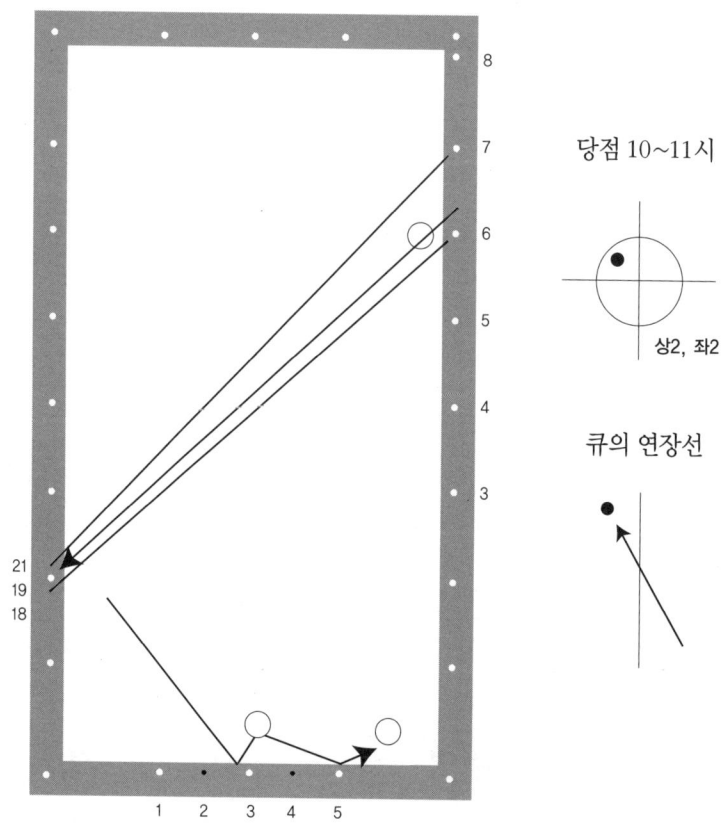

계산방법: 제1쿠션 포인트 = 수구 포인트 x 제2쿠션 포인트

만약 수구가 6과 7포인트 사이에 있다고 가정하면 계산이 복잡하게 된다. 이것을 계산하려 하지 말고 6포인트 선과 7포인트 선을 찾아서 그 사이의 포인트를 찾으면 된다.
그림에서 수구 6일 때는 18, 수구 7일 때는 21이므로 수구의 위치를 비율로 봐서 제1쿠션 포인트를 찾으면 된다.
6.3x3=18.9하지 말고 비율로 찾는 게 편하다.

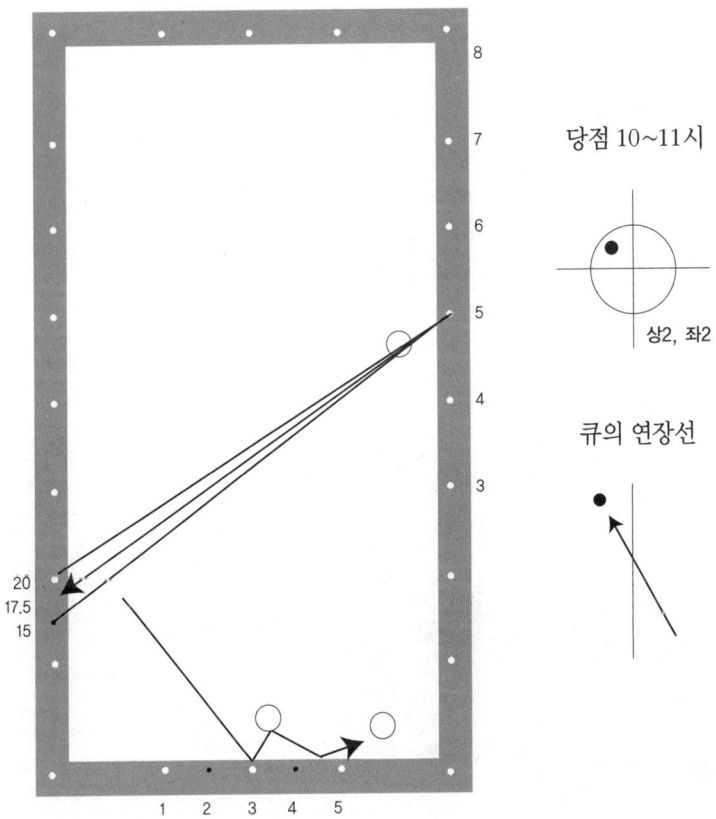

계산방법: 제1쿠션 포인트 = 수구 포인트 x 제2쿠션 포인트

이번엔 1적구가 3과 4 사이에 있다고 가정하면 역시 앞장과 마찬가지로 계산해서 찾는 게 편하다.
5x3.5=17.5하지 말고 3선과 4선을 찾아서, 그 사이의 포인트를 찾으면 된다.

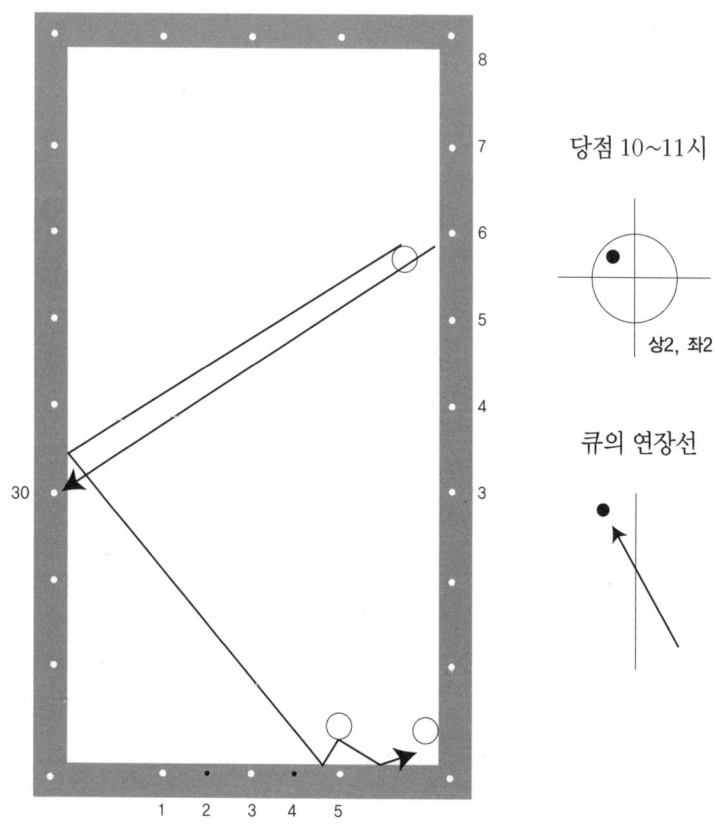

계산방법: 제1쿠션 포인트 = 수구 포인트 x 제2쿠션 포인트

1적구가 5의 위치에 있을 때는 수구의 위치가 6포인트까지는 변동사항 없이 그대로 치면 된다.

6x5=30

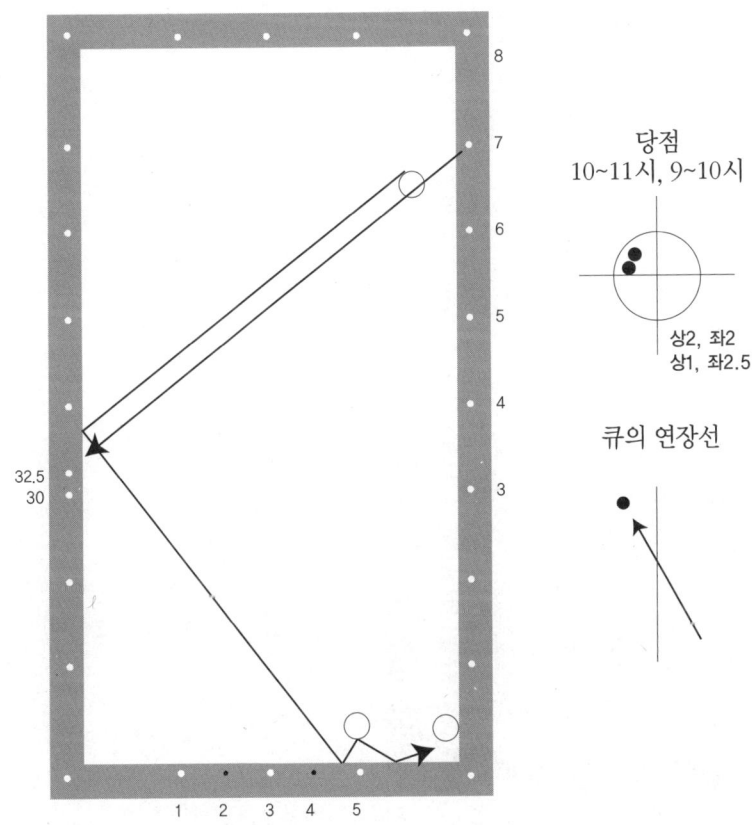

계산방법: 1쿠션 포인트 = (수구 포인트 x 제2쿠션 포인트) - 2.5

1적구는 5의 위치에 있으면서 수구 위치가 7이면 보정치수 2.5를 빼주거나 당점을 9~10시로 변화시켜야 한다.

7x5-2.5=32.5

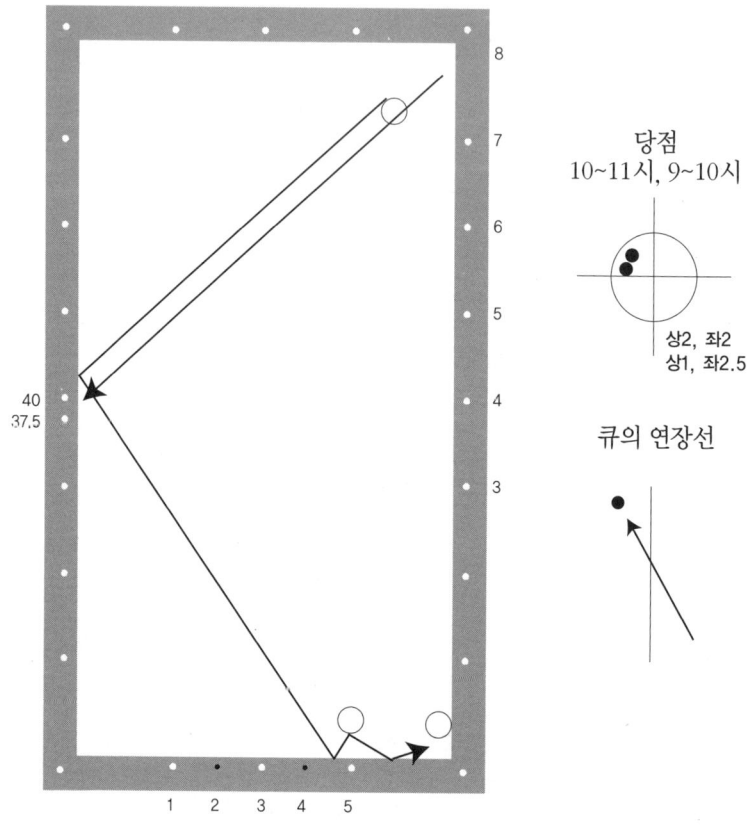

계산방법: 제1쿠션 포인트 = (수구 포인트 x 제2쿠션 포인트) − 2.5

1적구는 5의 위치에 있으면서 수구 위치가 8이면 보정치수 2.5를 빼주거나 당점을 9~10시로 변화시켜야 한다.

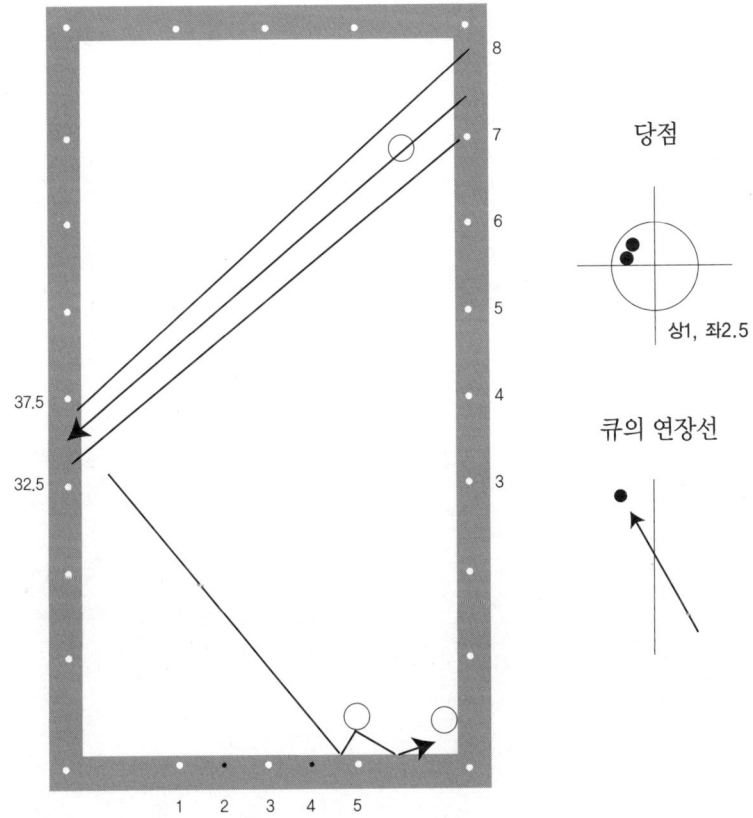

계산방법: 제1쿠션 포인트 = (수구 포인트 x 제2쿠션 포인트) - 2.5

수구가 7~8포인트에 있으면 앞에서 한 방법과 같이 두 개의 위치를 찾고, 수구 포인트를 보고 제1쿠션 포인트를 찾으면 된다.

Three on Two System

6장

스리 온 투 시스템

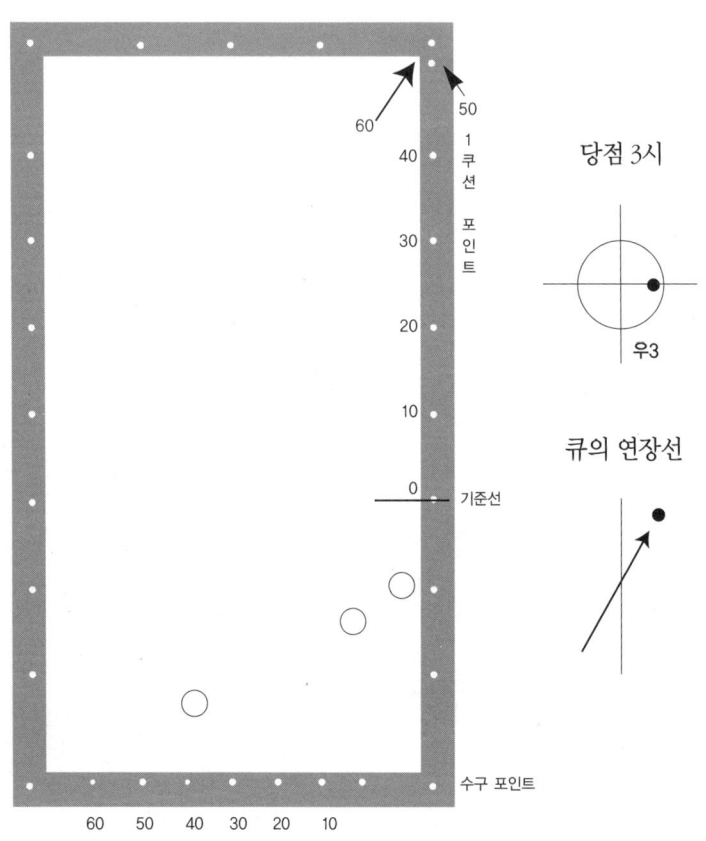

수구를 제1쿠션을 쳐서 다시 기준선으로 들어오는 것이다.

기준선 = 수구 포인트 - 제1쿠션 포인트

당점은 중단에 맥심을 주되 비틀지 말아야 하며, 샷은 짧게 끊어 치는 것이 아니라 밀어치기를 하되 마지막에 가볍게 잡아 준다. 즉, 길게 끊어 친다는 느낌으로 샷을 해야 회전력이 확실하게 살아 돌아온다.

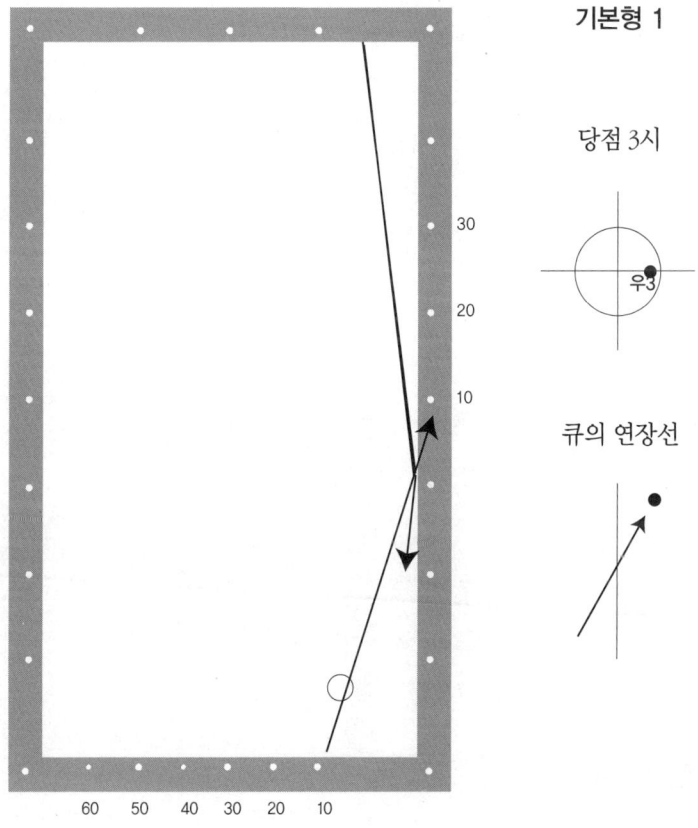

수구 포인트 10에서 제1쿠션 포인트 10을 치면 수구는 다시 기준선으로 돌아온다. 이런 모양을 쳐 보면 큐 선은 포인트를 향하고 있으나, 사실 수구는 스커트 현상이 일어나면서 큐가 향하는 포인트보다 약간 더 길게 나간다. 항상 회전을 다 살려준다는 느낌으로 쳐야 한다.

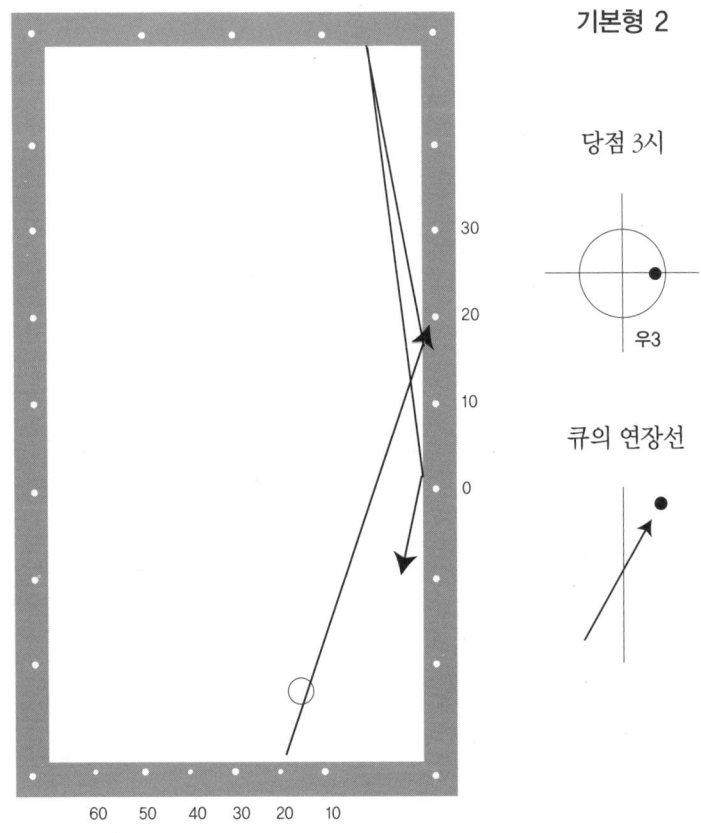

수구 포인트 20에서 제1쿠션 포인트 20을 치면 수구는 다시 기준선으로 돌아온다.

기본형 3

당점 3시

우3

큐의 연장선

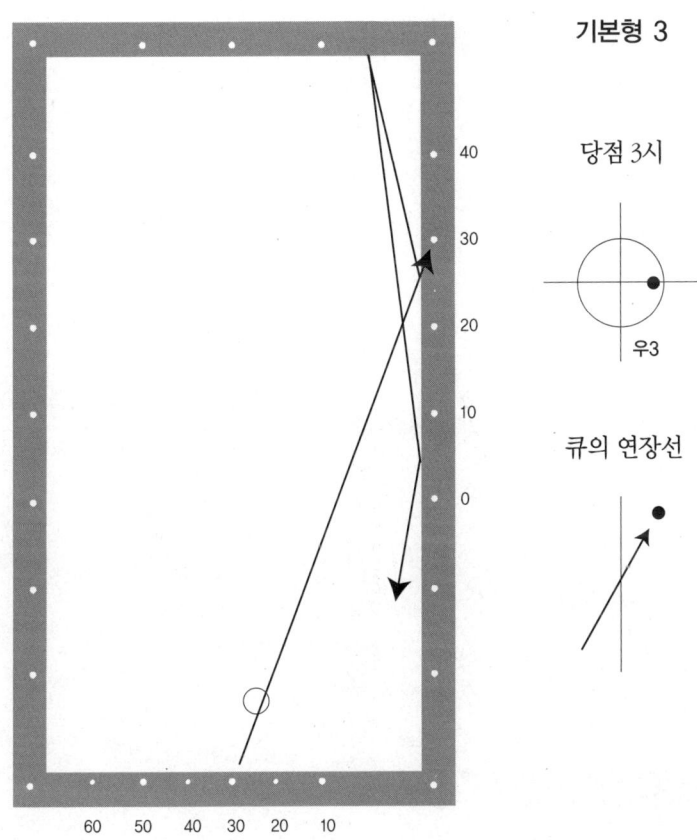

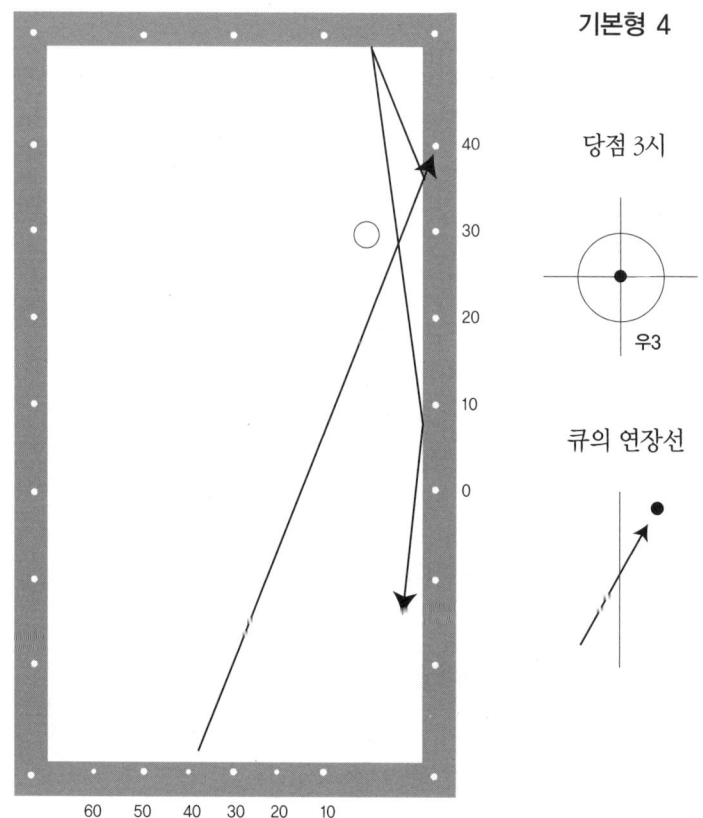

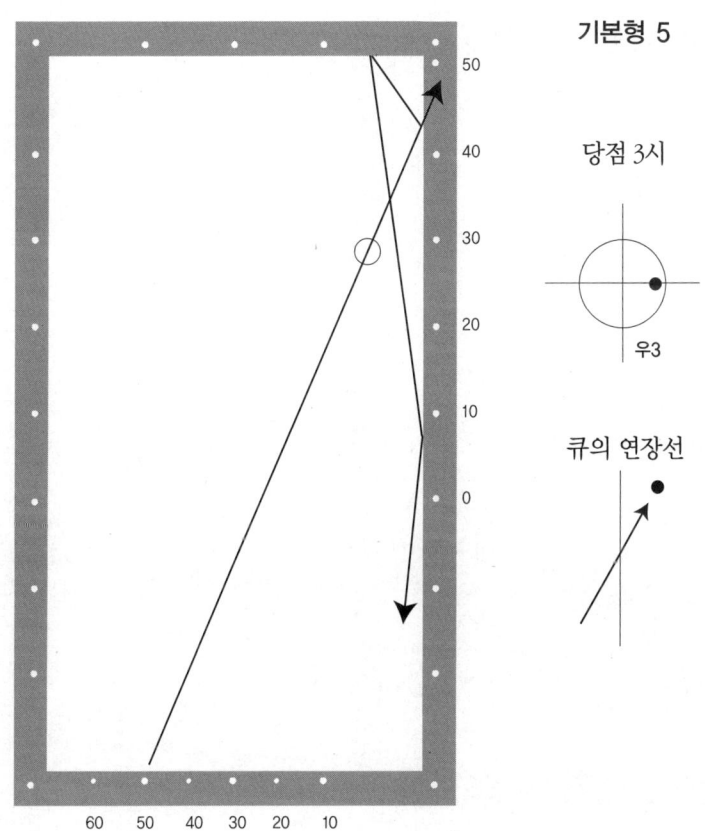

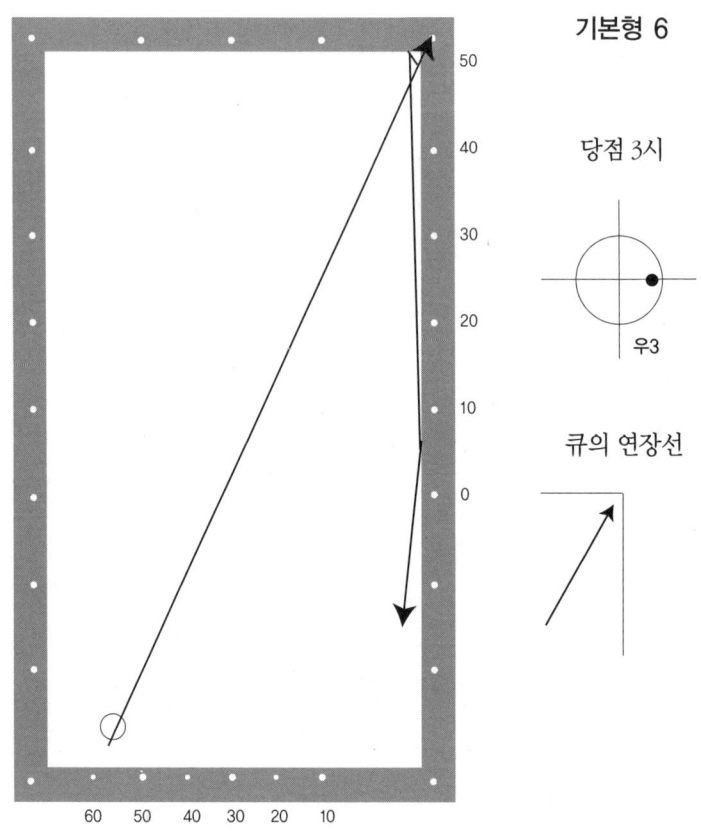

큐의 뒤쪽을 약간 세워서 수구를 가볍게 찌르듯이 친다. 큐의 뒤쪽을 드는 이유는 수구의 스커트를 없애고, 커브 현상이 일어나게 하며 회전력을 끝까지 살리려는 것이다.

스커트가 많이 나는 당점이므로 부드럽게 쳐야 한다.

Reverse System

7장

리버스 시스템

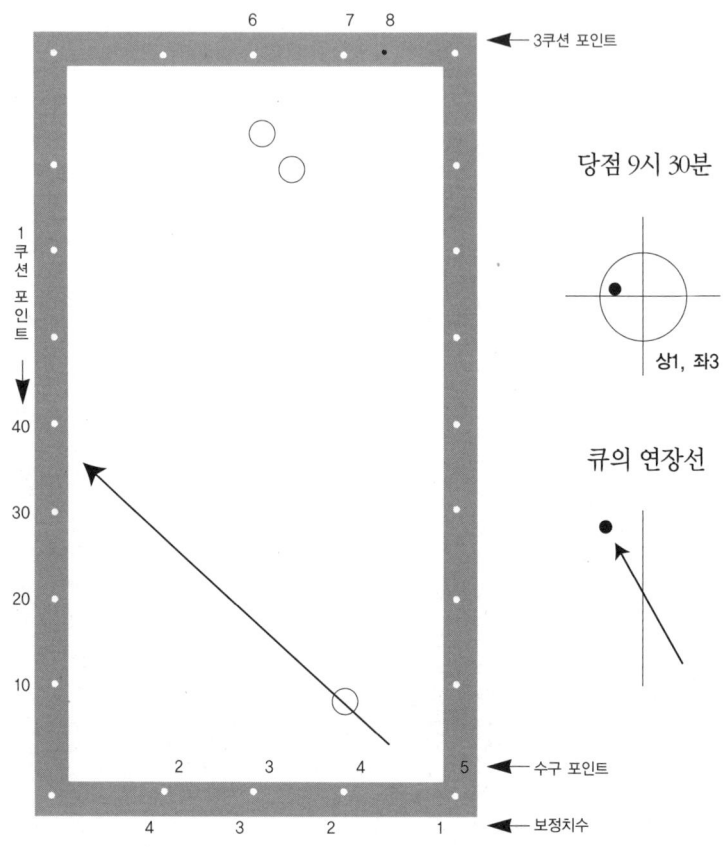

리버스 시스템이란 제1쿠션에 역회전을 주어 다시 반대쪽 장 쿠션으로 오게 한 다음 제3쿠션으로 들어가게 하는 것이다.

당점은 9시 30분 정도에 주고 당구대 상태에 따라 밀어치거나(약간 꺾일 때), 잘라 친다(약간 미끄러워지면).

계산방법: 제1쿠션 포인트 = 수구 포인트 × 제3쿠션 포인트 - 보정치수

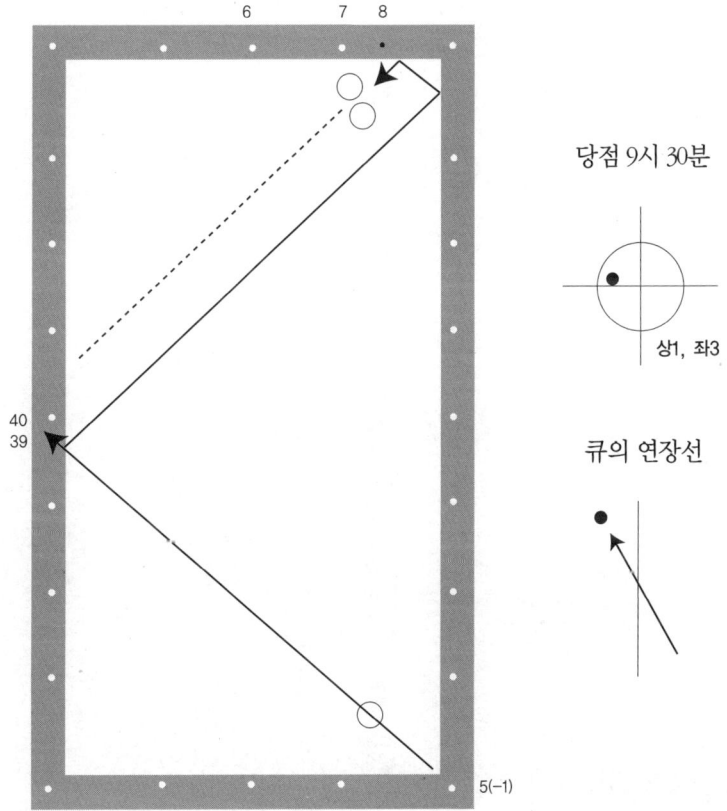

계산방법: 제1쿠션 포인트 = 수구 포인트 x 제3쿠션 포인트 − 보정치수

5x8−1=39

미끄러지는 당구대에서는 큐의 뒤쪽을 약간 세워서 수구를 부드럽게 찌르듯이 친다. 그러면 수구의 진행이 제1쿠션에서 제2쿠션으로 갈 때 휘어지는 현상이 덜하다 (큐 뒤쪽이 세워지기 때문에 수구가 제1쿠션으로 가면서 커브 현상이 일어난다).

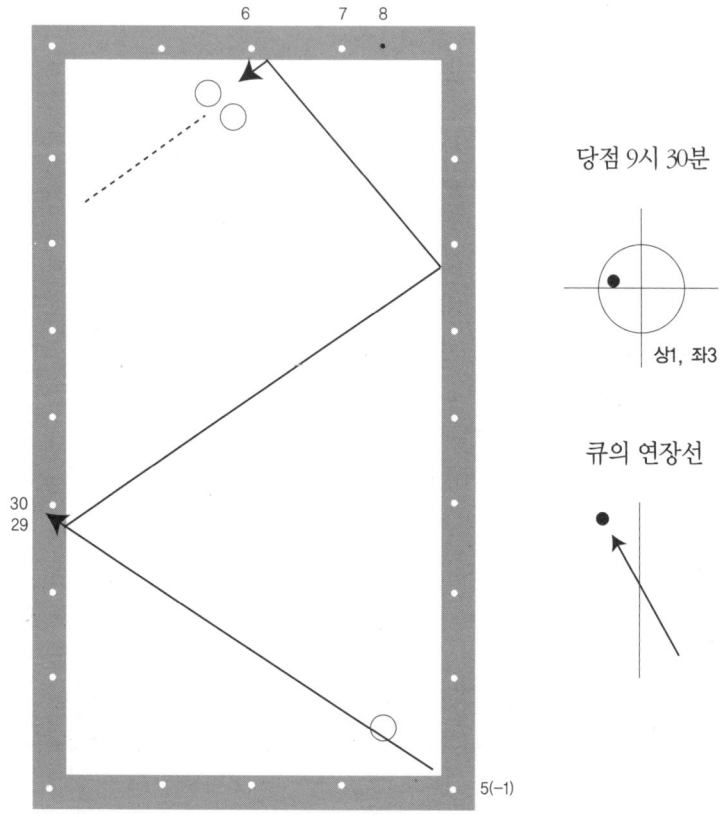

계산방법: 제1쿠션 포인트 = 수구 포인트 x 제3쿠션 포인트 - 보정치수

5x6-1=29

덜 미끄러지는 당구대에서는 큐를 되도록 수평을 유지한 채 부드럽게 수구를 밀어내듯이 치면, 수구가 제1쿠션으로 가면서 스커트 현상이 일어나 수구의 진행이 조금 더 부드럽게 이루어진다.

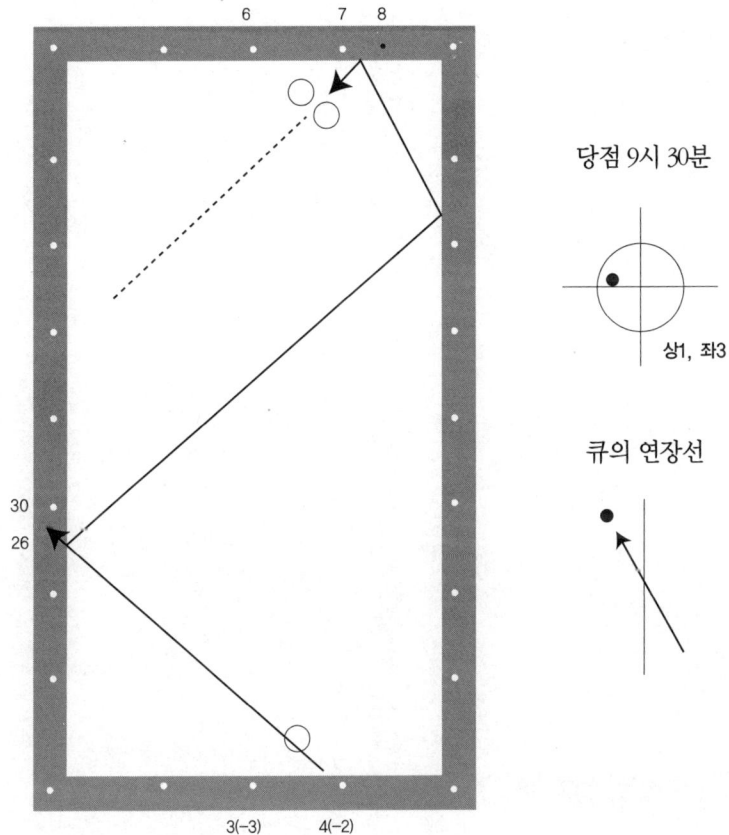

계산방법: 제1쿠션 포인트 = 수구 포인트 x 제3쿠션 포인트 - 보정치수

4x7-2=26

수구와 제1쿠션의 거리가 가까워질수록 조금 더 조심스럽게 다루어야 한다.

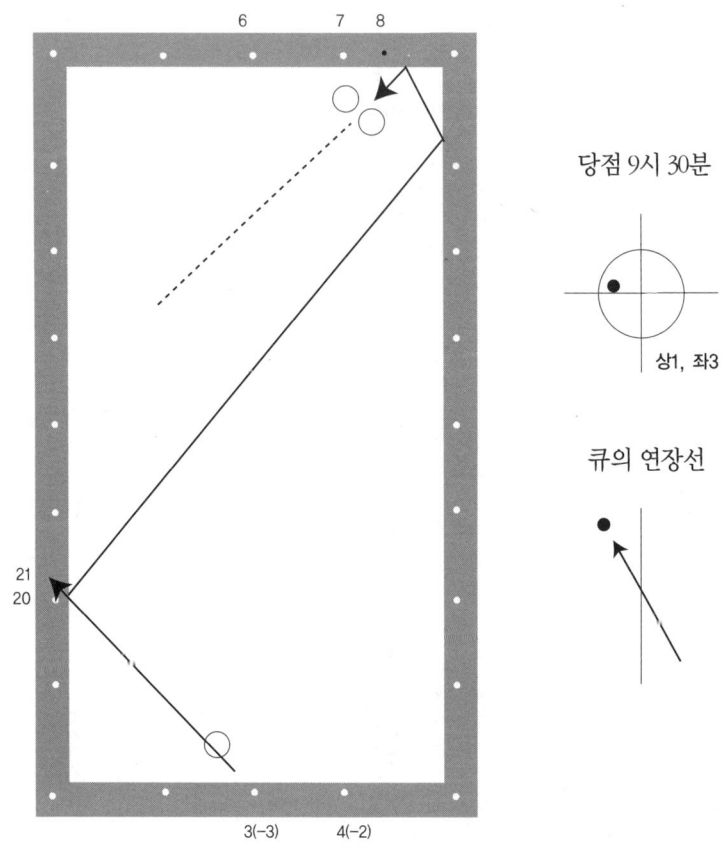

계산방법: 제1쿠션 포인트 = 수구 포인트 x 제3쿠션 포인트 - 보정치수

3x8-3=21

샷은 부드럽게 밀어치기를 한다.

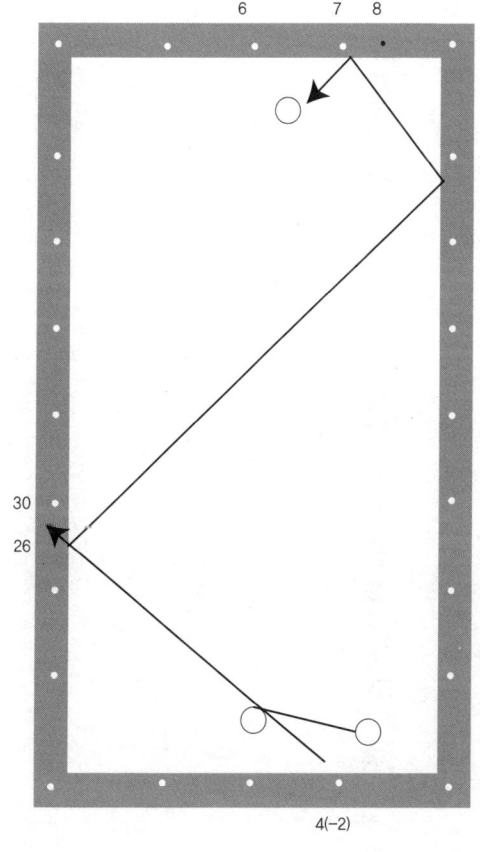
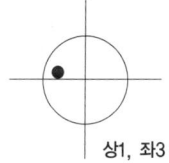
당점 9시 30분

상1, 좌3

큐의 연장선

계산방법: 제1쿠션 포인트 = 수구 포인트 x 제3쿠션 포인트 - 보정치수

4x7-2=26

수구의 진행선이 1적구를 맞고 나갈 선을 찾는다.

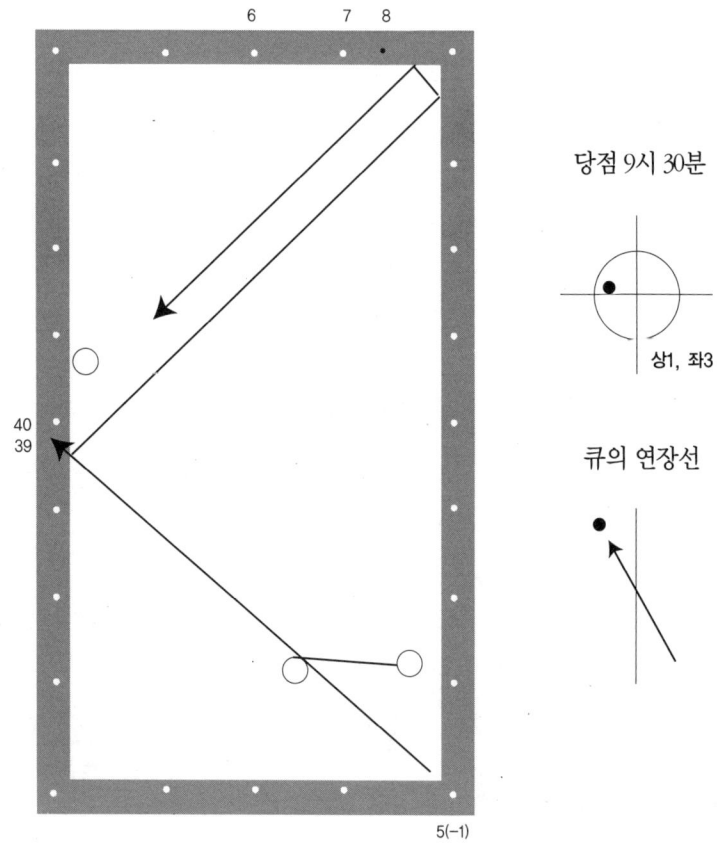

계산방법: 제1쿠션 포인트 = 수구 포인트 x 제3쿠션 포인트 - 보정치수

5x8-1=39

잡아 채거나 끊어 치거나 하면 전혀 엉뚱한 곳으로 갈 것이므로 수구를 계산한 포인트까지 부드럽게 밀어서 보내야 한다.

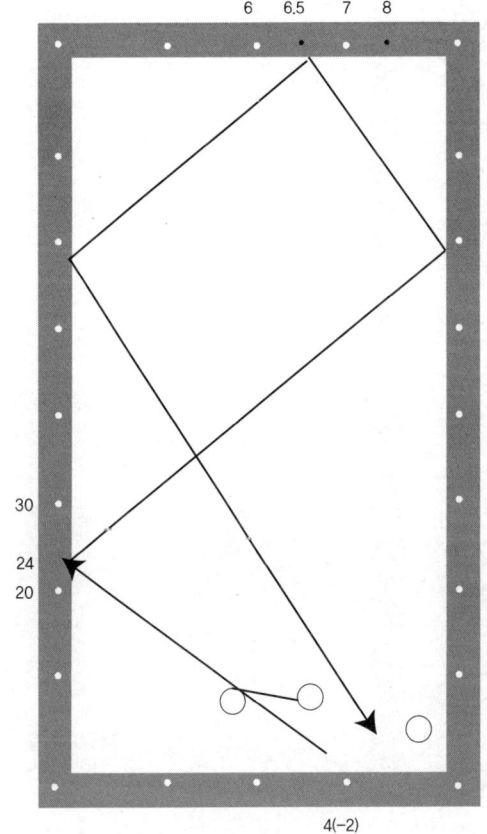
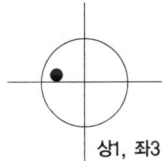

당점 9시 30분

상1, 좌3

큐의 연장선

계산방법: 제1쿠션 포인트 = 수구 포인트 x 제3쿠션 포인트 - 보정치수

4x6.5-2=24

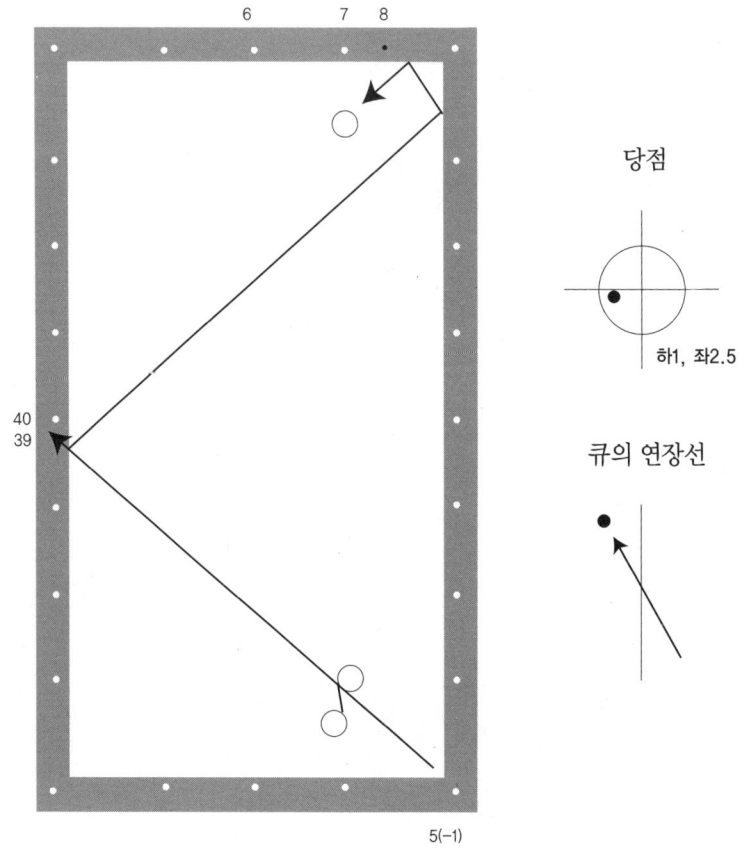

계산방법: 제1쿠션 포인트 = 수구 포인트 x 제3쿠션 포인트 - 보정치수

5x8-1=39

위의 그림과 같이 안쪽으로 치는 모양에서의 당점은 중단이나 중상, 중하이지만 수구를 칠 때 너무 밀어치면 수구의 진행이 많이 휘게 되므로, 약간 잘라 친다는 느낌으로 친다.

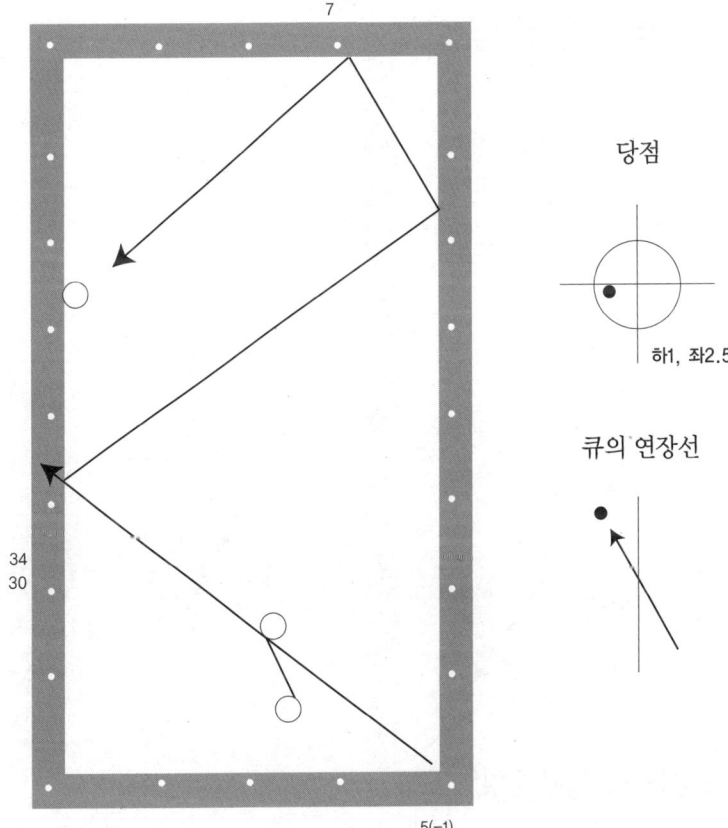

계산방법: 제1쿠션 포인트 = 수구 포인트 x 제3쿠션 포인트 - 보정치수

5x7-1=34

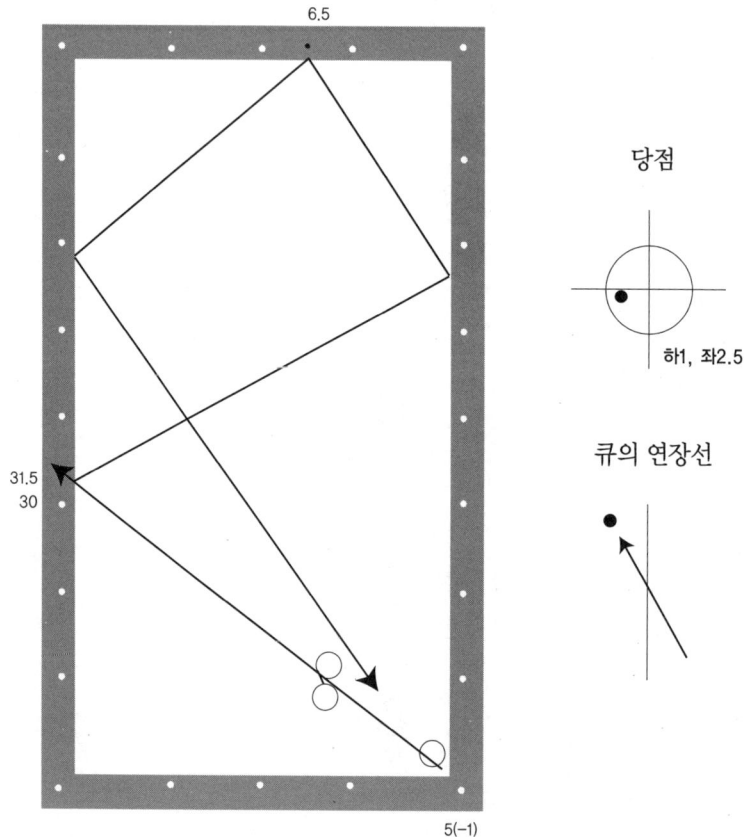

계산방법: 제1쿠션 포인트 = 수구 포인트 x 제3쿠션 포인트 - 보정치수

1 적구와 수구의 거리가 너무 가까우므로 두께에 신경을 많이 써야 하며, 샷을 할 때 너무 잘라 치면 수구의 진행이 첫 쿠션을 맞고 짧게 떨어지는 경우가 생긴다.

8장

Inside Umbrella Shot

인사이드 엄브렐러 샷

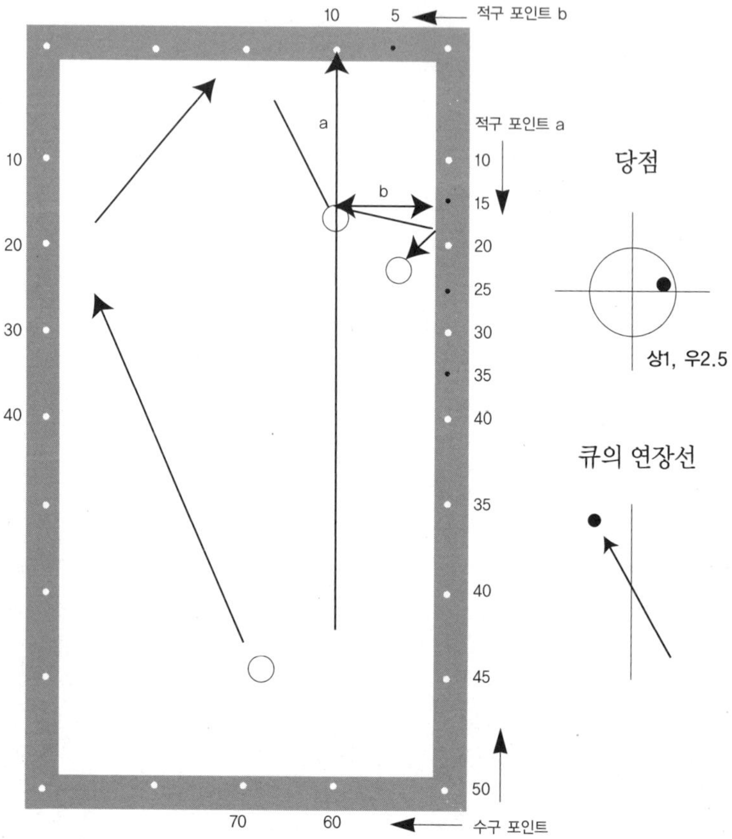

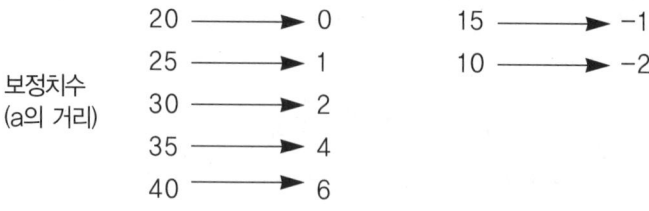

파이브 앤 어 하프 시스템 응용, 보정치수를 더해 준다.

계산방법: 수구 포인트 - (1적구의 a+b+보정치수) = 제1쿠션 포인트

보정치수 (a의 거리)				
	20 → 0		15 → -1	
	25 → 1		10 → -2	
	30 → 2			
	35 → 4			
	40 → 6			

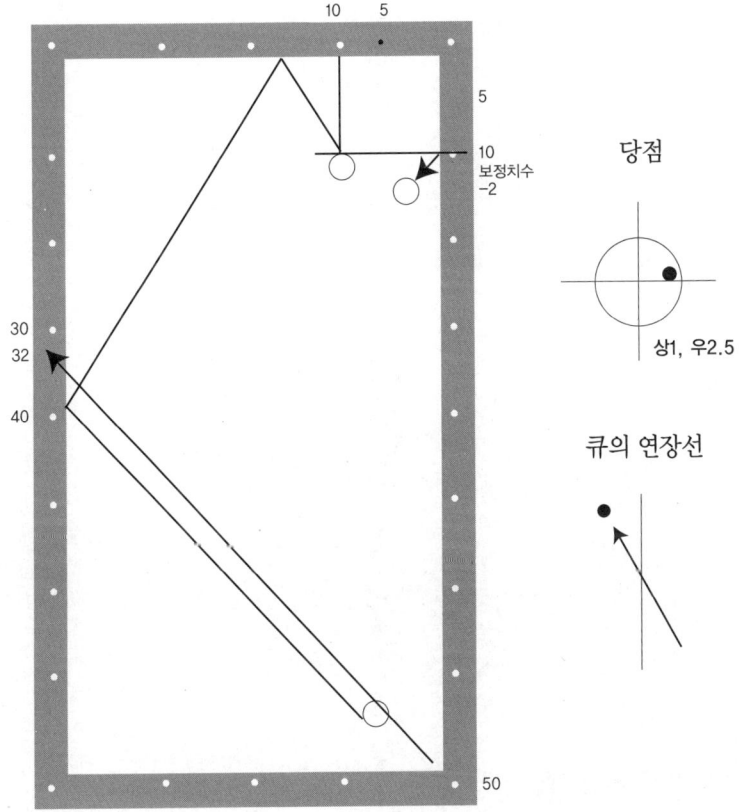

1적구의 위치: a는 10, b는 10이므로 보정치수는 -2이다.

계산방법: 수구 포인트 - (1적구의 a+b+보정치수) = 제1쿠션 포인트
50-(10+10-2)=32

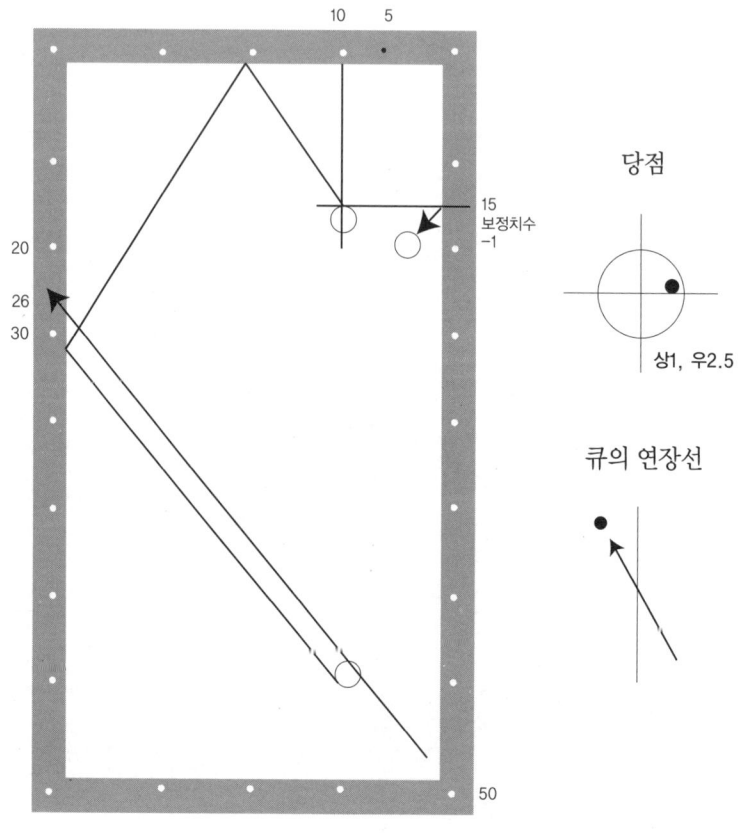

1적구의 위치: a는 15, b는 10이므로 보정치수는 -1이다.

계산방법: 수구 포인트 - (1적구의 a+b+보정치수) = 제1쿠션 포인트

50-(15+10-1)=26

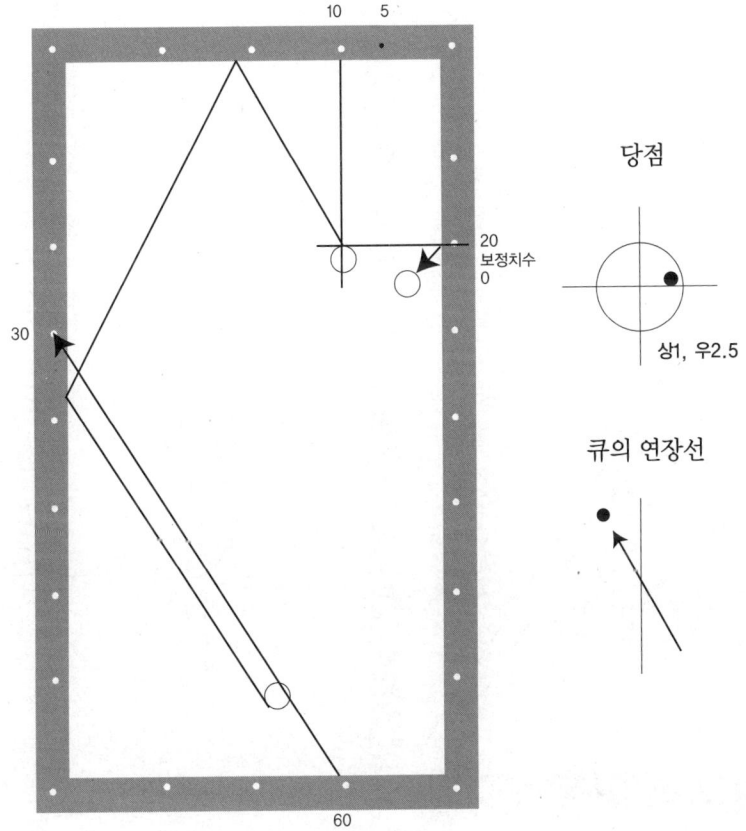

1적구의 위치: a는 20, b는 10이므로 보정치수는 0이다.

계산방법: 수구 포인트 − (1적구의 a+b+보정치수) = 제1쿠션 포인트

60−(20+10+0)=30

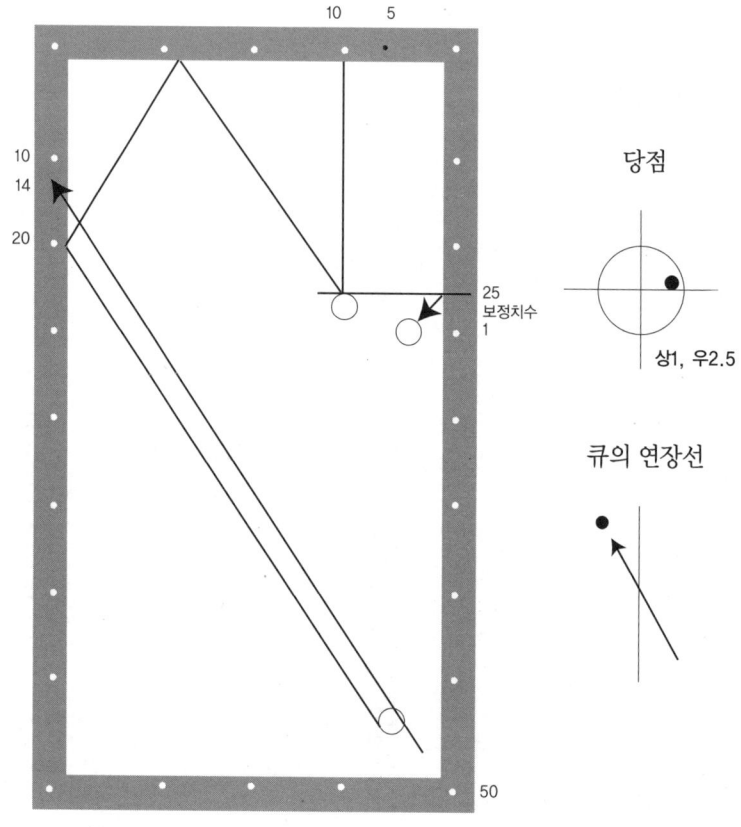

1적구의 위치: a는 25, b는 10이므로 보정치수는 +1이다.

계산방법: 수구 포인트 - (1적구의 a+b+보정치수) = 제1쿠션 포인트

50-(25+10+1)=14

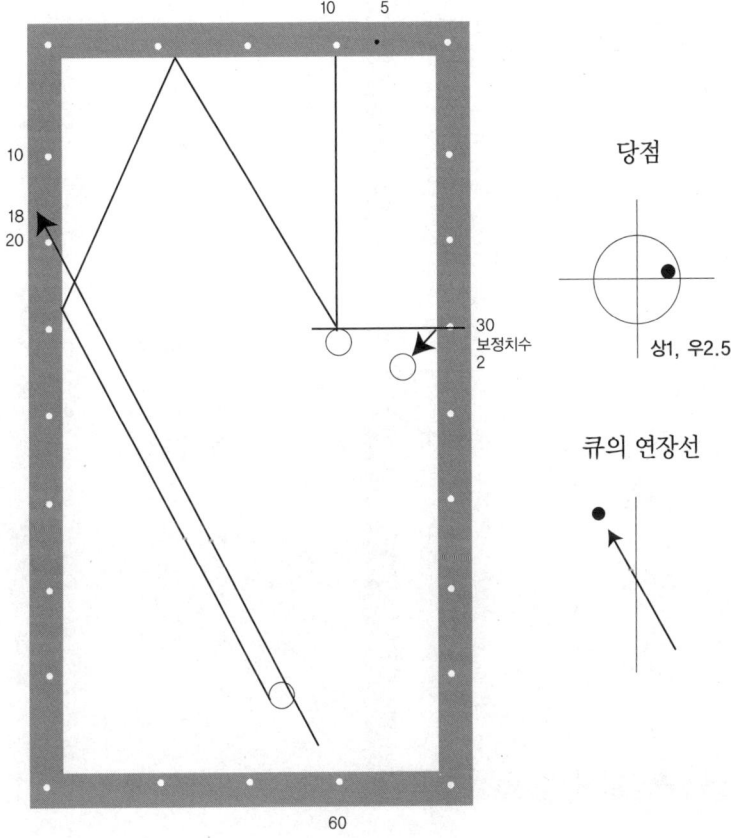

1적구의 위치: a는 30, b는 10이므로 보정치수는 +2이다.

계산방법: 수구 포인트 − (1적구의 a+b+보정치수) = 제1쿠션 포인트

60−(30+10+2)=18

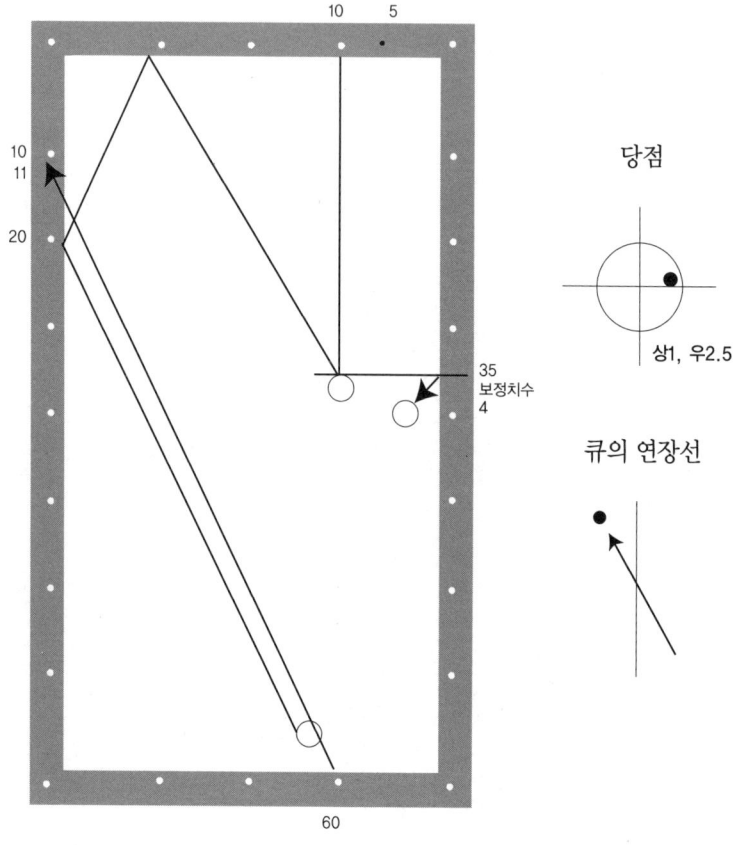

1적구의 위치: a는 35, b는 10이므로 보정치수는 +4이다.

계산방법: 수구 포인트 − (1적구의 a+b+보정치수) = 제1쿠션 포인트

60−(35+10+4)=11

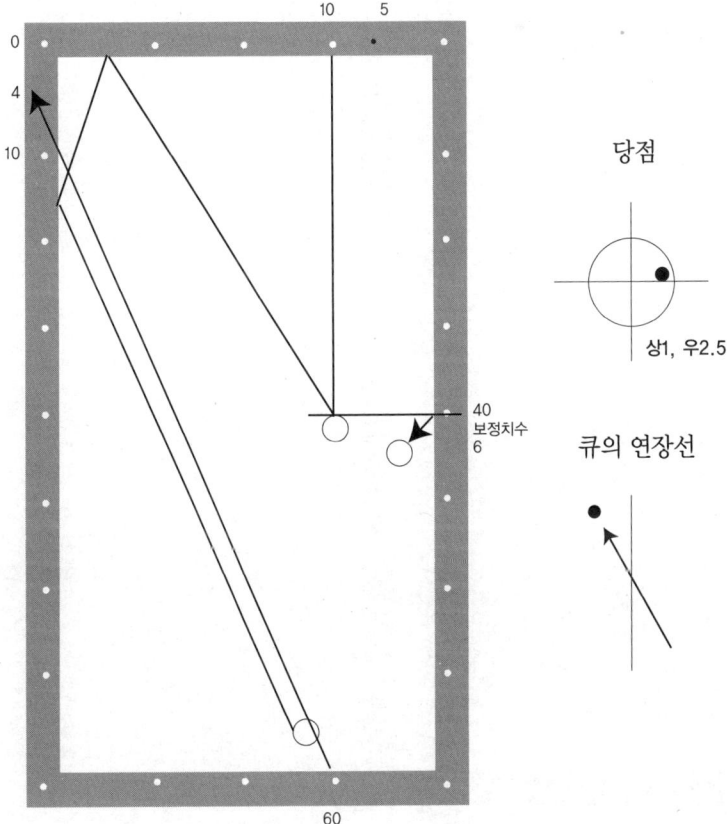

1적구의 위치: a는 40, b는 10이므로 보정치수는 +6이다.

계산방법: 수구 포인트 − (1적구의 a+b+보정치수) = 제1쿠션 포인트

60−(40+10+6)=4

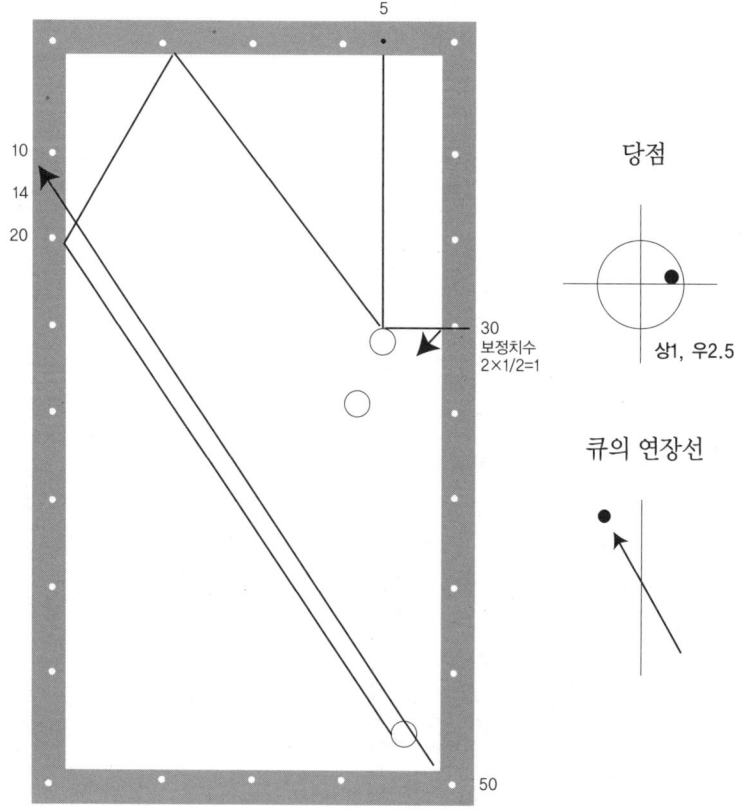

목적구의 위치가 5포인트에 있을 때는 보정치수가 2분의 1로 줄어든다.
1적구의 위치: a는 30, b는 5이므로 보정치수는 2/2이다.

계산방법: 수구 포인트 − (1적구의 a+b+보정치수) = 제1쿠션 포인트

50−(30+5+2/2)=14

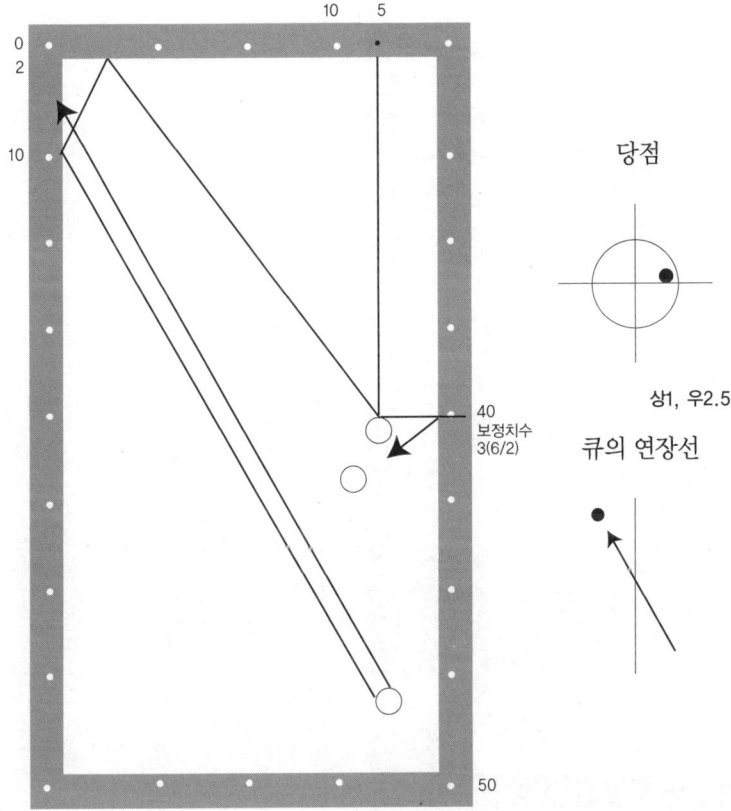

목적구의 위치가 5포인트에 있을 때는 보정치수가 2분의 1로 줄어든다.
1적구의 위치: a는 40, b는 5이므로 보정치수는 6/2이다.

계산방법: 수구 포인트 − (1적구의 a+b+보정치수) = 제1쿠션 포인트

50−(40+5+3)=2

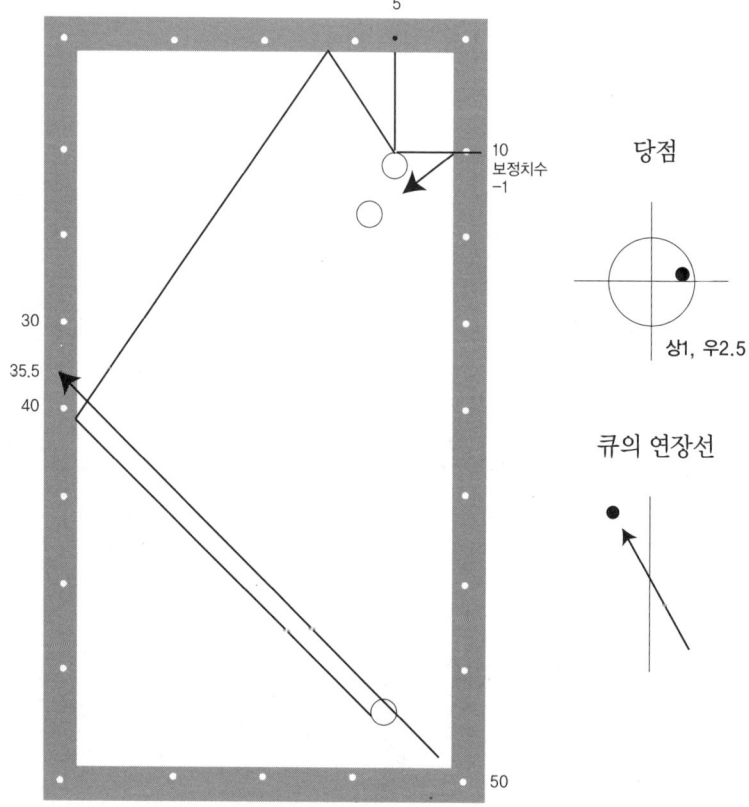

목적구의 위치가 5포인트에 있을 때는 보정치수가 2분의 1로 줄어든다.
1적구의 위치: a는 10, b는 5이므로 보정치수는 -1/2이다.

계산방법: 수구 포인트 - (1적구의 a+b+보정치수) = 제1쿠션 포인트

50-(10+5-1/2)=35.5

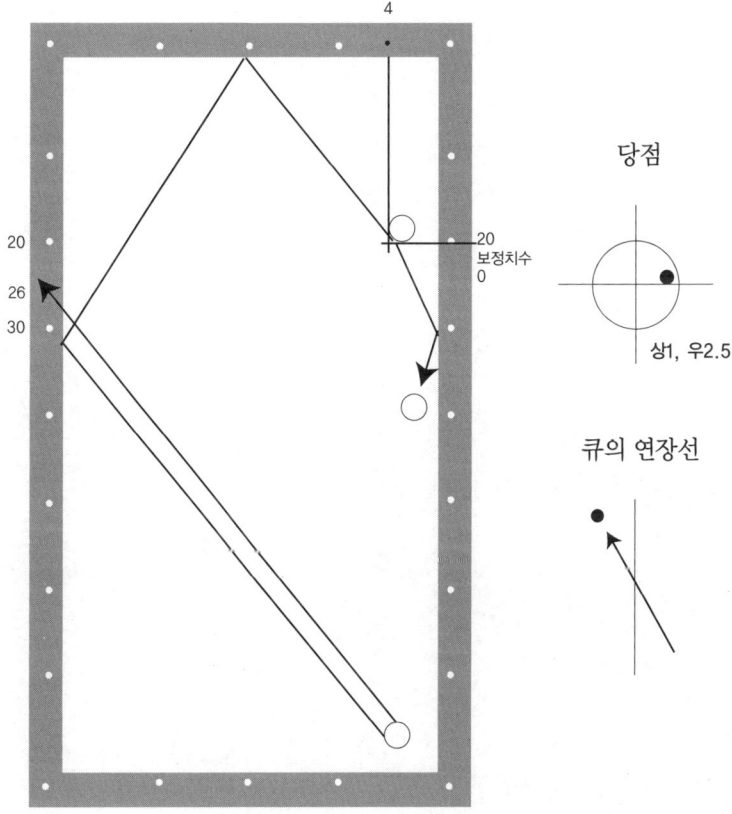

1적구의 위치: a는 20, b는 4이므로 보정치수는 0이다.

계산방법: 수구 포인트 - (1적구의 a+b+보정치수) = 제1쿠션 포인트

50-(20+4+0)=26

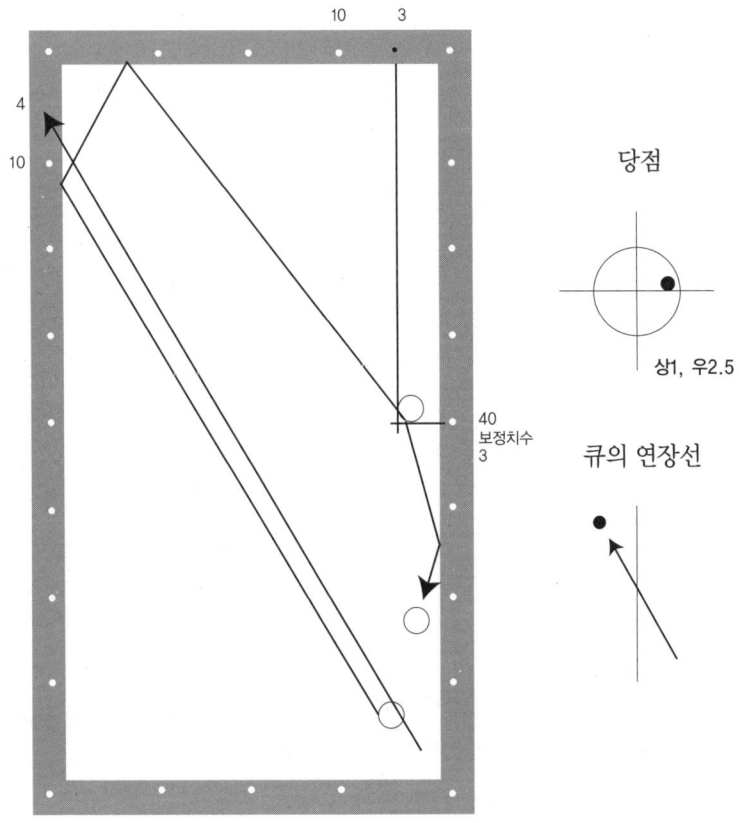

1적구의 위치: a는 40, b는 3이므로 보정치수는 6/2이다.

계산방법: 수구 포인트 − (1적구의 a+b+보정치수) = 제1쿠션 포인트

50−(40+3+3)=4

9장

길게 비껴 치기

● 수구와 1적구의 각도가 약 45~50도일 때

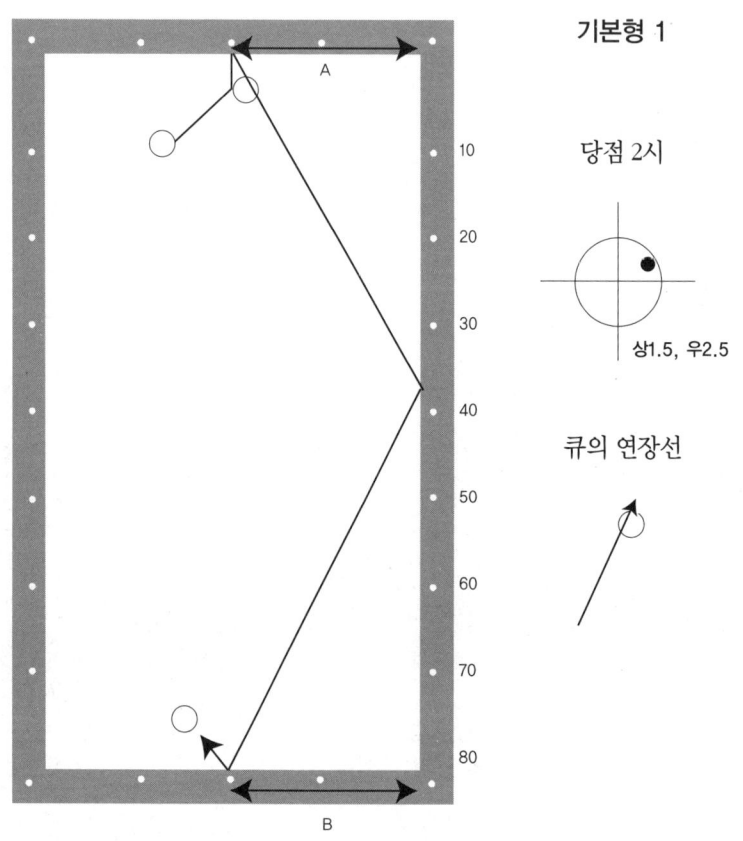

1적구와 장 쿠션의 거리: A,   2적구와 장 쿠션의 거리: B
제2쿠션 포인트 = 80 / (A+B)

A와 B의 거리는 포인트로 보는 것이 아니라 A, B의 거리 비율로 본다.

그림에서는 A를 1로 보면 B도 1이 되므로 제2쿠션 포인트는 80 / (1+1)이 되므로 40이 된다.

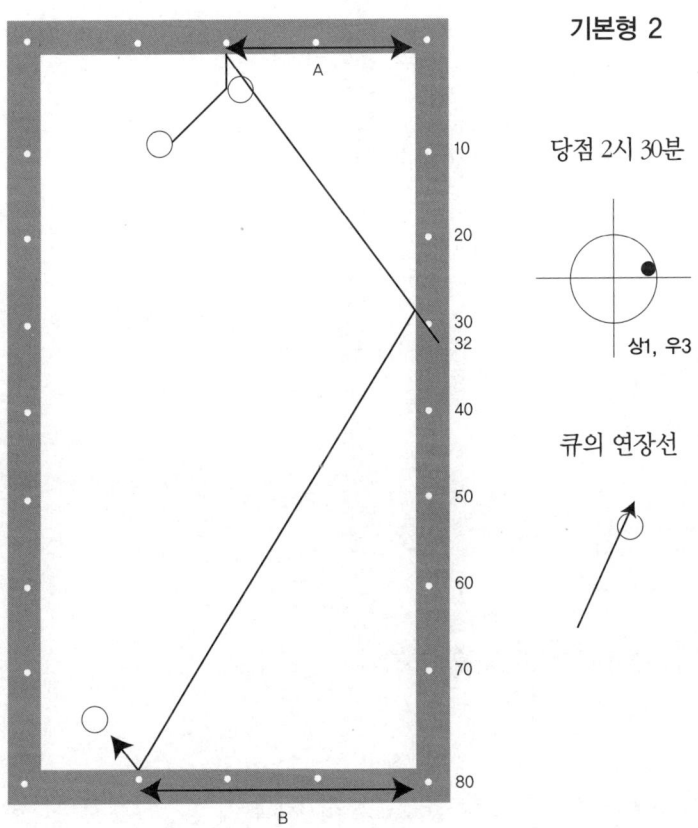

기본형 2

당점 2시 30분

상1, 우3

큐의 연장선

1적구와 장 쿠션의 거리: A,   2적구와 장 쿠션의 거리: B
제2쿠션 포인트 = 80 / (A+B)

그림에서는 A를 1로 보면 B도 1.5가 되므로 제2쿠션 포인트는 80 / (1+1.5)이 되므로 32가 된다.

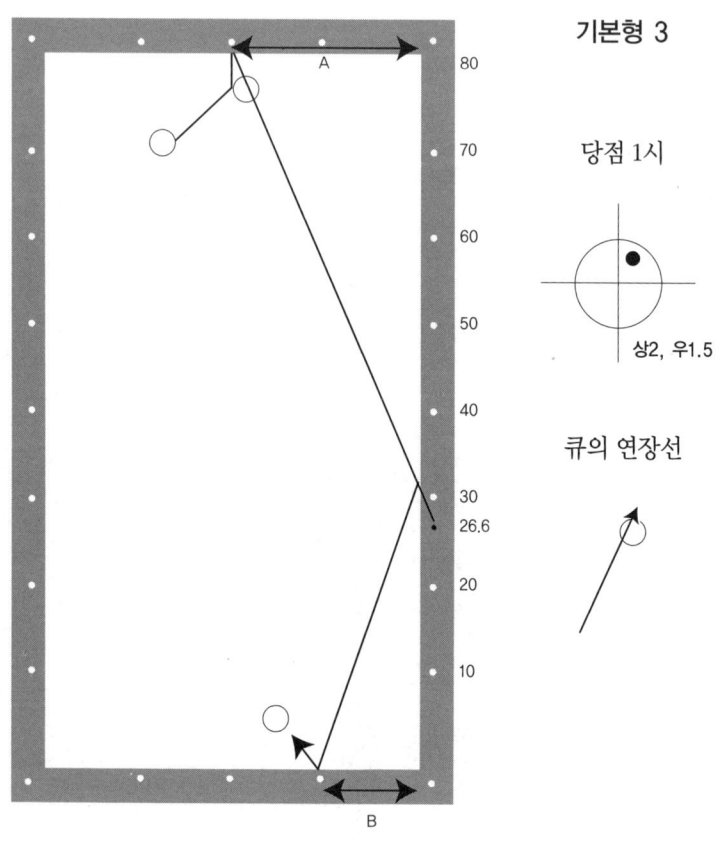

기본형 3

당점 1시

상2, 우1.5

큐의 연장선

1적구와 장 쿠션의 거리: A, 2적구와 장 쿠션의 거리: B
제2쿠션 포인트 = 80 / (A+B)

그림에서는 B를 1로 보면 A는 2가 되므로 제2쿠션 포인트는 80 / (1+2)가 되므로 26.6이 된다.

이 그림에서는 B가 A보다 장 쿠션과의 거리가 가까우므로 B를 1로 해야 한다.

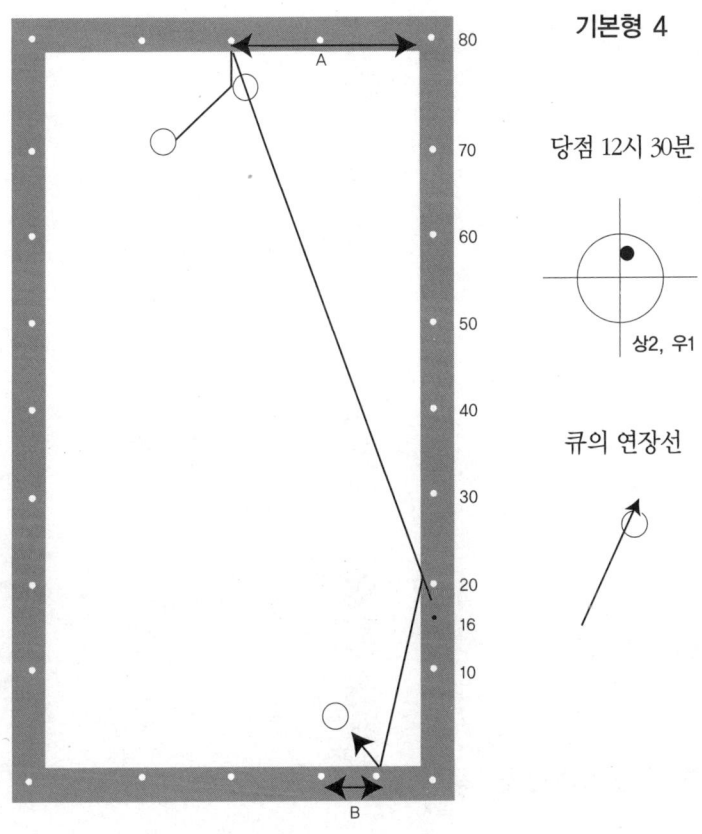

기본형 4

당점 12시 30분

상2, 우1

큐의 연장선

1적구와 장 쿠션의 거리: A, 2적구와 장 쿠션의 거리: B
제2쿠션 포인트 = 80 / (A+B)

그림에서는 B를 1로 보면 A는 4가 되므로 제2쿠션 포인트는 80 / (1+4)가 되므로 16이 된다.

이 그림에서는 B가 A보다 장 쿠션과의 거리가 가까우므로 B를 1로 해야 한다.

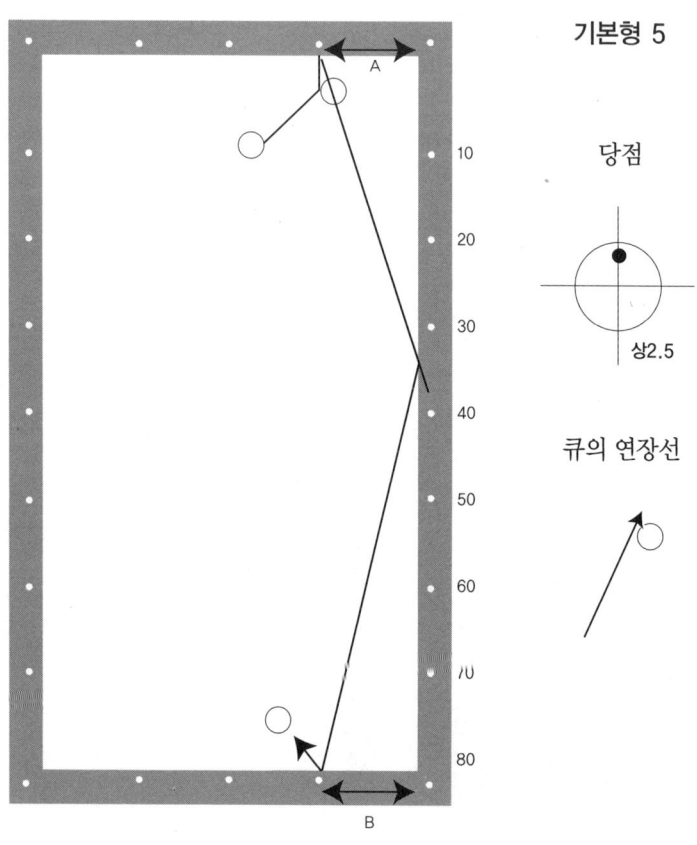

1적구와 장 쿠션의 거리: A, 2적구와 장 쿠션의 거리: B
제2쿠션 포인트 = 80 / (A+B)

제2쿠션 포인트는 A를 1로 보면 B도 1이 되므로 80 / (1+1) = 40이 된다.

상단 무회전을 주고 가볍게 밀어치면 수구가 약간의 곡선을 그리며 그림과 같이 들어간다.

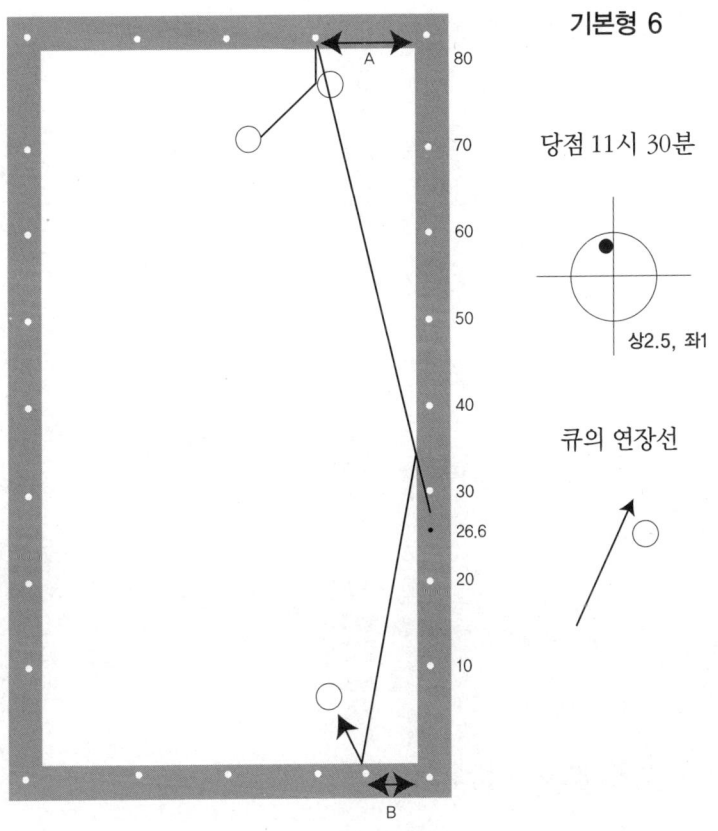

기본형 6

당점 11시 30분

상2.5, 좌1

큐의 연장선

1적구와 장 쿠션의 거리: A,　2적구와 장 쿠션의 거리: B
제2쿠션 포인트 = 80 / (A+B)

제2쿠션 포인트는 B를 1로 보면 A는 2가 되므로 80 / (1+2) = 26.6이 된다.

역회전이 들어가지만 상단에 가볍게 밀어치는 것이기 때문에 그림과 같이 들어간다.

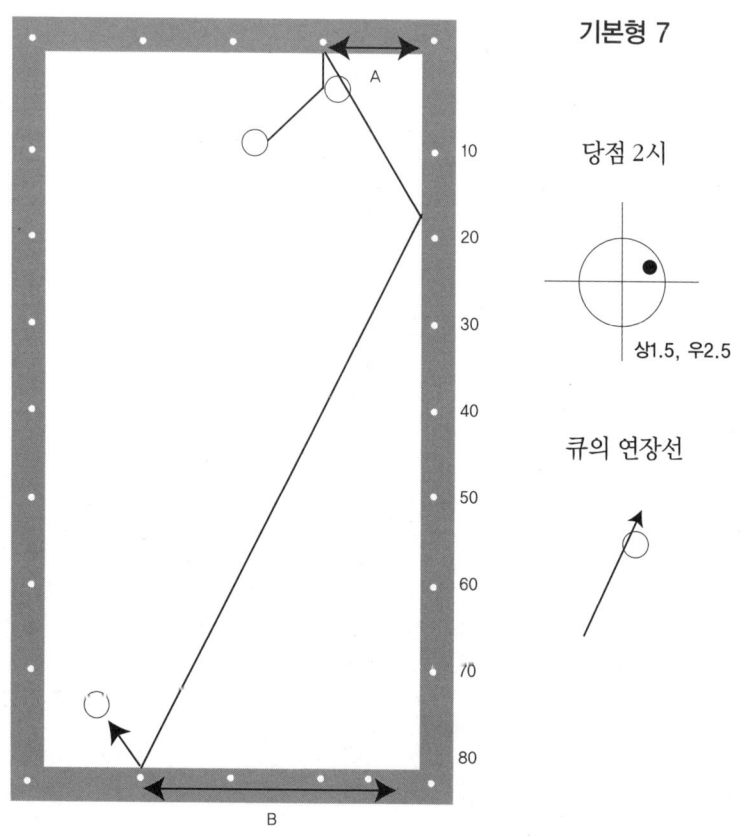

1적구와 장 쿠션의 거리: A, 2적구와 장 쿠션의 거리: B
제2쿠션 포인트 = 80 / (A+B)

제2쿠션 포인트는 A를 1로 보면 B는 3이 되므로 80/(1+3)=20이 된다.

잘 보면 '기본형 1'과 같은 형태임을 알 수 있다.

기본형 8

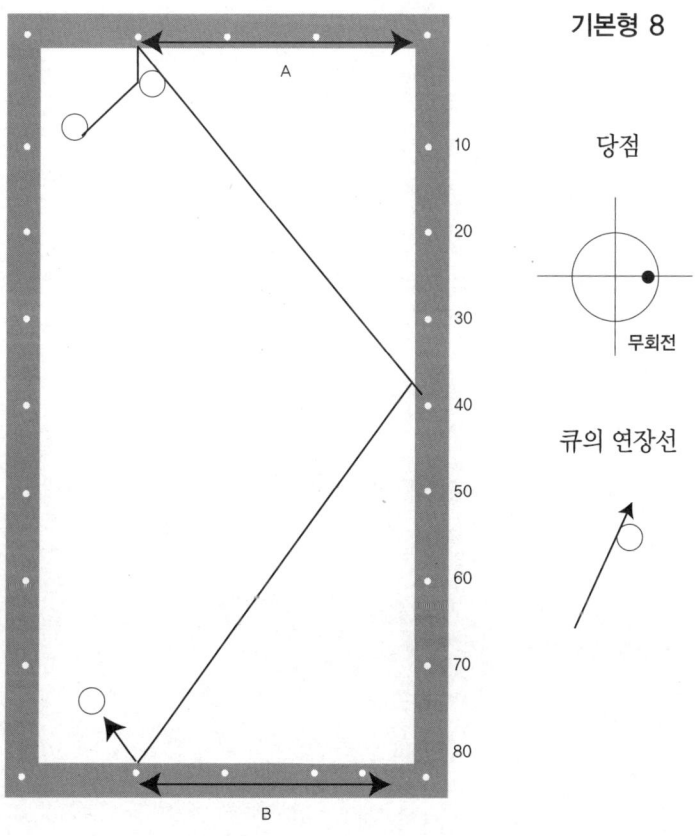

1적구와 장 쿠션의 거리: A, 2적구와 장 쿠션의 거리: B
제2쿠션 포인트 = 80 / (A+B)

제2쿠션 포인트는 A를 1로 보면 B도 1이 되므로 80 / (1+1)=40이 된다.

> 수구의 회전력이 첫 쿠션에서만 살릴 수 있도록 부드럽게 치되, 1적구를 얇게 맞히면서 잘 라 친다.

10장

짧게 비껴 치기

● 1적구가 10포인트에 위치하고, 수구는 1적구와 약 45~50도일 때

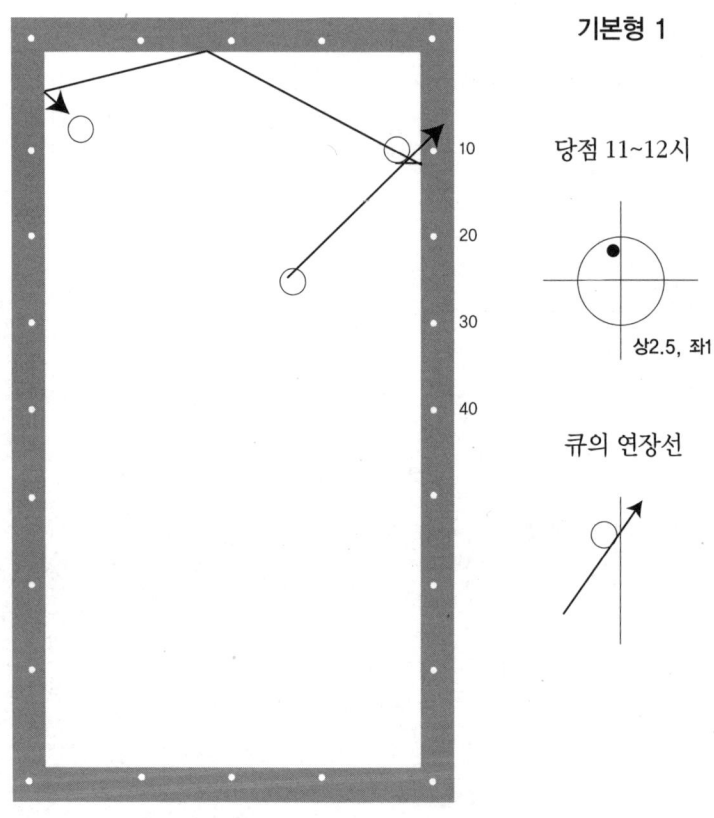

기본형 1

당점 11~12시

상2.5, 좌1

큐의 연장선

당점은 11~12시를 주고 큐의 연장선이 1적구의 옆면을 보며 부드럽게 밀어치면 된다.

● 1적구가 20포인트에 위치하고,
수구는 1적구와 약 45~50도일 때

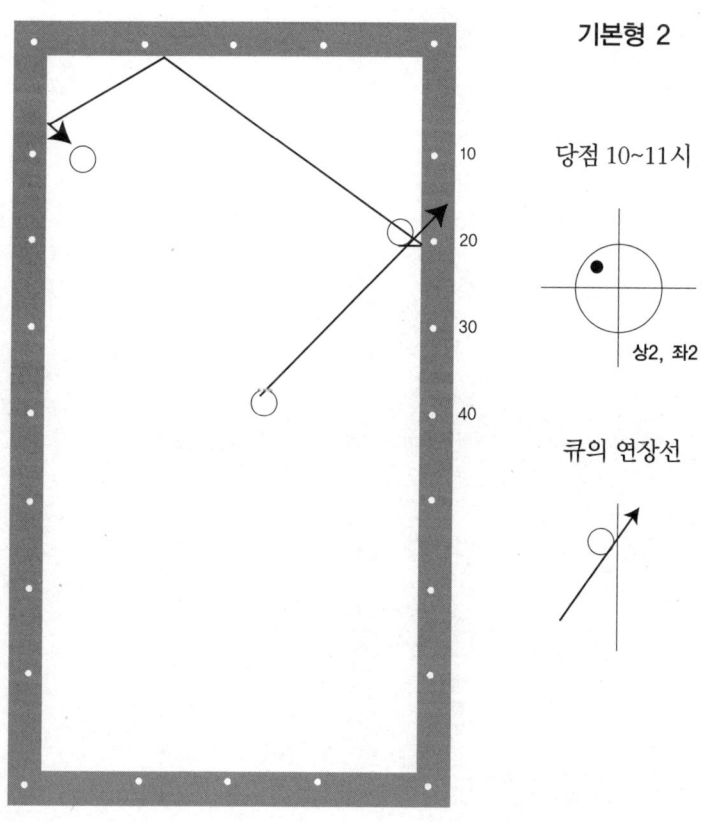

당점은 10~11시를 주고 큐의 연장선이 1적구의 옆면을 보며 부드럽게 밀어치면 된다.

● 1적구가 30포인트에 위치하고,
　　　수구는 1적구와 약 45~50도일 때

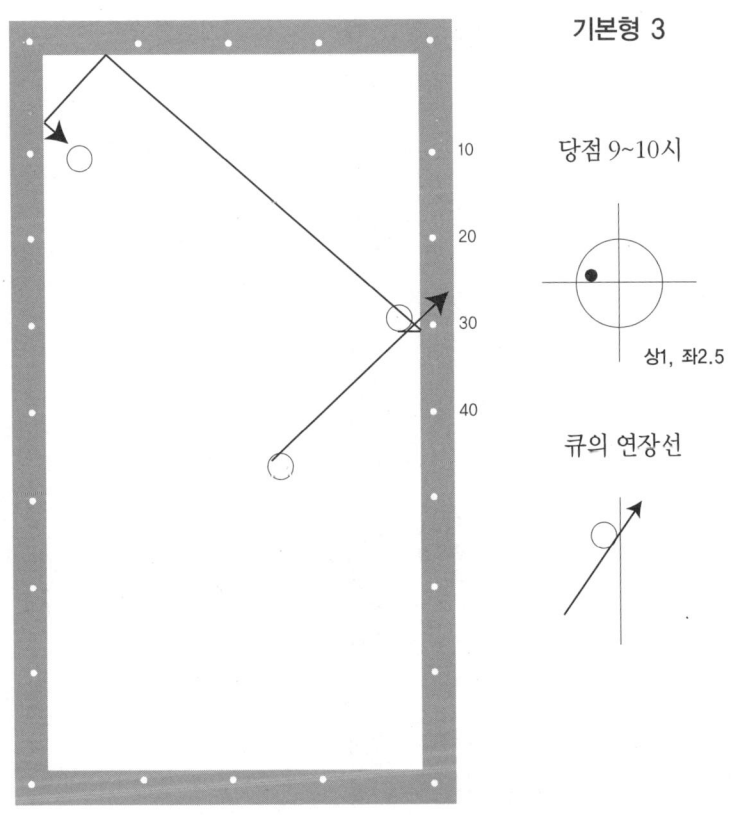

당점은 9~10시를 주고 큐의 연장선이 1적구의 옆면을 보며 부드럽게 밀어치면 된다.

● 1적구가 40포인트에 위치하고,
　　수구는 1적구와 약 55~60도일 때

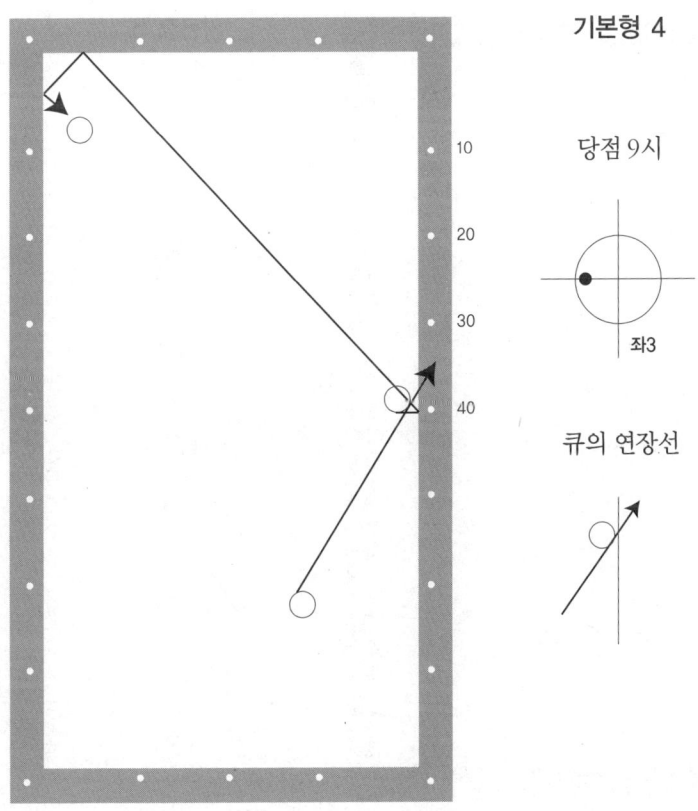

기본형 4

당점 9시

좌3

큐의 연장선

당점은 9시를 주고 큐의 연장선이 1적구의 옆면을 보며 부드럽게 밀어치면 된다.

● 1적구가 5포인트에 위치하고,
　　　수구는 1적구와 약 45~50도일 때

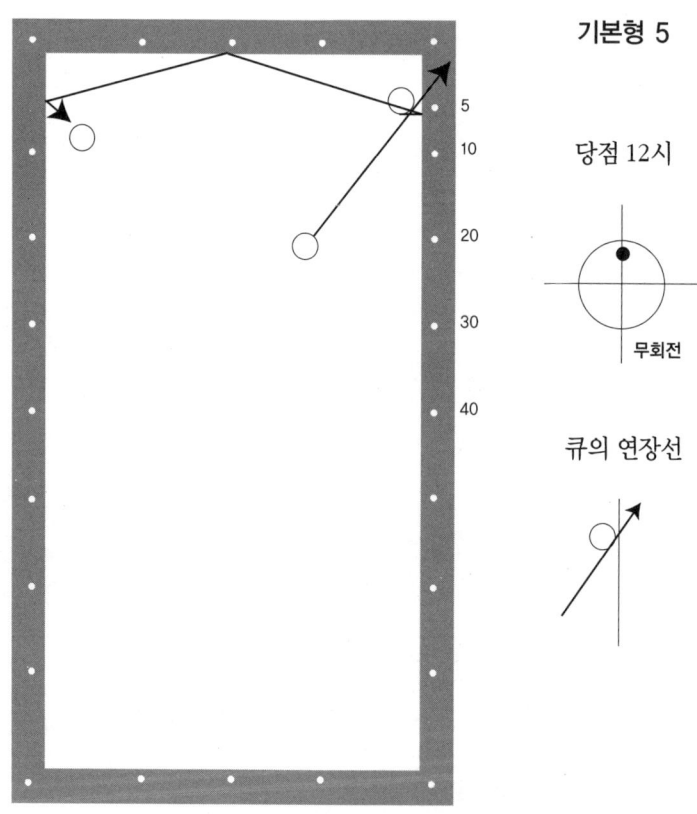

당점은 12시를 주고 큐의 연장선이 1적구의 옆면을 보며 부드럽게 밀어치면 된다.

● 1적구가 15포인트에 위치하고,
     수구는 1적구와 약 45~50도일 때

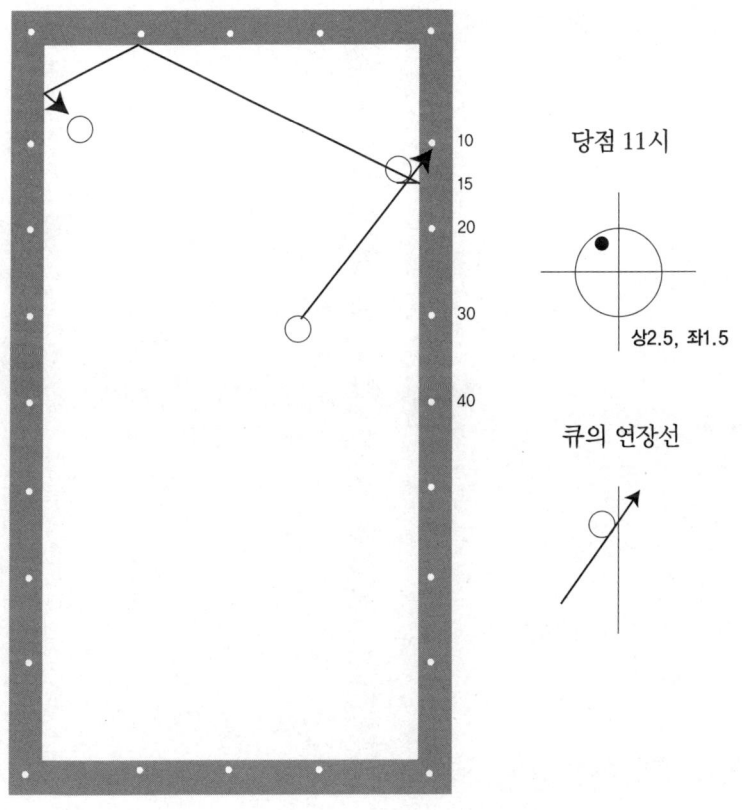

위 그림은 기본형 1과 기본형 2의 중간 형태이므로 당점은 11시를 주고 큐의 연장선이 1적구의 옆면을 보며 부드럽게 밀어치면 된다.

● 1적구가 20포인트에 위치하고, 수구는 1적구와 약 45~50도이고, 1적구가 장 쿠션과 약 5포인트 떨어져 있을 때

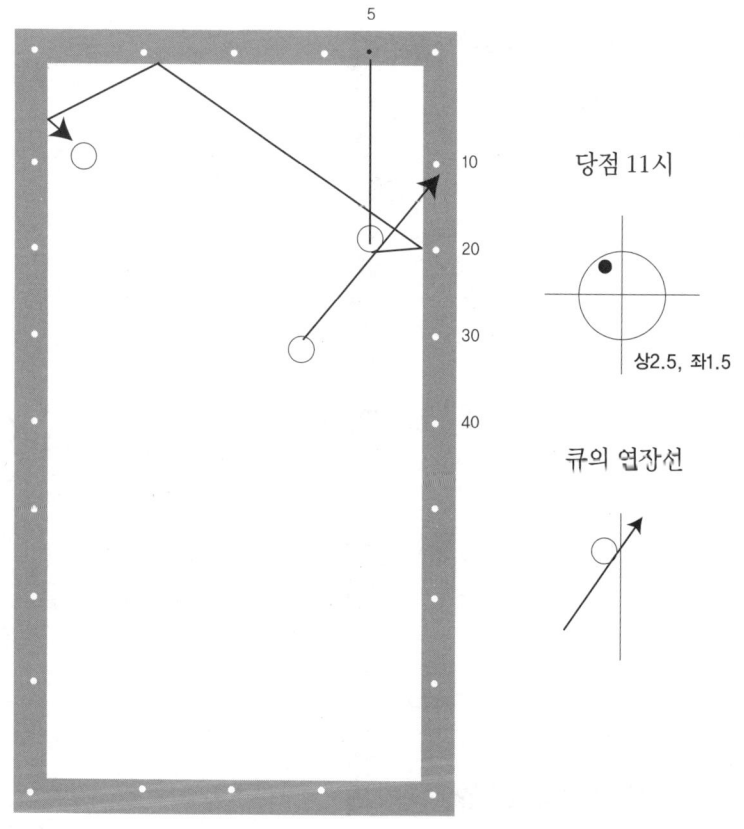

위 그림은 기본적으로 기본형 2의 형태이므로 당점을 기본형 2의 당점에서, 즉 10~11시(10시 30분)에서 11시로 옮기면 된다.
치는 방법 역시 가볍게 밀어치면 된다.

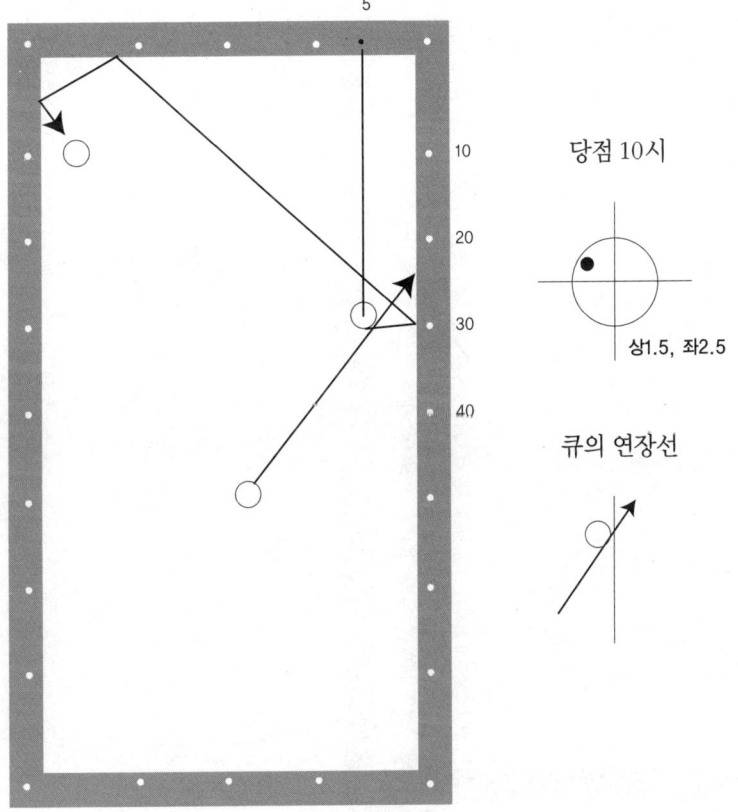

위 그림은 기본적으로 기본형 3의 형태이므로 당점을 기본형 3의 당점에서, 즉 9~10시(9시 30분)에서 10시로 옮기면 된다.

● 1적구가 20포인트에 위치하고
　　　수구는 1적구와 약 55~60도일 때

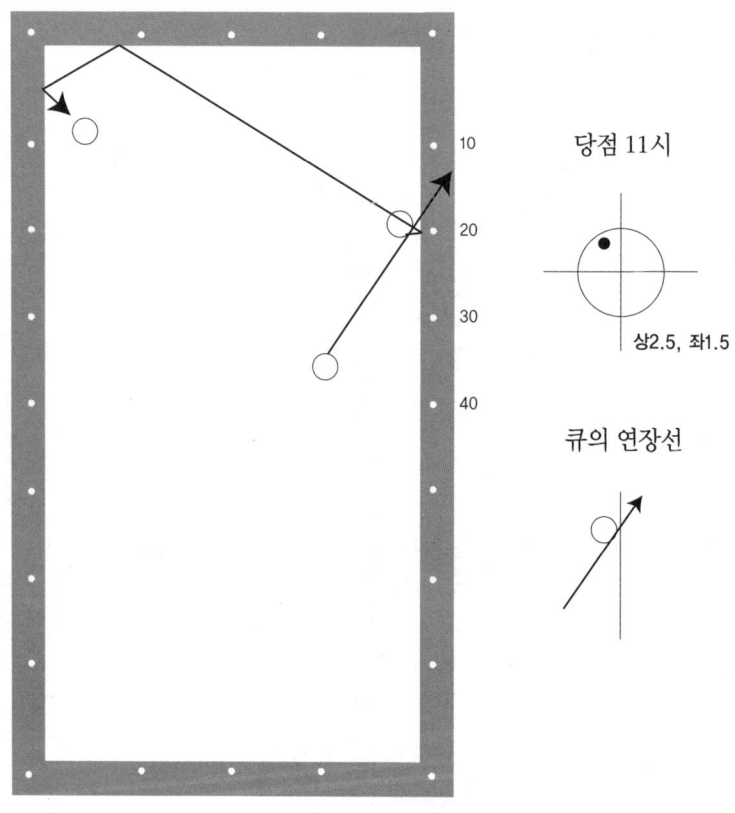

원래는 기본형 2와 같은 형태이나 수구의 위치가 다르므로 치는 당점이 10시 30분이 아니라 11시가 된다.
치는 방법은 부드럽게 밀어친다.

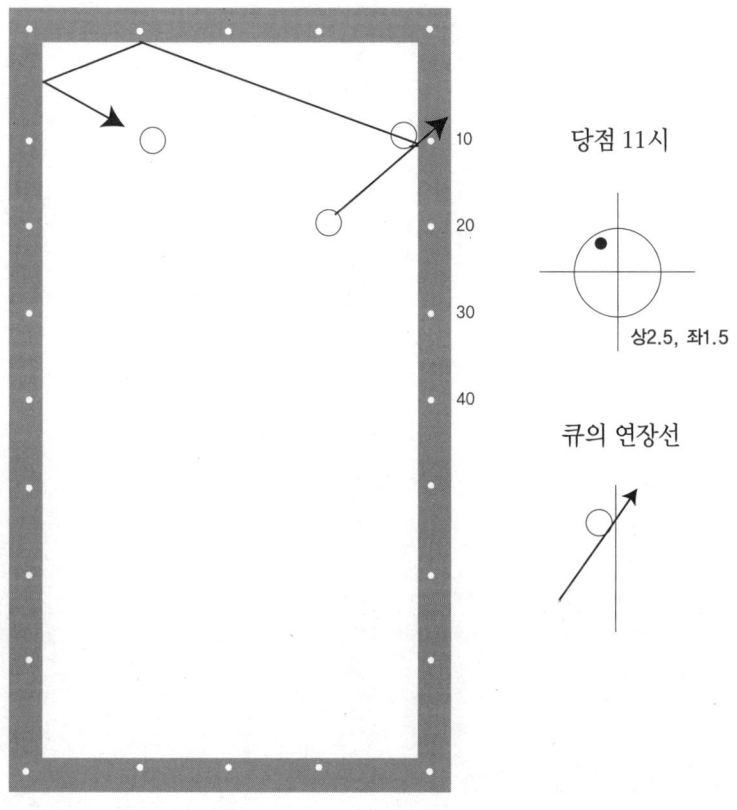

이 앞장까지는 밀어치기를 했기 때문에 수구가 제1쿠션에서 제2쿠션으로 이동하면서 커브를 그린다(보통 떨어진다는 표현을 많이 쓴다).
그런데 이 장에서는 수구가 커브를 그리면 2적구가 맞을 확률이 적어지는 경우다. 수구가 직선을 그리려면 큐질 자체를 쇼트 타격을 해야 하며 회전은 원래 주는 기본형보다 30분 정도 더 준다.
이 그림은 원래 11시 30분 정도에 당점을 주어야 하나, 수구를 직선으로 보내기 위해 11시에 당점을 주고 큐질을 짧게 한다.

당점 11시 30분

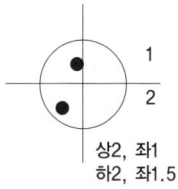

상2, 좌1
하2, 좌1.5

큐의 연장선

1번과 2번 당점으로 모두 칠 수 있다.
1번은 부드럽게 쇼트 타격으로 치는 것이고, 2번은 빠르게 치되 역시 쇼트 타격으로 치는 것이다.
결론적으로 말하자면 큐질을 약간이라도 길게 내밀면, 수구의 회전력이 조금 더 살아 있어서 움직임이 커브를 그리게 된다. 그런데 큐질을 짧고 빠르게 하면 수구의 움직임이 직선을 그리게 된다.

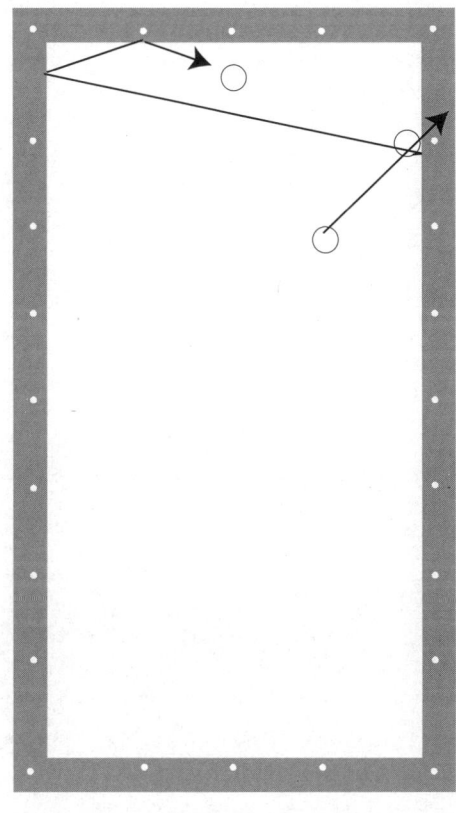

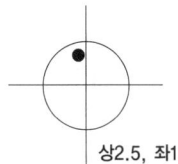

당점 11시 30분

상2.5, 좌1

큐의 연장선

비껴 치기를 이용해서 더블 쿠션을 칠 때는, 샷의 역할이 중요하다.
수구의 진행이 약간 휘게 칠 때는 샷을 밀어치고, 수구의 진행이 직선으로 다니게 할 때는 쇼트 타격을 한다.
그림에서는 기본형 1의 형태이므로 원래 당점을 11시 30분에 주어야 하고, 그냥 가볍게 치면 비껴 치기가 되므로 비껴 칠 때보다 약간 더 두텁게 치거나 약간 더 세게 친다.

제12장 '더블 쿠션 치기'에서 좀더 상세히 다룰 예정이다.

Double Cushions 11장

더블 쿠션

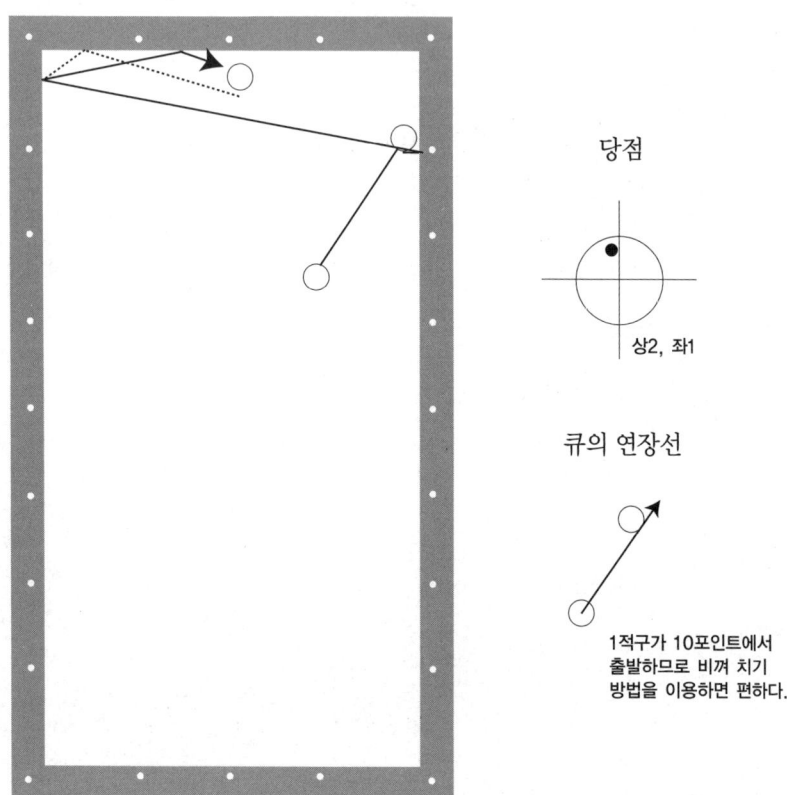

그림과 같이 2적구가 제3쿠션에 많이 붙어 있으면 수구의 움직임을 곡선으로 보내는 것보다 직선으로 움직이게 하는 것이 2적구가 맞을 확률이 높다.

비껴 치기를 이용해서 더블 쿠션을 친다고 생각하면 원래는 상단에 무회전(12시)을 주고 쳐야 하나 수구의 움직임을 제어하여 직선으로 움직이게 하기 위해서 회전 단계를 한 단계 올려서 11시 30분(상단에 1팁)을 주고, 큐질 자체를 짧게 끊어 치기를 해준다. 큐질 자체를 짧게 끊어 치기를 해줌으로써 그림에서 보듯이 점선과 같은 선으로 수구가 비켜나가는 실수를 없앨 수 있다(흔히 수구를 제1쿠션에서 세워 준다고 표현함).

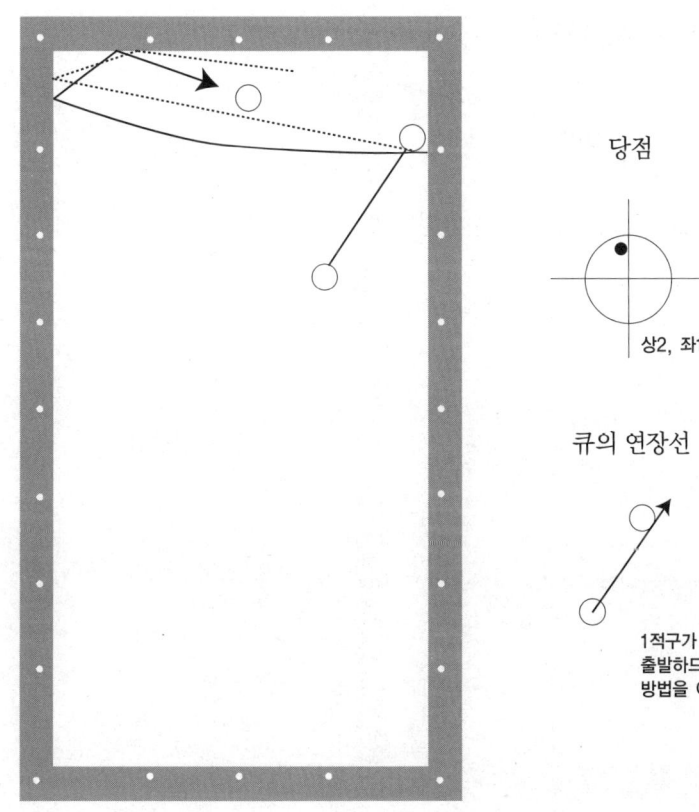

그림과 같이 2적구가 제3쿠션에서 많이 떨어져 있을 때 수구의 움직임을 직선으로 보내게 되면 그림에서 점선과 같이 안으로 빠질 확률이 높다. 이 안으로 빠지는 확률을 줄이기 위해서 수구의 움직임 자체를 곡선으로 휘게 해 치게 되면 2적구를 맞힐 확률이 높아진다.

그림에서 보면 비껴 치기 기본형 1을 응용하여 기본형 1 치는 것보다 약간 더 세게 밀어치면 된다. 약간 더 세게 치면 수구의 휘는 현상이 제1쿠션을 맞고 더 멀어진 상태에서 많이 휘게 된다. 실제로 모양을 만들어 놓고 실험해 보기 바란다.

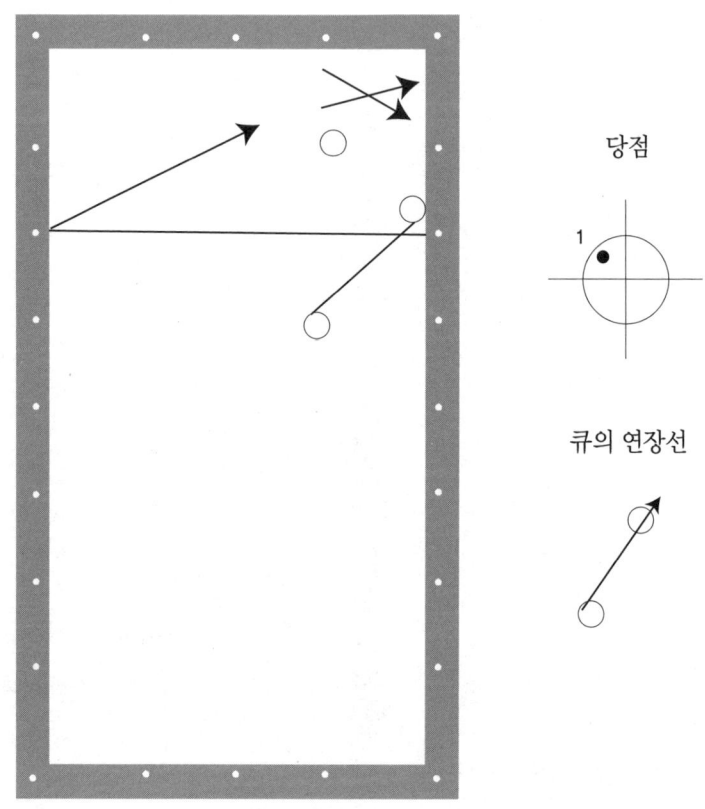

이런 모양에서 그림과 같이 수구를 보낸다면 위에서 보듯이 수구가 2적구를 맞히지 못하고 빠져 나갈 확률이 너무 많다.

더블 쿠션을 칠 때는 수구의 진행상 2적구를 맞힐 수 있는 확률이 높은 쪽으로 쳐야 한다. 그런데 그림에서는 수구의 휘는 느낌만 갖고 치게 되니 위와 같이 수구가 빠져나가면 경기는 맥만 풀리는 것이다. 확률적으로 그림에서 보이는 구멍을 어떻게 제거해야 할까?

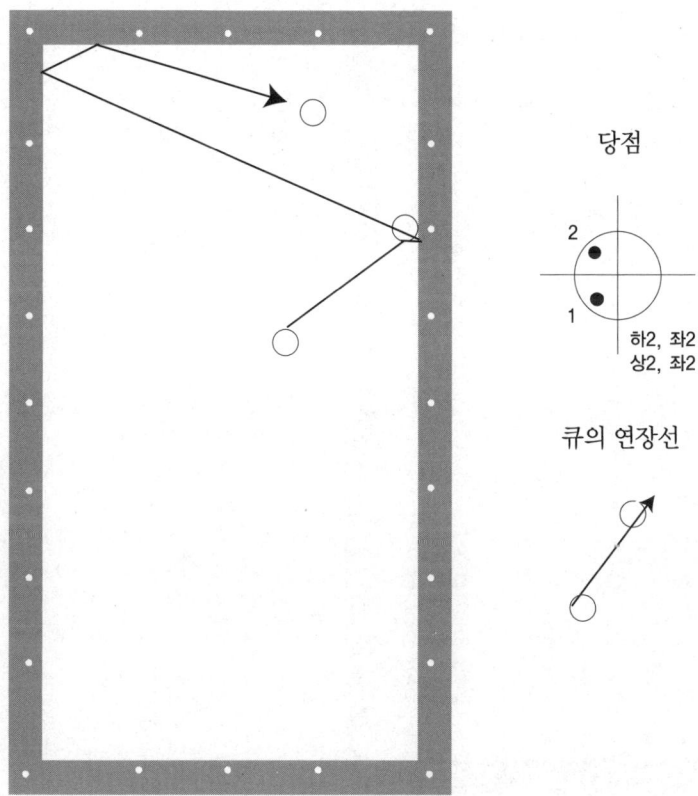

1. 수구의 당점을 하단 쪽으로 주고 끊어 치기(수구를 세워 줌: 상단으로도 가능)를 하게 되면 수구의 움직임이 직선상으로 움직이게 된다. 수구를 제2쿠션 깊숙이 넣어 주게 되면 수구의 진행은 2적구를 빠져나갈 구멍이 없게 움직이게 된다.
2. 상단으로 칠 때는 큐를 짧게 나갈 것이며, 마지막 순간에 큐를 꽉 잡아 주는 느낌으로 친다. 그러면 수구의 진행이 대개 직선으로 많이 움직인다.

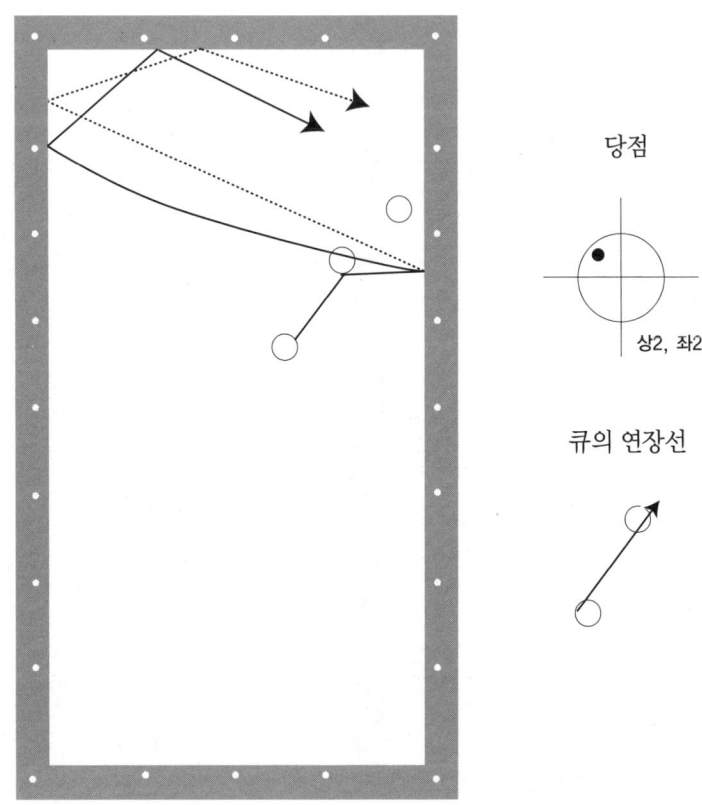

이런 모양의 더블 쿠션은 점선과 같이 수구를 세워 치게 되면 안으로 빠질 확률이 높다. 수구를 밀어쳐서 약간 휘게 치는 것이 2적구까지 가는 데 별 무리 없이 진행된다.

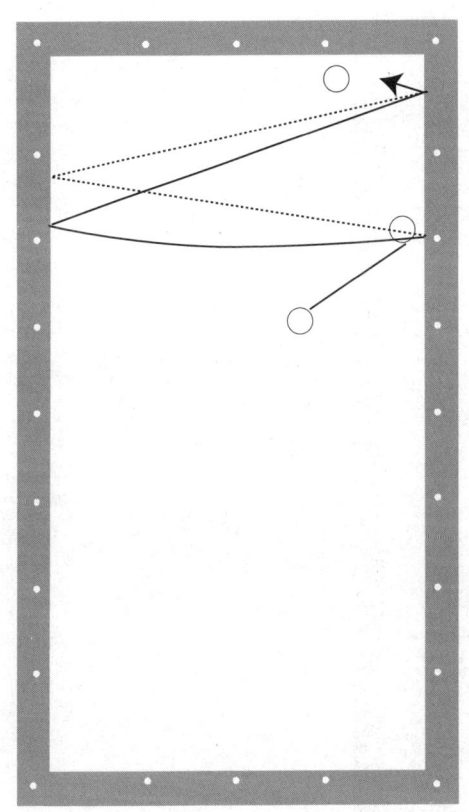

당점

무회전

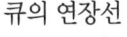

큐의 연장선

이 그림과 같은 모양은 점선이나 실선이나 치는 방법은 개인의 취향에 따라 다르겠지만 어떻게 치는 것이 2적구를 맞힐 확률이 높은지를 생각하고 샷을 결정하는 것이 좋다.
수구의 진로를 곡선을 그릴 것이라면 밀어치기를 하면 되고, 수구의 진로를 직선으로 보낼 것이면 큐를 밀지 말고 스톱을 시키면 될 것이다. 스톱 샷이 밀어치기 샷보다 1적구의 두께를 얇게 본다.

● 수구와 1적구의 각도가 약 30도일 때

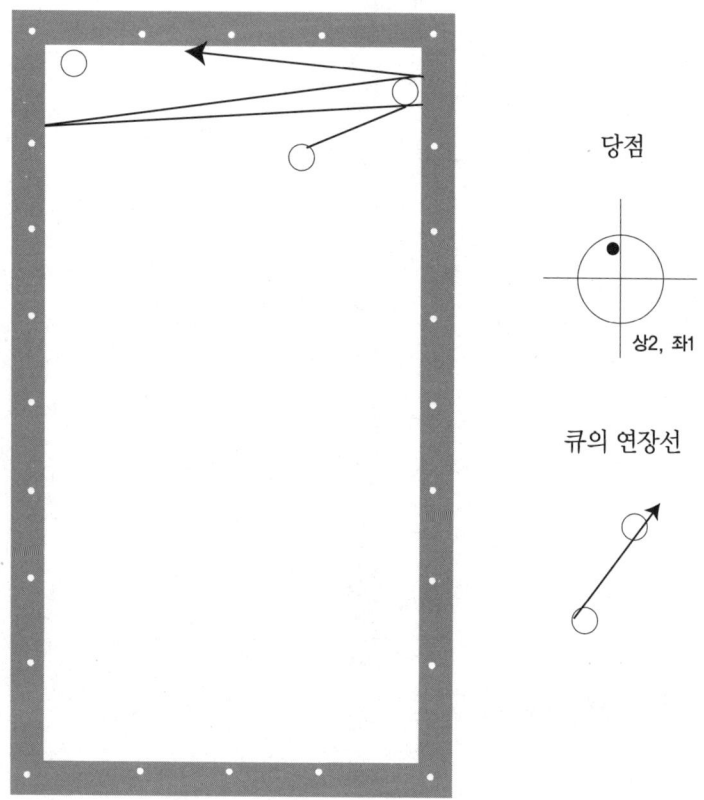

먼저 두께를 정할 때 자기가 주는 당점으로 부드럽게 칠 때 2적구가 직접 맞거나 근사치로 갈 수 있는 두께를 결정한다.
그 두께와 당점에서 조금만 더 세게 쳐 보면 더블 쿠션이 될 것이다. 그리고 그 힘보다 약간 더 세게 치게 되면 그림과 같은 3단 더블 쿠션이 된다.

● 수구와 1적구의 각도가 약 40~45도일 때

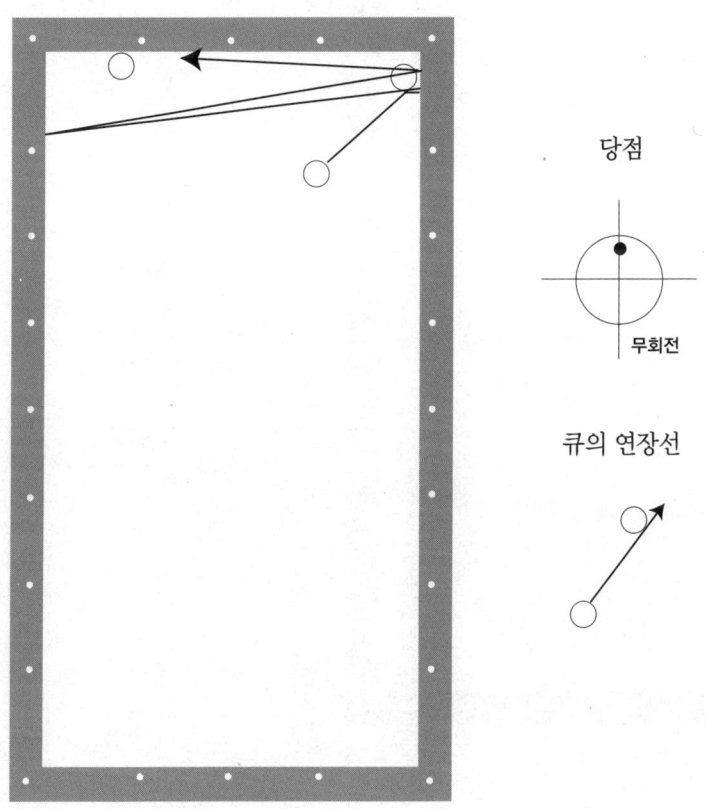

수구의 당점을 무회전으로 주어도 되고, 정회전이나 역회전을 주어도 된다. 단지 회전에 따라 1적구의 두께에 변화를 주든가 샷을 하면서 밀어치는 정도에 변화를 주면 된다.

먼저 무회전일 때는 큐의 겨냥점을 반두께보다 약간 얇게 재고, 수구를 확실하게 밀어치면 수구의 곡선이 크게 이루어지지 않으면서 3단 더블 쿠션이 된다.

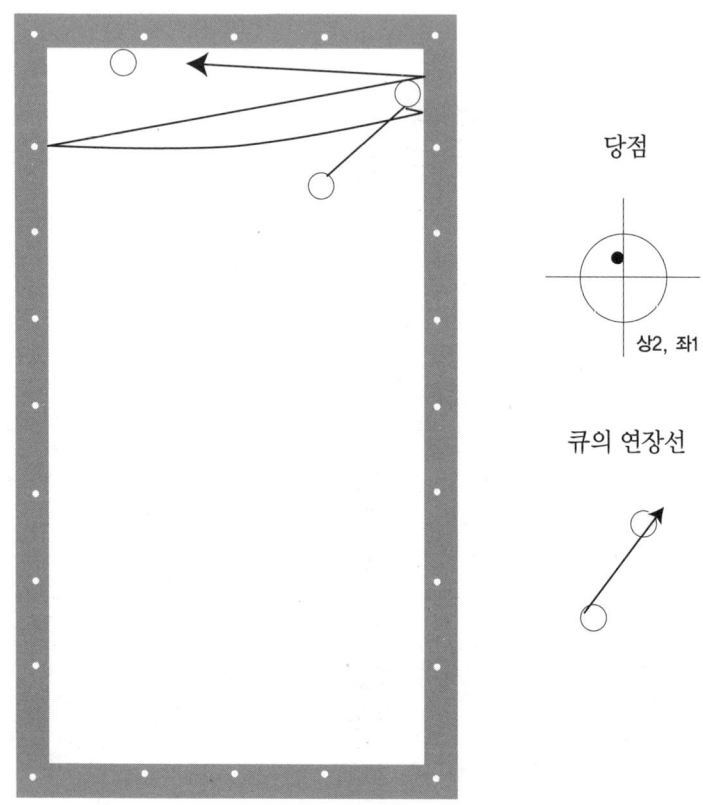

정회전을 주고 칠 때는 1적구의 두께를 1/2보다 약간 더 두껍게 재고 수구를 확실하게 밀어치면, 수구의 움직임이 제1쿠션에서 제2쿠션으로 이동하면서 커브를 그린다. 그리고 아직 수구에 밀리는 힘이 남아 있기 때문에 3쿠션으로 이동할 때, 많이 떨어지게 된다.

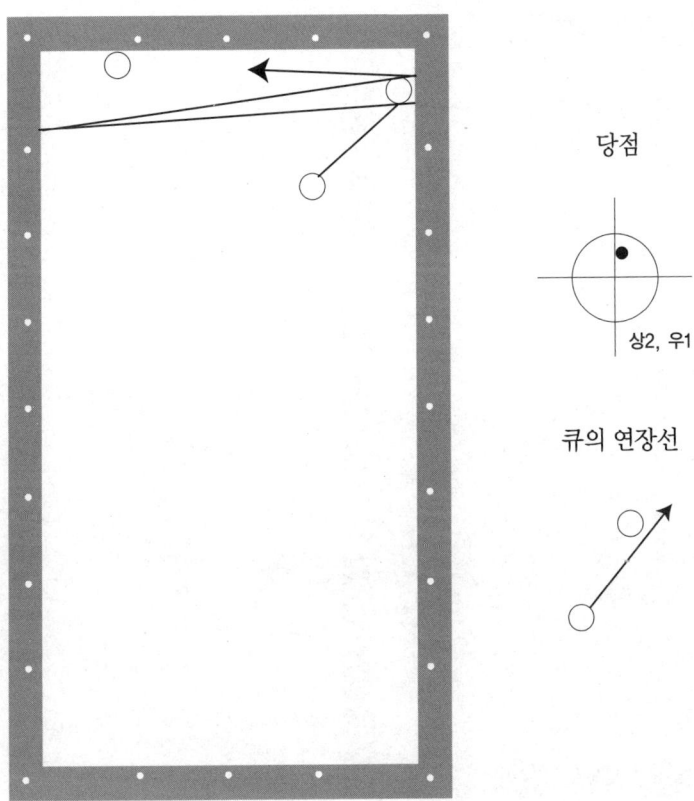

역회전을 주고 칠 때는 1적구의 두께를 1/4 정도를 재고 수구를 밀어치면 적구를 얇게 맞히기 때문에 수구의 움직임이 제1쿠션에서 제2쿠션으로 이동할 때 웬만한 곡선을 그리며, 제3쿠션으로 이동할 때는 약간 떨어지게 된다.

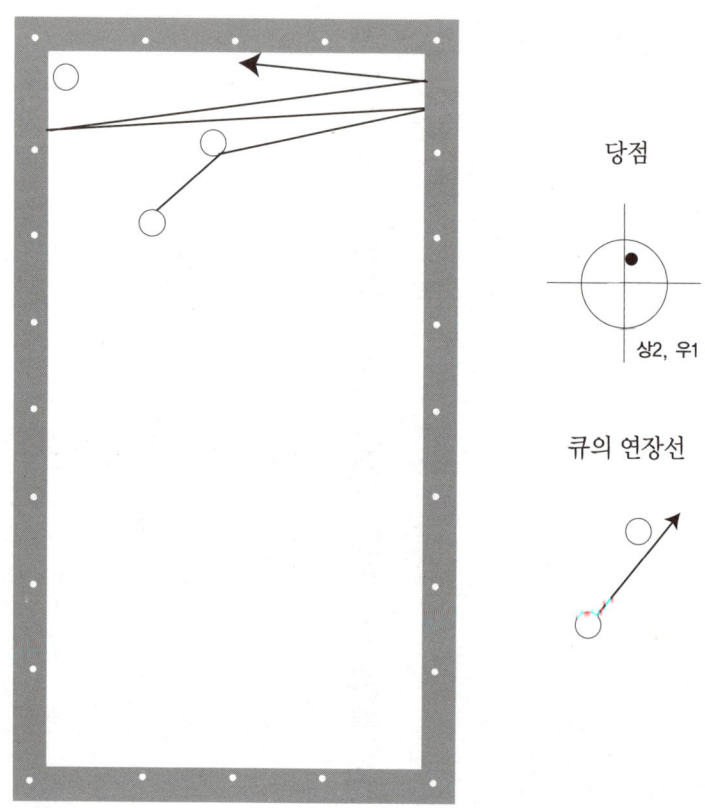

그림과 같이 칠 때는 역회전을 주고 더블 쿠션을 치게 되면 생각보다 쉽다는 것을 알 수 있다.
당점을 12시 30분에 주고 1적구의 두께를 너무 두껍게 재지 않고 수구를 밀어치면 수구의 움직임이 그림과 같이 선이 잘 나온다.

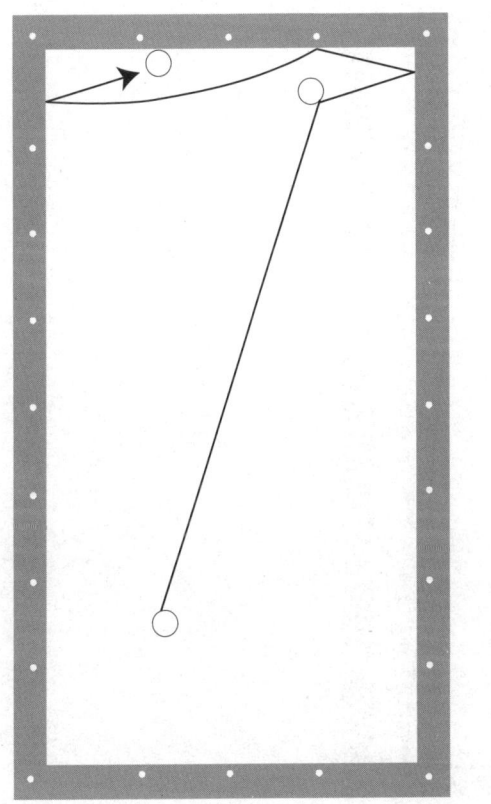

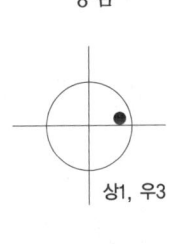

당점

상1, 우3

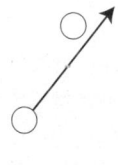

큐의 연장선

이 모양은 더블 쿠션을 응용한 것인데, 수구에 역회전을 다 주고 1적구를 얇게 밀어 치면, 수구는 제2쿠션 이후에 밀리는 힘이 작용하여 제3쿠션으로 갈 때 커브를 그리게 된다. 이후에는 회전이 작용하여 2적구를 향해서 굴러간다.

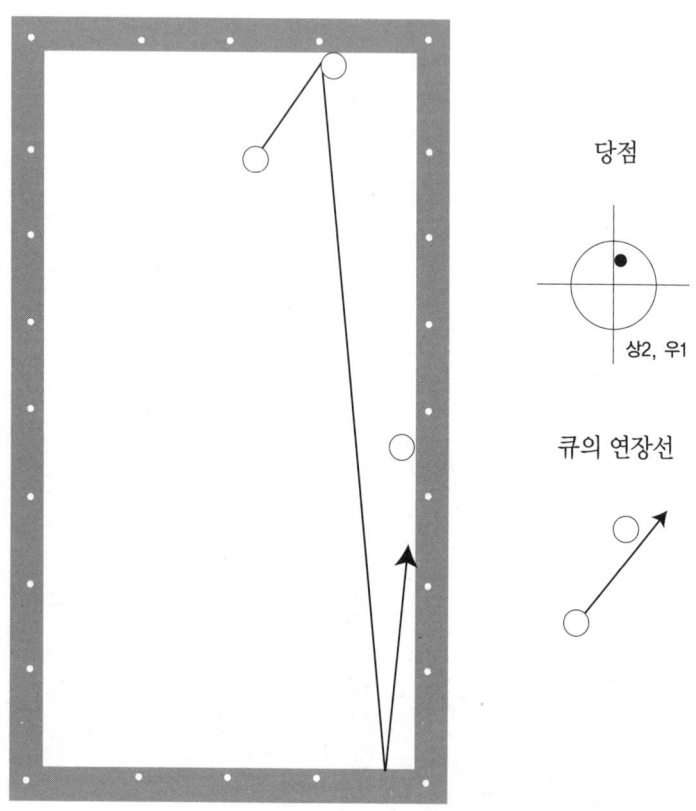

위와 같이 칠 때 2적구의 위치가 쿠션에서 떨어져 있는가 아니면 근접해 있는가를 따져야 한다. 왜냐하면 2적구의 위치에 따라 치는 방법을 달리해야 되기 때문이다. 1적구가 쿠션에 붙어 있는데 수구의 움직임이 크게 커브를 그리게 되면 2적구를 맞힐 확률이 없기 때문이다. 그림에서는 2적구가 쿠션에 근접해 있으므로 샷을 할 때 큐질 자체를 짧게 스톱시켜 수구의 움직임을 제어시켜야 한다.

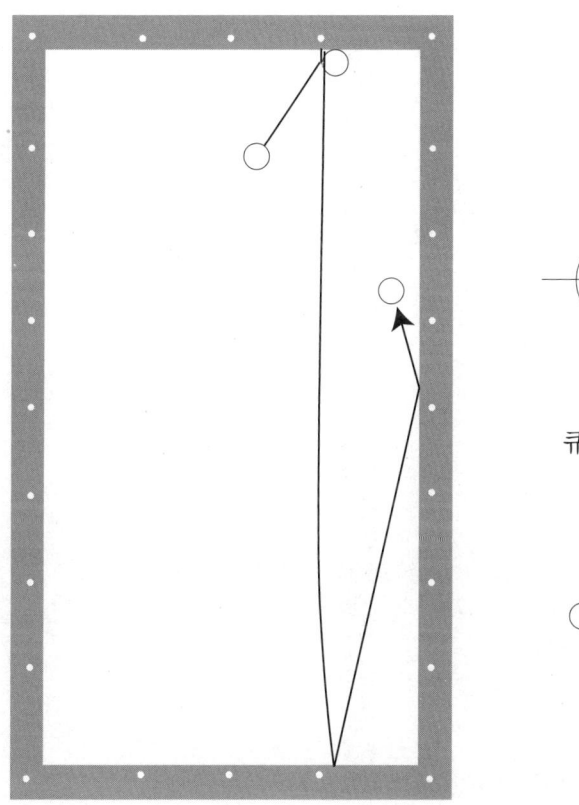

앞장과는 다르게 그림처럼 2적구가 쿠션에서 떨어져 있으면 수구의 움직임의 커브를 그리게 하는 것이 맞을 확률이 높아진다.

샷을 할 때 수구의 움직임이 커브를 그릴 수 있게 밀어치기를 하는데, 큐의 뒤쪽을 세우거나 잘라 치기를 하면 안 된다. 여러 번 쳐 봐야 감각적으로 어떻게 쳐야 하는지를 알 수 있다.

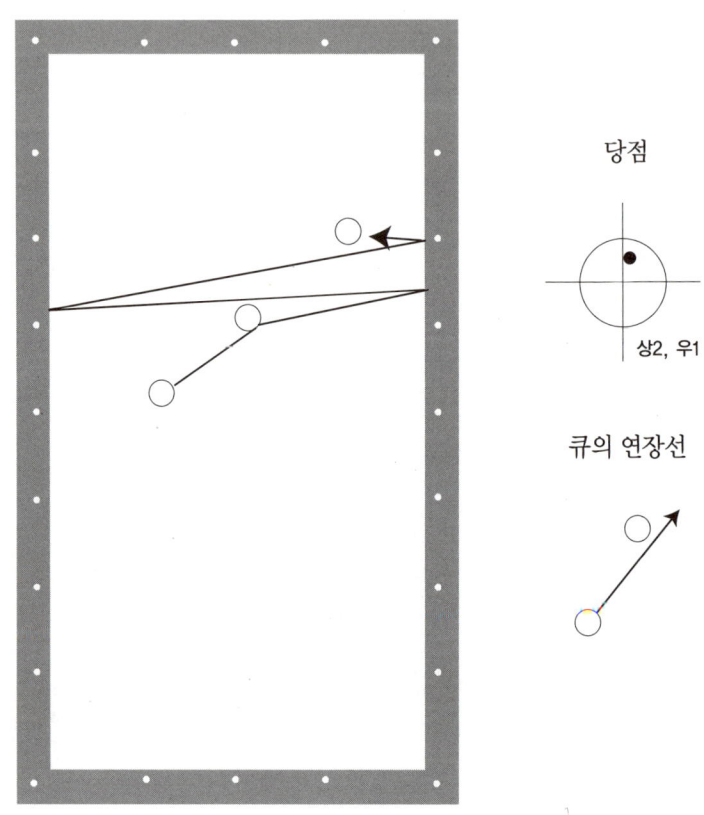

이 그림도 수구에 역회전을 주고 치는 것이 편하다. 생각 외로 쉽게 칠 수 있는 모양이니 꼭 익혀 두는 것이 좋다.
당점은 12시 30분에 주고 밀어치기를 하면 된다. 너무 1적구가 얇게 맞거나 수구를 너무 강하게 밀어치게 되면 수구는 2적구를 제2쿠션으로 맞힐 수도 있다.

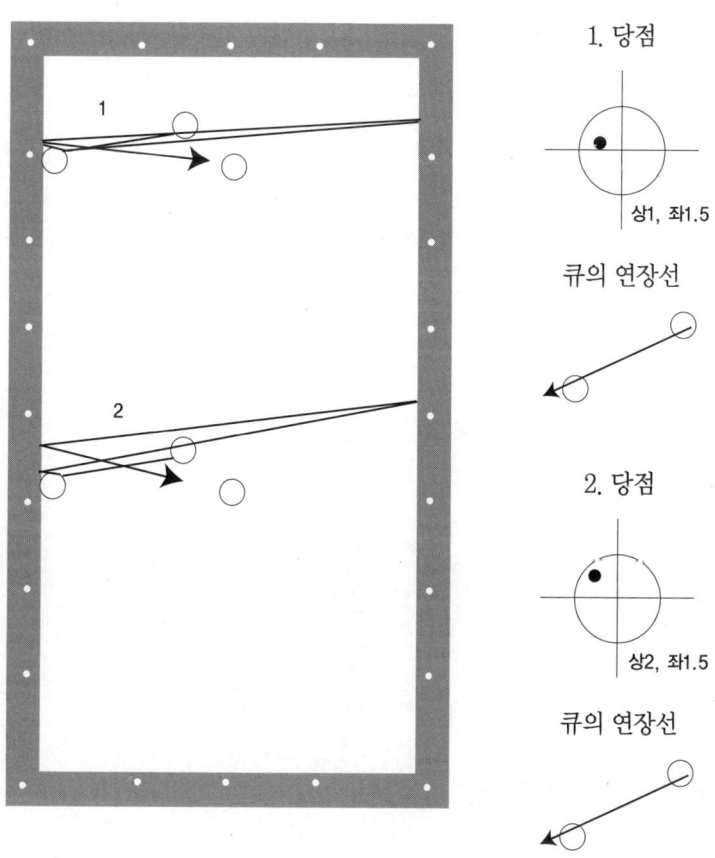

이 그림 역시 수구를 밀어치면 된다.
1. 당점을 상으로 조금만 주는 이유는 1적구와 2적구의 폭이 좁기 때문에 수구의 움직임 자체를 크게 커브를 안 그리고, 거의 직선에 가깝게 움직이게 하면서 폭을 줄이면 2적구를 맞힐 확률이 높기 때문이다.
2. 당점을 상으로 조금 더 주고 1적구를 약간 두껍게 맞힌다면 수구의 움직임은 그림과 같이 커브를 좀더 그릴 것이다.
   2번처럼 치는 사람도 많이 있지만 확률적으로는 1번처럼 치는 것이 높다.

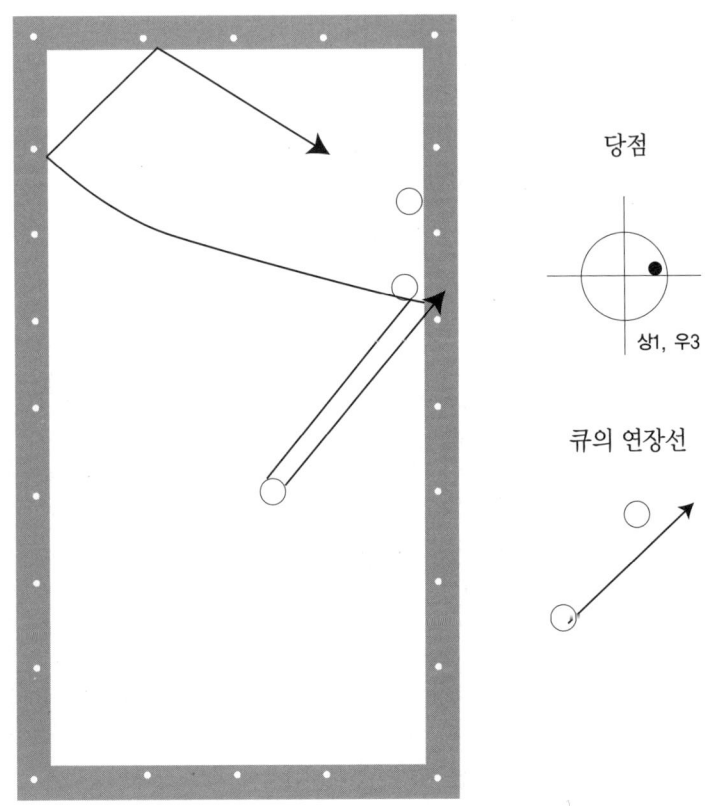

이 그림은 수구에 역회전을 다 주고 치는 것이 편리하다. 수구의 당점을 상1 우3 정도 주고 가볍게 밀어치면 수구는 1적구를 맞고 제1쿠션으로 굴렀다가, 수구의 역회전이 먼저 작용하여 바로 튀어나온다. 다음 아직 수구에 미는 힘이 남아 있으므로 수구는 자연스럽게 커브를 그리고 제2쿠션부터는 회전력이 작용하여 2적구를 향해서 움직인다.

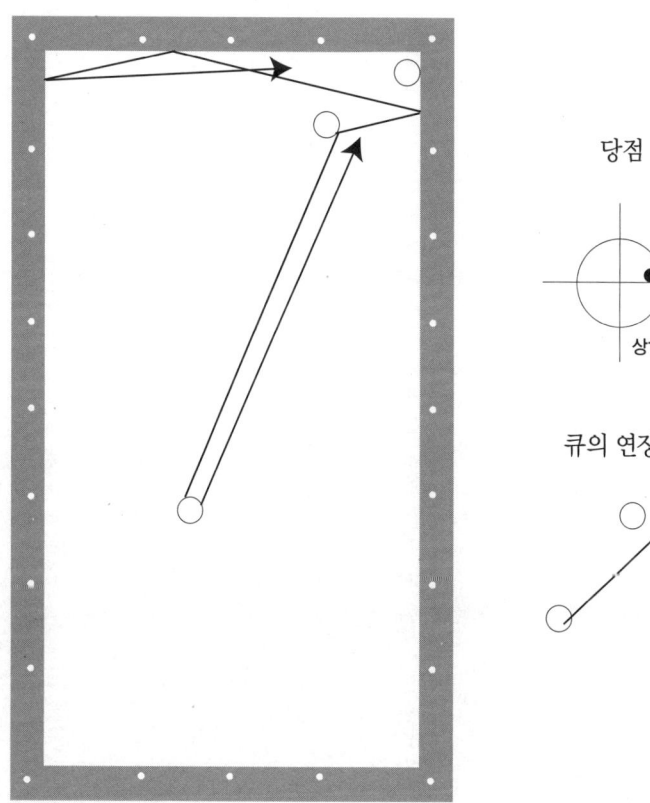

1적구를 두껍게 재고 일부러 밀어치려 하지 말고, 1적구를 얇게 맞혀 자연스럽게 밀리면 회전력을 확실하게 살리는 것에 주력하면 된다. 물론 수구와 1적구의 각도에 따라 끌어 칠 수도 있지만 먼저 가장 자연스럽게 되는 각도를 알면 다음부터는 공 모양을 보고 끌 것인지 밀 것인지를 판단할 수 있다.

Double Cushions Shot

12장

더블 쿠션 치기

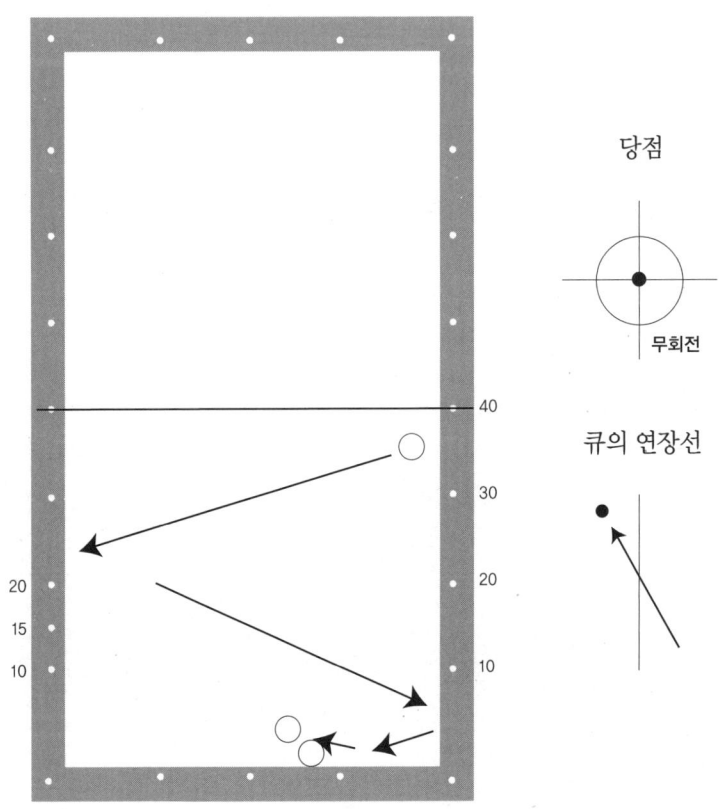

그림과 같은 모양에서 파이브 앤 어 하프 시스템으로 치기 어려울 땐 빈 쿠션을 횡단(장→장→단 쿠션)시켜서 칠 때가 있다. 이런 모양을 칠 때 수구가 40포인트를 넘어가면 안 되고, 큐질을 할 때 무회전의 효과를 잘 살려야 한다.

기본적인 제1쿠션 찾기는 수구 포인트의 절반을 우선적으로 찾고, 다음 목적구의 위치에 따라 제1쿠션 포인트를 조금씩 이동시켜 주면 된다.

● 수구 위치가 30~40일 때

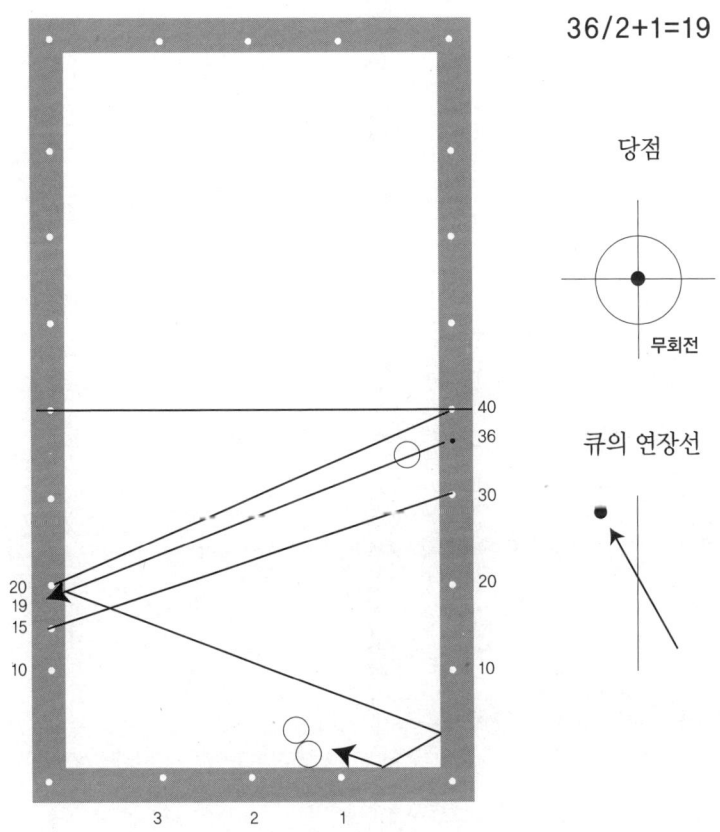

목적구가 1번 위치에 있으면 수구 포인트의 1/2 포인트가 제1쿠션 포인트가 되며, 샷은 너무 밀어치면 수구가 밀리는 현상이 나와 자칫 장 쿠션(제2쿠션)이 아닌 단 쿠션(제3쿠션)이 먼저 맞을 수도 있다. 큐질 자체가 무회전 샷이므로 공을 첫 쿠션에서 세워 준다는 느낌으로 가볍게 찌르듯이 쳐야 한다.

단 쿠션 포인트는 차례대로 1, 2, 3이 된다.

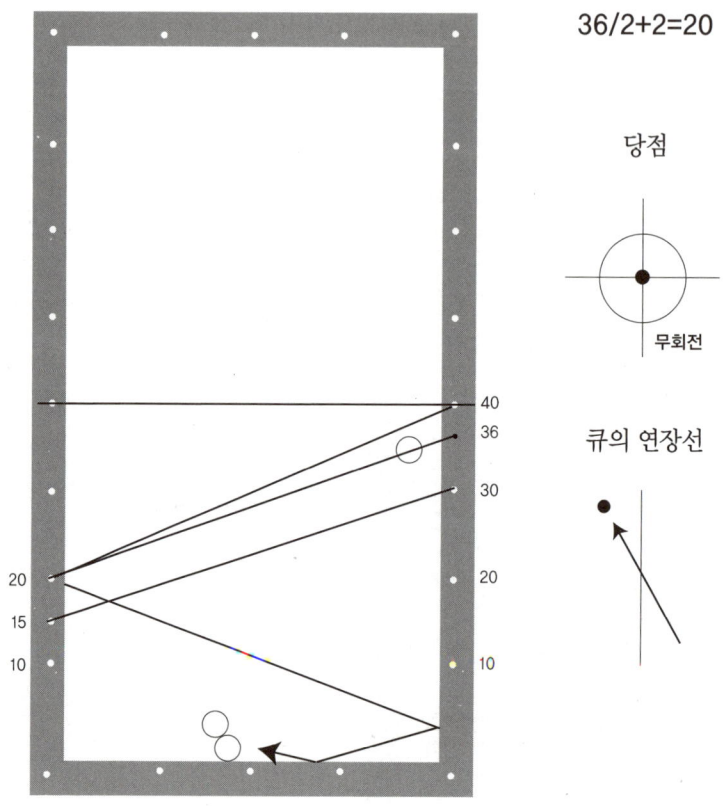

목적구가 2번 위치에 있으면 수구 위치의 1/2로 첫 쿠션을 찾고, 다음 목적구가 2번 위치에 있으므로 (수구 위치의 1/2)+2를 하면 그것이 제1쿠션이 된다.

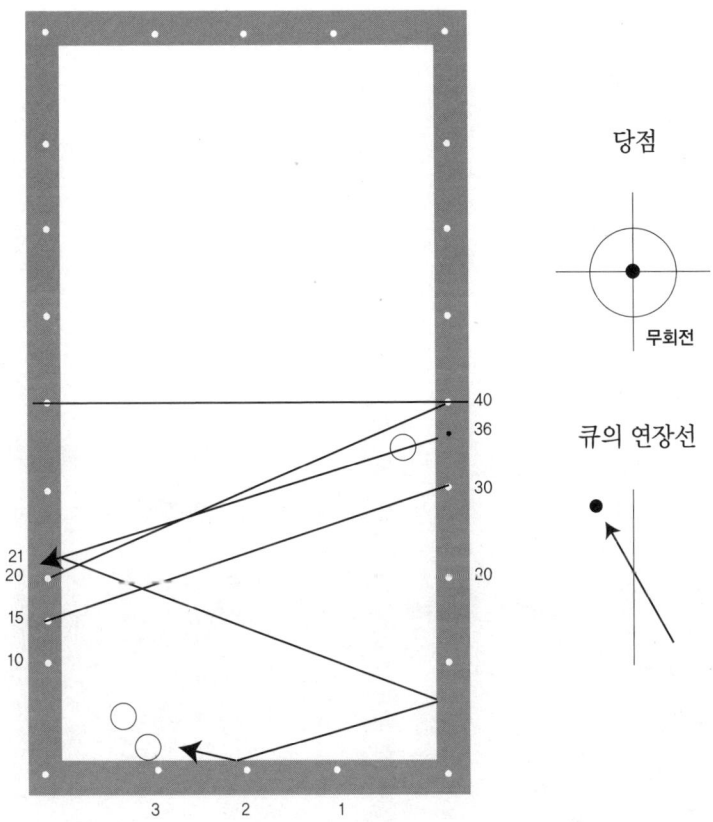

목적구가 3번 위치에 있으면 수구 위치의 1/2로 쿠션을 찾고, 다음 목적구가 3번 위치에 있으므로 (수구 위치의 1/2)+3을 하면 그것이 제1쿠션이 된다.

● 수구 위치가 20~30일 때

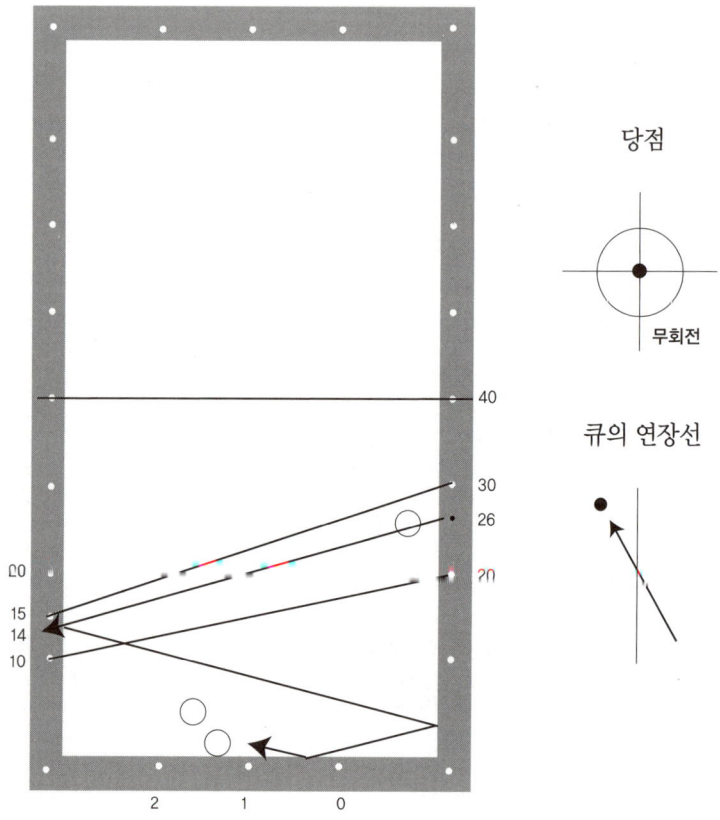

단 쿠션 포인트는 차례대로 0, 1, 2가 된다.

26/2+1=14

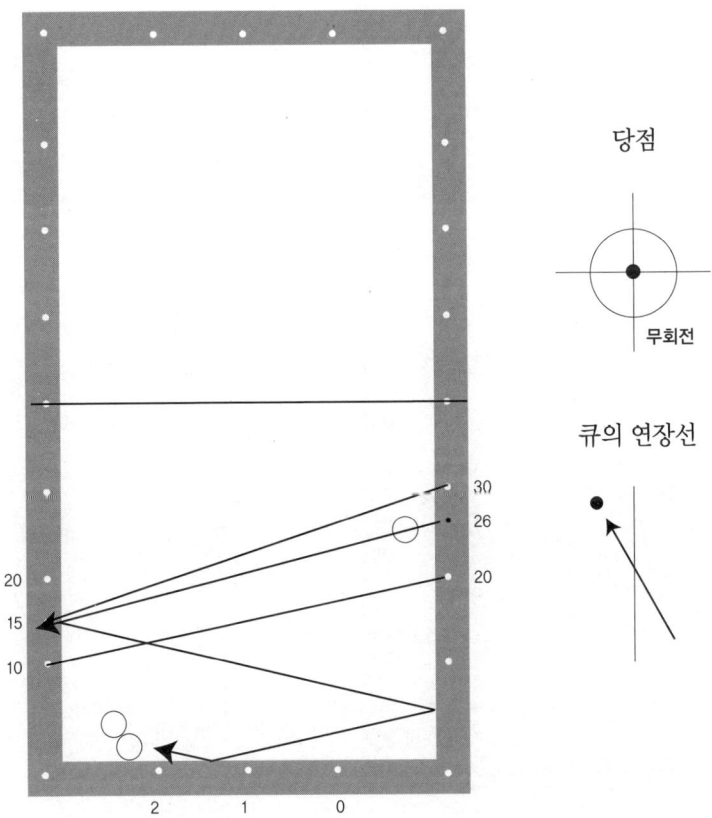

단 쿠션 포인트는 차례대로 0, 1, 2가 된다.

26/2+2=15

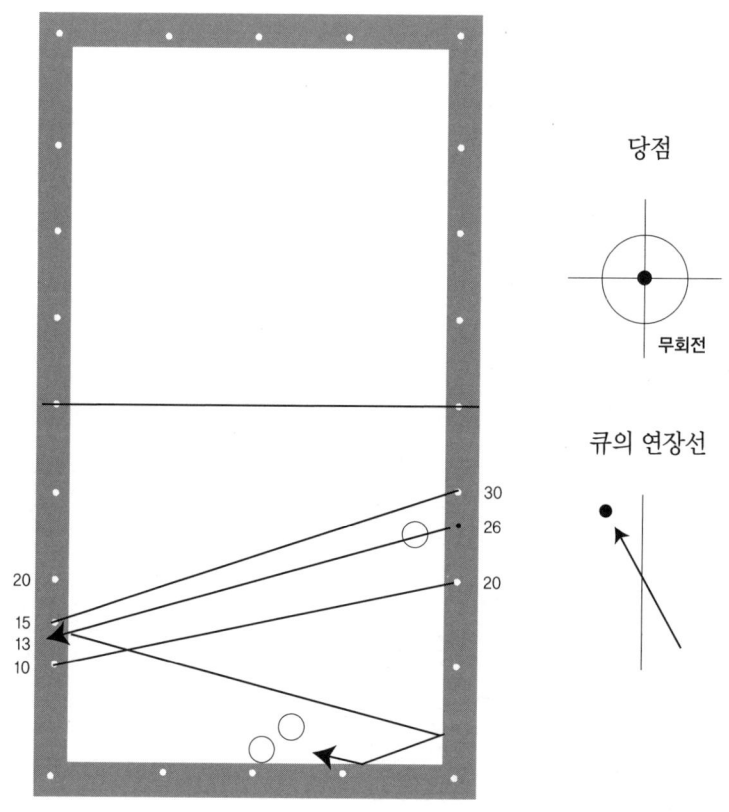

단 쿠션 포인트는 차례대로 0, 1, 2가 된다.

26/2+0=13

● 수구 위치가 10~20일 때

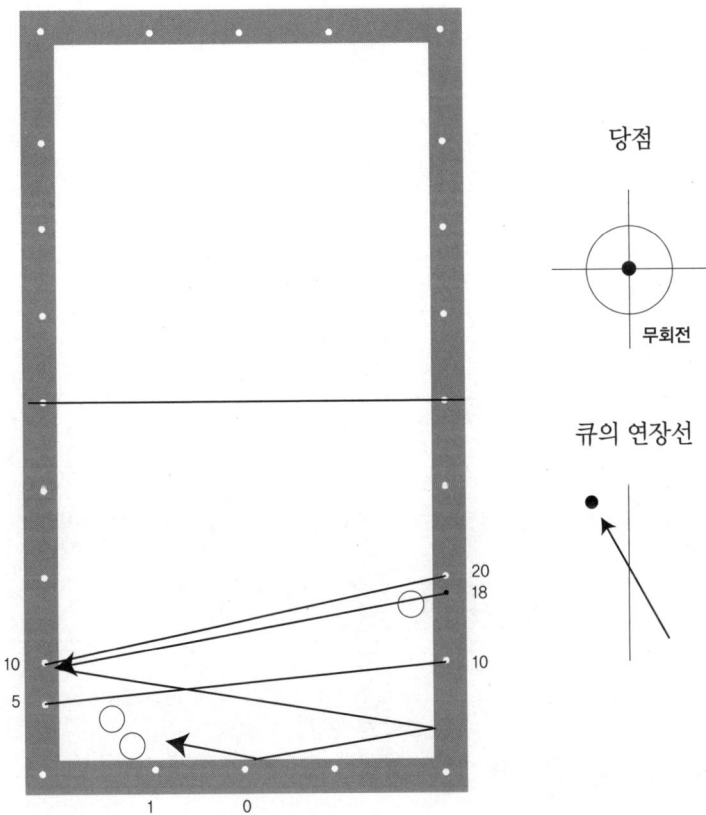

단 쿠션 포인트는 가운데가 0이 된다.

18/2+1=10

● 수구 위치가 10~20일 때

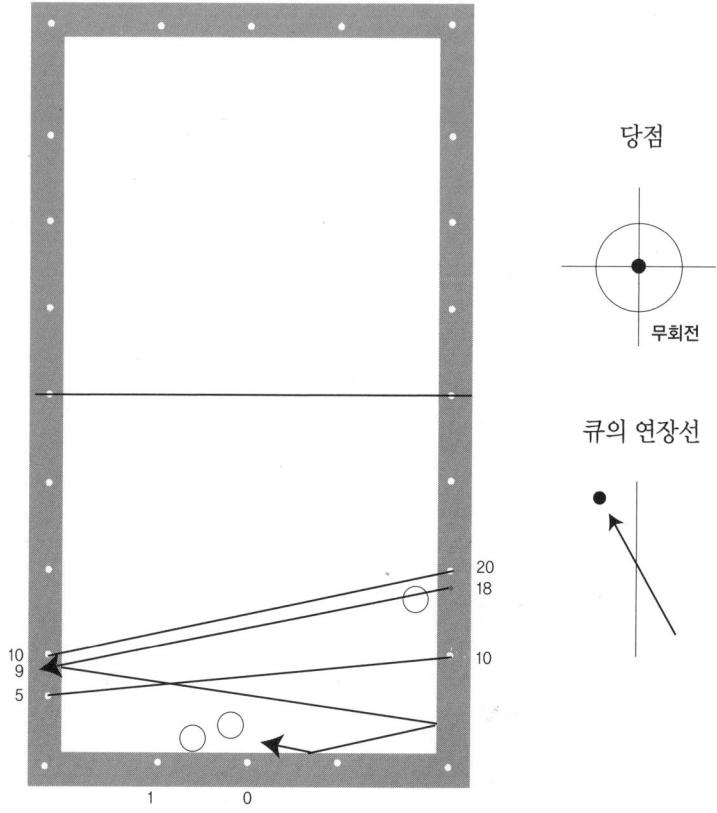

단 쿠션 포인트는 가운데가 0이 된다.

18/2+0=9

● 단 쿠션에서 단 쿠션으로 길게 치는 더블 쿠션

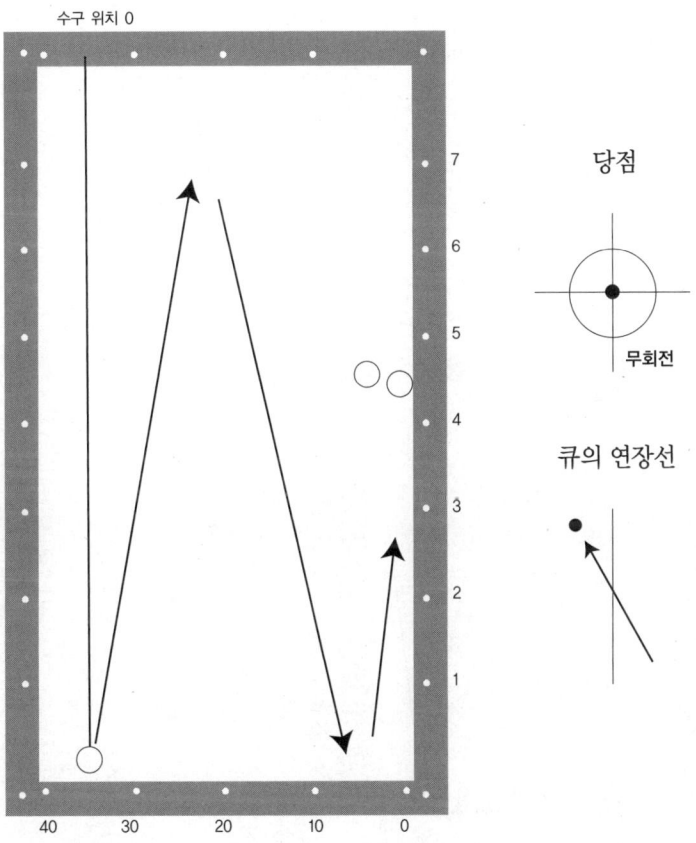

수구 포인트는 10단위로 40까지이며, 장 쿠션의 포인트는 수구의 위치마다 약간씩 다르다.
제1쿠션 포인트는 수구 위치가 0이 된다.

계산방법: 제1쿠션 포인트 = (수구 포인트 − 제3쿠션 포인트) / 2

● 수구 위치가 30~40일 때

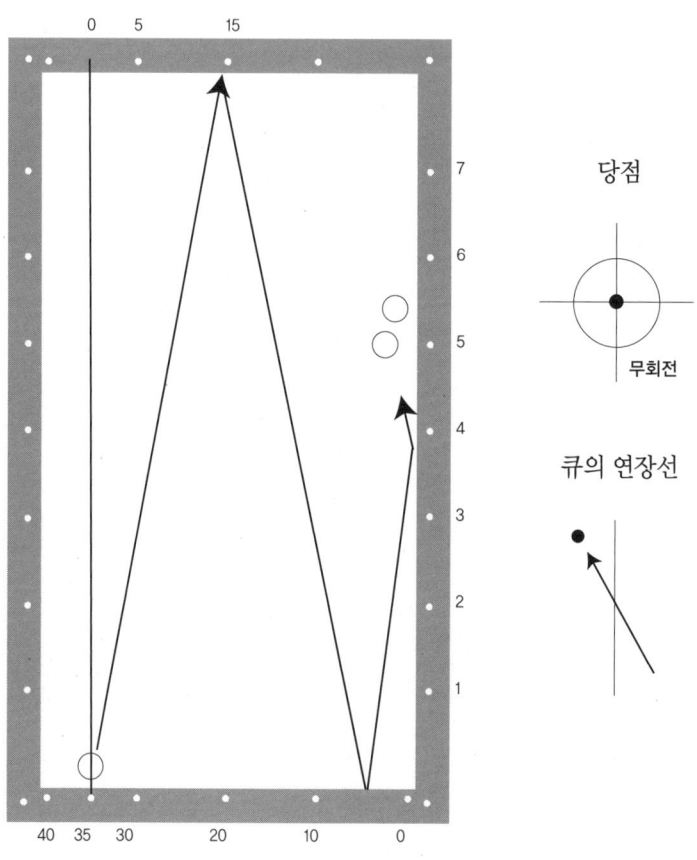

장 쿠션(제3쿠션) 포인트는 1부터 시작한다.

수구 위치 35일 때의 그림
제1쿠션 포인트는 수구 위치와 같은 선상에서 출발하여 15포인트 이동하면 된다.
제1쿠션 포인트 = (수구 포인트 - 제3쿠션 포인트) / 2

(35 5)/2=15

● 수구 위치가 30일 때

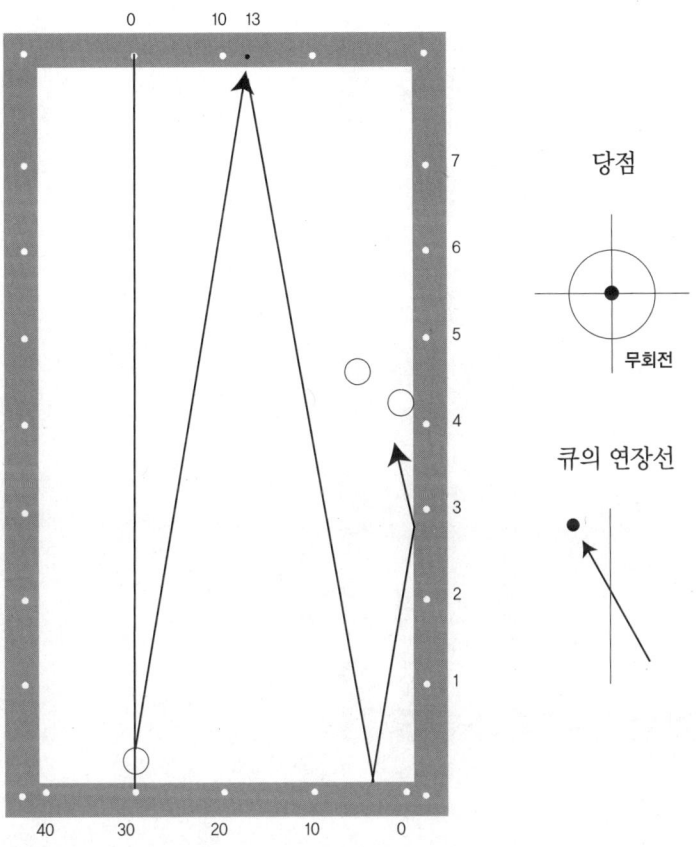

제1쿠션 포인트는 수구 위치와 같은 선상에서 13포인트 이동하면 된다.
제1쿠션 포인트 = (수구 포인트 − 제3쿠션 포인트) / 2

(30−4)/2=13

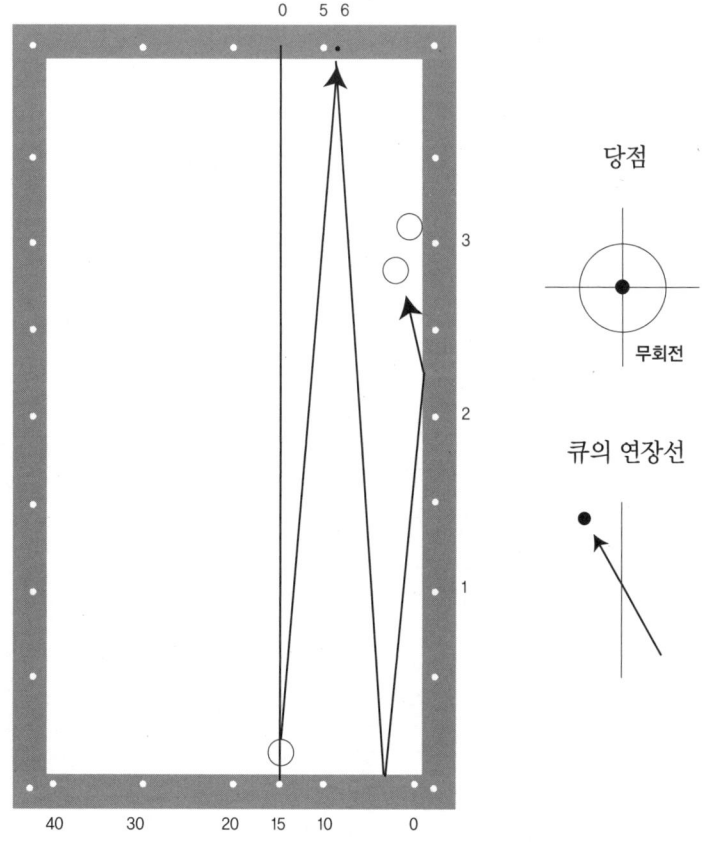

수구가 20포인트 안쪽에 있을 때는 제3쿠션(장 쿠션) 포인트가 그림과 같이 변동한다.
계산하는 방법은 앞장과 같다.
제1쿠션 포인트 = (수구 포인트 - 제3쿠션 포인트) / 2

(15-3)/2=6

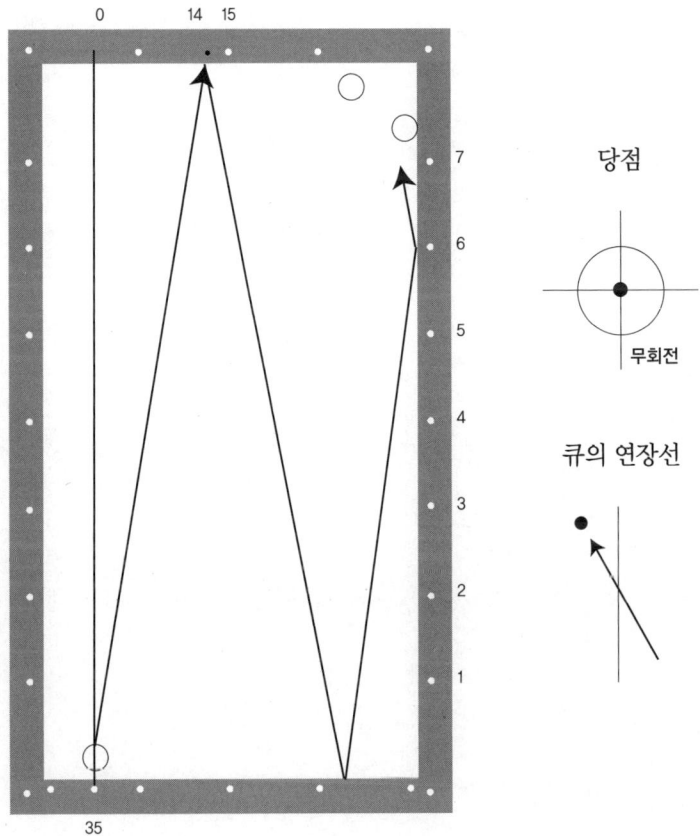

제1쿠션 포인트 = (수구 포인트 - 제3쿠션 포인트) / 2

(35-7)/2=14

연습게임

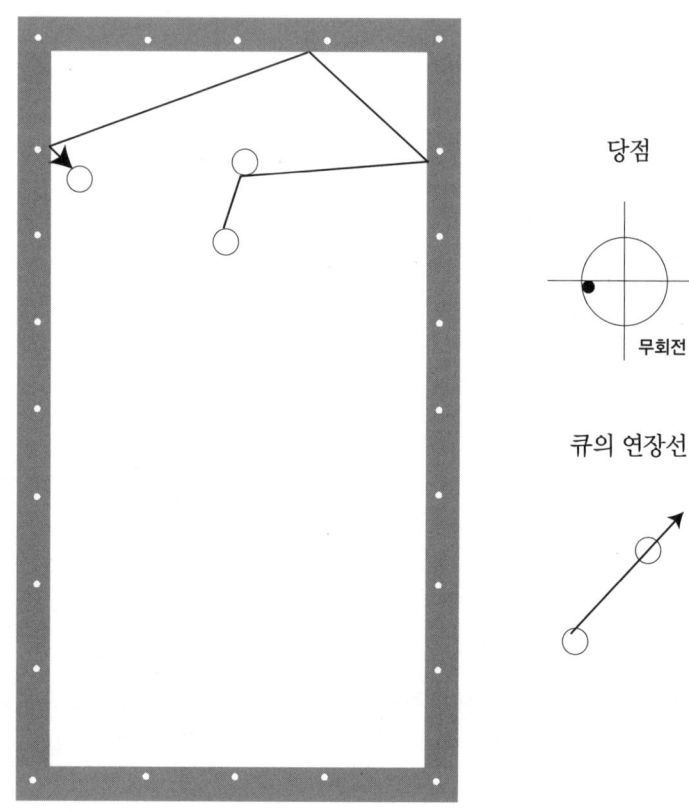

이 모양을 칠 때는 2적구의 위치에 따라 당점을 중상 맥시멈, 중단 맥시멈, 중하 맥시멈 등 세 가지로 나눌 수 있다.
먼저 그림과 같은 모양을 칠 때는 중단 맥시멈이라 하고, 1적구를 아주 두껍게 겨냥하면서 샷 자체는 너무 밀거나 잘라 치지 말아야 한다. 처음 큐브리지 상태에서 약 15cm 더 나간다고 생각하면서 당점을 정확히 맞히는 것이 중요하다.
이렇게 치면 수구는 1적구를 맞힌 두께에 의해 생성된 각도대로 1쿠션을 향해서 부드럽게 굴러간다.

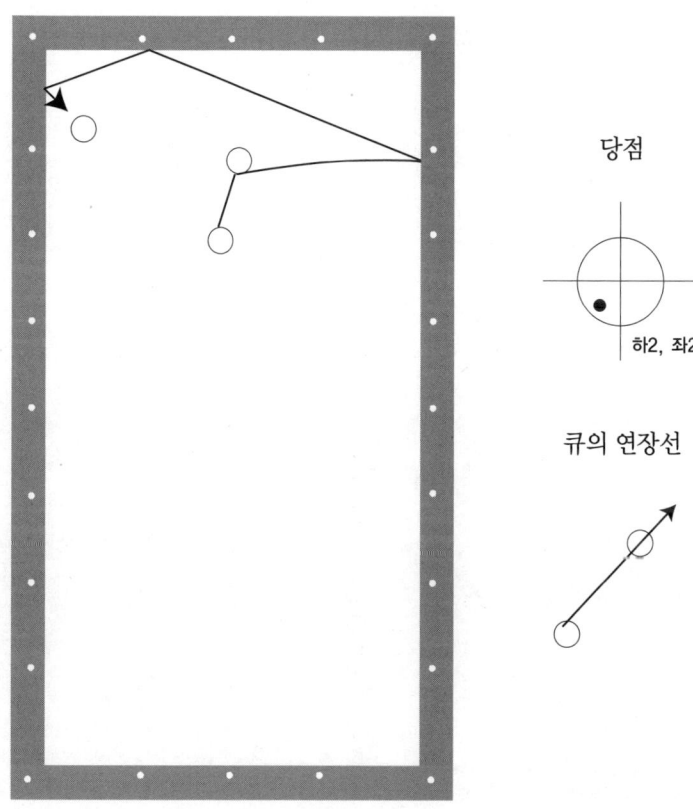

1적구가 전 그림보다 밑으로 더 내려가 있을 때는 당점을 중·하단에 맥시멈을 주고 1적구는 큐 선으로 1/2 정도를 재고 친다면, 수구의 움직임이 1적구에서 제1쿠션으로 이동하는 동안 중간에서 한 번 더 꺾이는 현상이 일어난다. 그후 그림과 같이 조금 짧게 굴러간다.

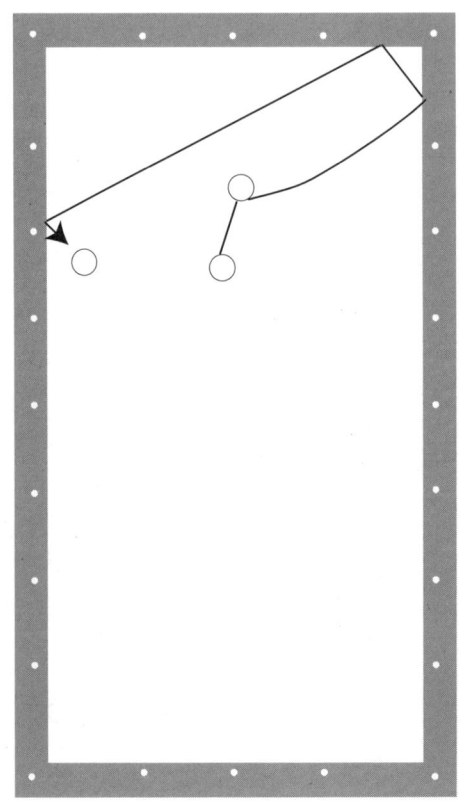
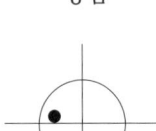

당점

상1, 좌3

큐의 연장선

2적구가 많이 올라와 있을 때는 그림과 같이 당점을 상1 쪽에 주고, 1적구를 두껍게 밀어치면 수구는 천천히 커브를 그리면서 제1쿠션 쪽으로 굴러간다.

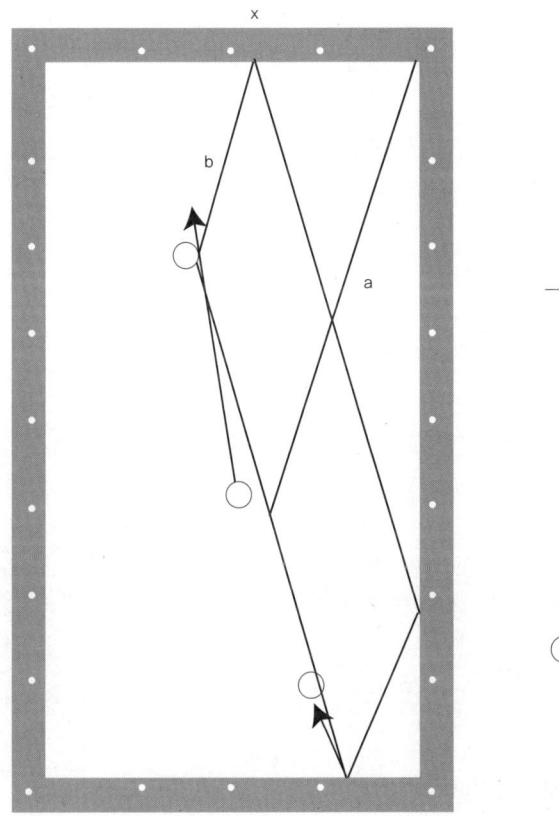
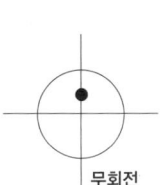
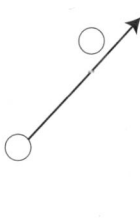

이런 모양을 칠 때는 앞에서 언급했듯이 a선과 평행인 b선을 찾은 다음 x점을 향해서 수구를 가만히 보내면 된다.

그런데 실전에서 치다 보면 꼭 무회전으로만 치기 까다로운 경우가 생긴다. 이럴 땐 역회전이나 정회전 팁을 주고 쳐야 하는데, 이렇게 회전(팁)을 주고 칠 때도 기본적으로 수구를 어디까지 보내야 되는지는 알고 있어야 한다. 기본적으로 위의 그림을 참고하면서 어디까지 보내는지 설정한 다음에 샷을 결정한다. 대개 2적구가 제2쿠션에서 멀리 있으면 정회전 팁을 주고, 가까이 있으면 역회전 팁을 주면 된다.

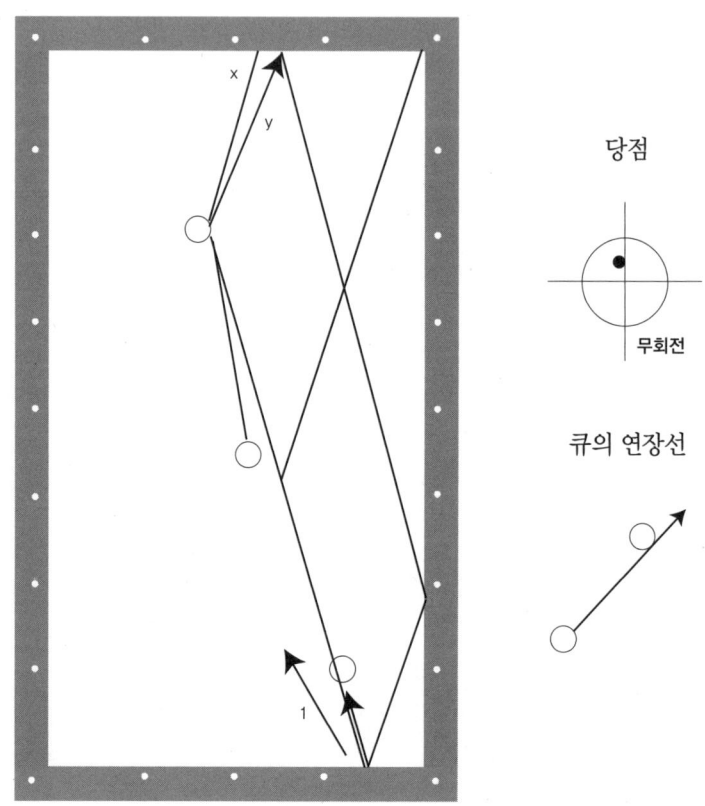

2적구가 그림과 같이 제2쿠션에 가까이 있을 때는 역회전 팁을 주고 치는데, 먼저 공식을 통하여 x지점을 찾고 수구를 그 지점으로(x) 보내는 두께를 설정한다.
다음 역회전을 1팁을 주고 가만히 수구를 보내는 것이 아니라, 1적구를 향해서 약하게 밀어치기를 해주면 수구는 그림과 같이 일단 튕겨 나온 다음 1쿠션을 향해서 밀려들어간다. 이렇게 되면 수구의 입사각이 가만히 치는 것보다 더 세워지게 되고 역회전 팁이 살아 있기 때문에 수구의 진행이 제2쿠션을 향해서 굴러갈 때 많이 서서 굴러간다. 이렇게 치면 그림에서 1번 선처럼 빠질 확률이 줄어든다.

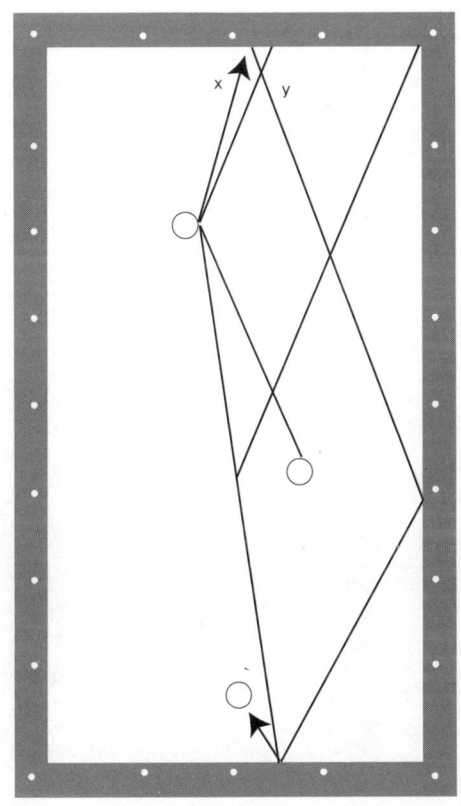
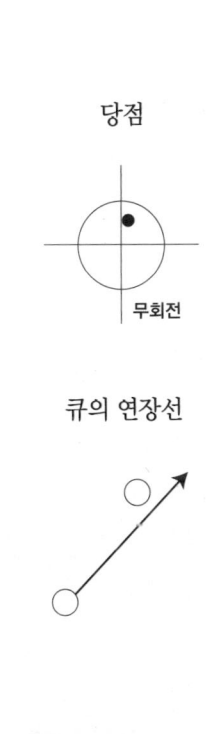

당점

무회전

큐의 연장선

2적구는 제2쿠션과 거리가 멀리 떨어져 있고, 수구와 1적구의 각도가 너무 크면 평범하게 쳐서는 수구를 x지점까지 보낼 수 없다. 이럴 땐 수구에 정회전(팁)을 주고 가볍게 밀어치기를 하면 생각보다 편리하게 칠 수 있다.

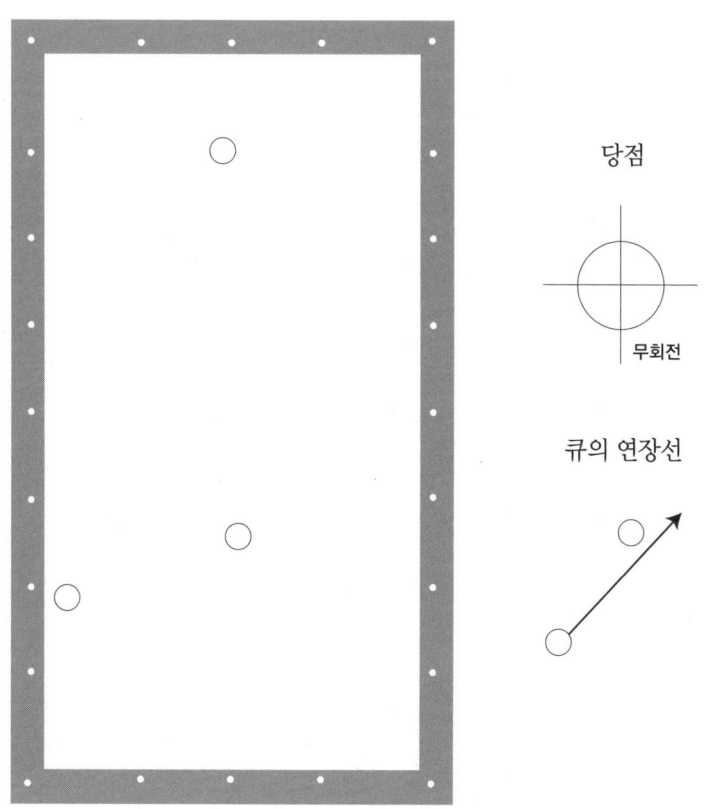

3쿠션을 치다 보면 이런 모양을 많이 접하게 된다. 그런데 이런 모양을 두고 (꼭 그림의 모양이 아니더라도 유사한 모양들) 당구인들은 많은 어려움을 토로한다.
왜 그럴까? 여러 가지 원인이 있겠지만 그 중에서도 일단 1적구의 두께를 맞히는 것과 회전력을 어떻게 주는 것이 편리한가를 사람마다 다 틀리게 말하기 때문이다. 여기서는 어떤 모양을 놓고 어떻게 쳐야 한다는 것보다 원리를 간단하게 설명하고자 한다. 즉, 샷은 어떻게 할 때 수구는 어떻게 굴러가며 1적구를 맞은 다음 수구의 진로는 어떠한가 등등이다.

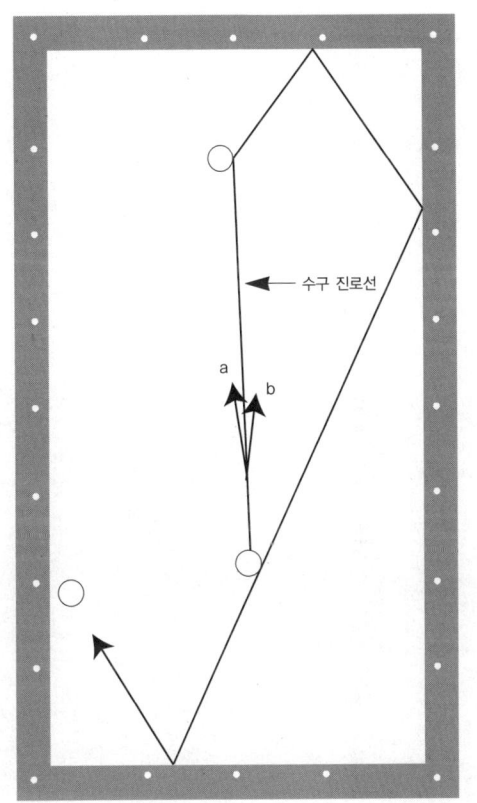
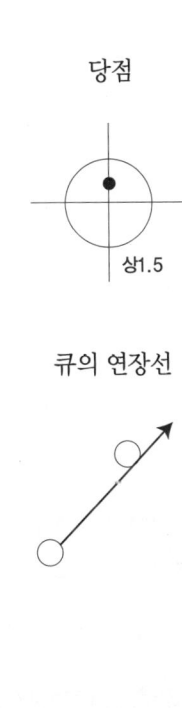

먼저 무회전으로 친다고 가정하자. 큐질 자체를 완벽하게 해 큐의 팔로우 동작이 수구 진행성을 따라간다면 수구는 완전히 무회전이 될 것이다.
그러나 대개의 경우 그림에서 보듯이 a나 b 쪽으로 틀어진다. a 쪽으로 틀어지면 수구는 역회전이 들어가고, b 쪽으로 틀어지면 수구는 정회전이 걸린다. 이런 걸 줄이려면 큐는 가볍게 잡고 큐질 자체를 너무 길게 나가지 말고 짧게 하며 수구를 치고 난 다음 바로 움직이지 말아야 한다.
항상 큐질한 자세를 그대로 유지하는 버릇을 길러야 샷과 당점이 정확해진다.

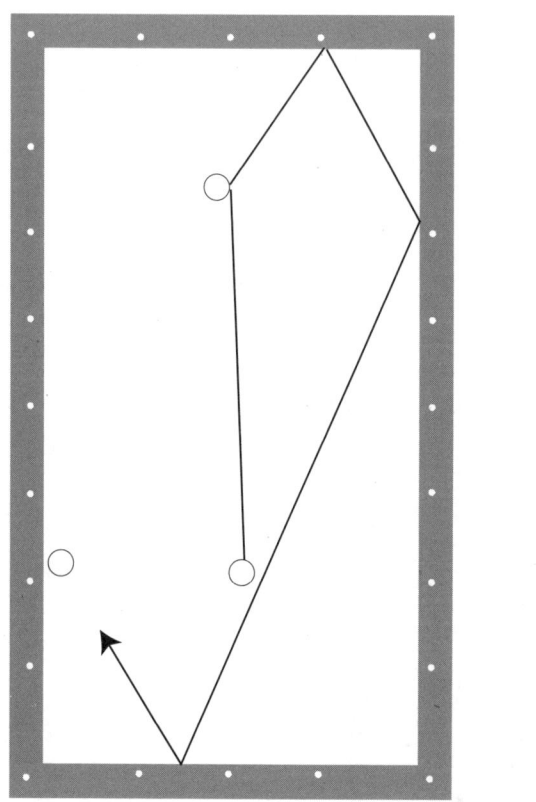

당점

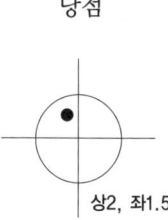

상2, 좌1.5

큐의 연장선

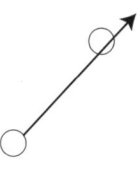

역회전을 주고 칠 때가 두께를 가장 보기가 쉽다. 그러나 역회전을 주면 스커트가 발생하므로 생각하는 두께(자신이 보는 두께)보다 얇게 맞는 경우가 많다.
큐를 수평으로 해서 치면 스커트가 많이 일어나므로, 큐의 뒤쪽을 살짝 세워서 부드럽게 밀어친다. 회전은 모양에 따라 약간씩 다르겠지만 샷을 부드럽게 밀어치되 큐질 자체를 짧게 해주면 약간의 커브가 일어나면서 보는 두께가 거의 맞는다.

수구가 1적구를 향해 갈 때 약간의 커브가 일어난다.

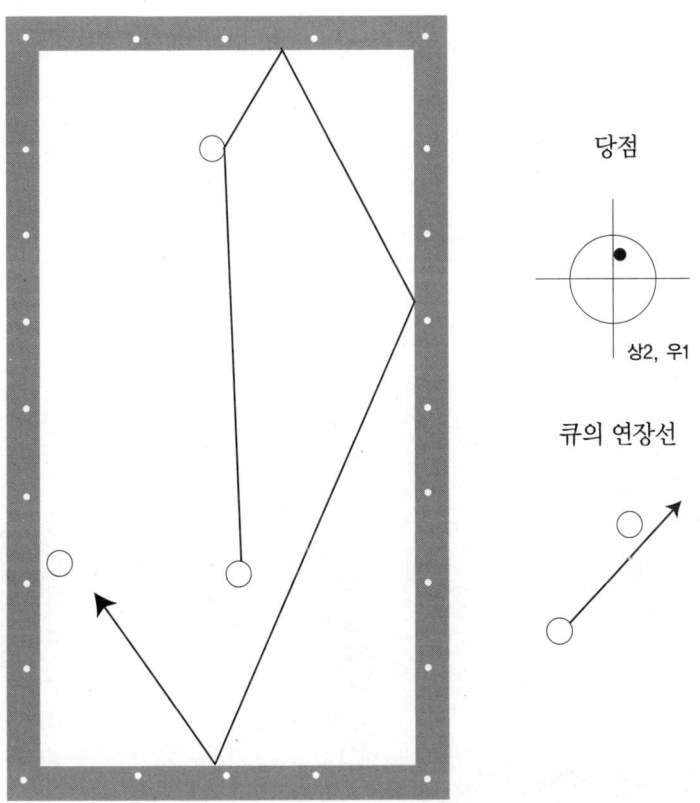

정회전을 주고 칠 때는 1적구를 생각보다 얇게 겨냥해야 한다. 수구를 밀어치기를 할 때 앞장과는 달리 스커트를 일으켜야 선이 길게 나온다. 만약 수구를 커브를 일으켜서 치면 많이 짧아진다. 수구의 당점을 상단 1팁을 주고, 큐를 수평을 유지한 채 1적구를 얇게 겨냥해 가볍게 밀어치면, 수구는 큐의 연장선에서 좌측으로 공 1/2개 정도 더 이동할 것이다. 보통 가볍게 밀어치면 먼 거리에서의 스커트는 공 1/2 정도 난다고 생각하면 될 것이다.

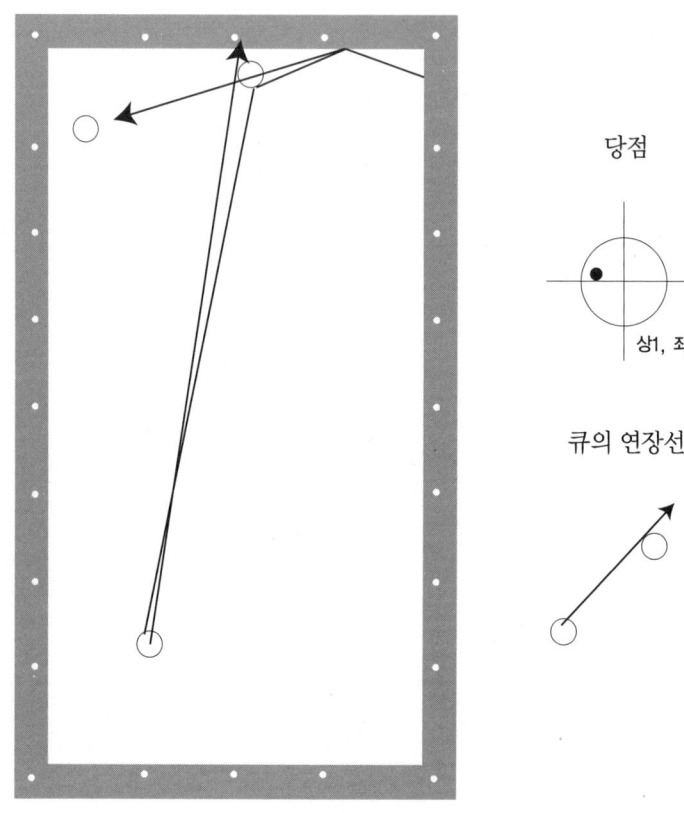

이런 모양의 조 단조를 칠 때는 큐의 연장선이 1적구의 안쪽을 겨냥해야 된다. 그렇게 겨냥해야 1적구의 오른쪽 약 1/2~1/3 정도 맞고 수구의 진행이 원활하게 이루어진다. 이제는 왜 그런지 이해할 줄로 믿는다. 만약 처음부터 1적구의 1/2 정도를 겨냥하고 친다면 아주 얇게 맞거나 아예 1적구가 안 맞을 수도 있다.
회전을 많이 주기 때문에 스커트가 많이 일어난다.

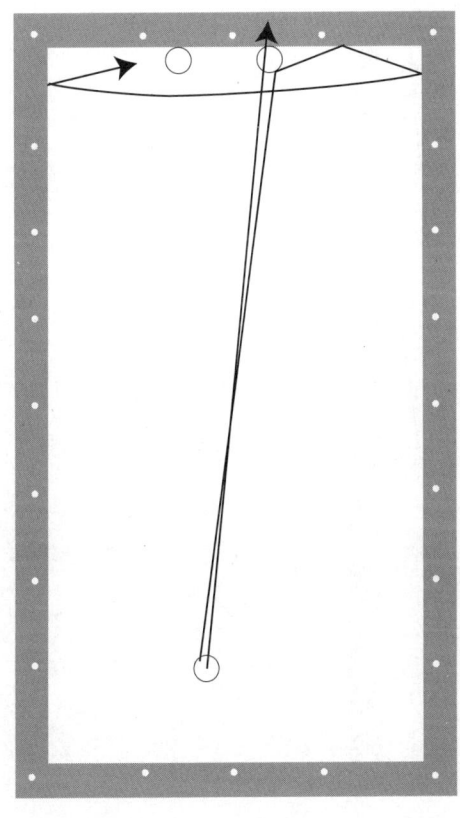

당점

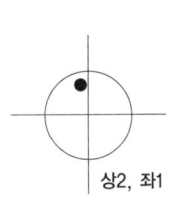

상2, 좌1

큐의 연장선

큐 선을 1적구의 1/2 정도를 겨냥하고 밀어치기를 하면, 수구는 1적구를 얇게 맞히고 그림과 같이 들어가게 된다.
회전을 너무 많이 주거나 비틀어 치면 두께가 틀려진다.

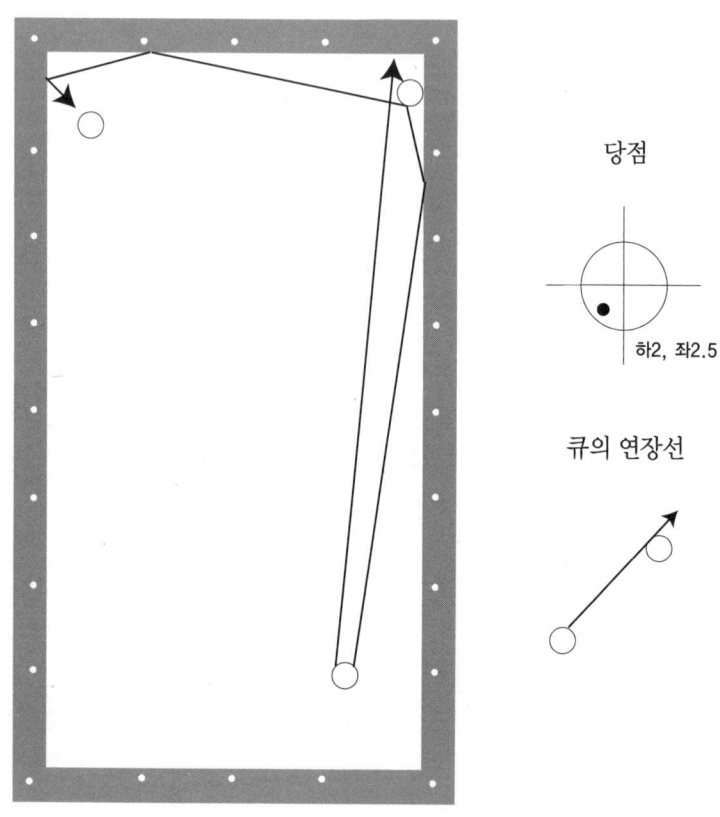

이런 모양을 칠 때도 1적구를 두껍게 친다고 결정하여도 실제로 얇게 맞는 경우가 많았을 것이다.
2적구의 위치상 1적구를 끌어 쳐야 하기 때문에 수구의 당점을 좌 하단을 주고 쳐야 한다. 이 당점은 스커트가 많이 일어나기 때문에 실제로 큐 선은 1적구의 안쪽을 겨냥하고 쳐야 걸쳐 치기가 된다.

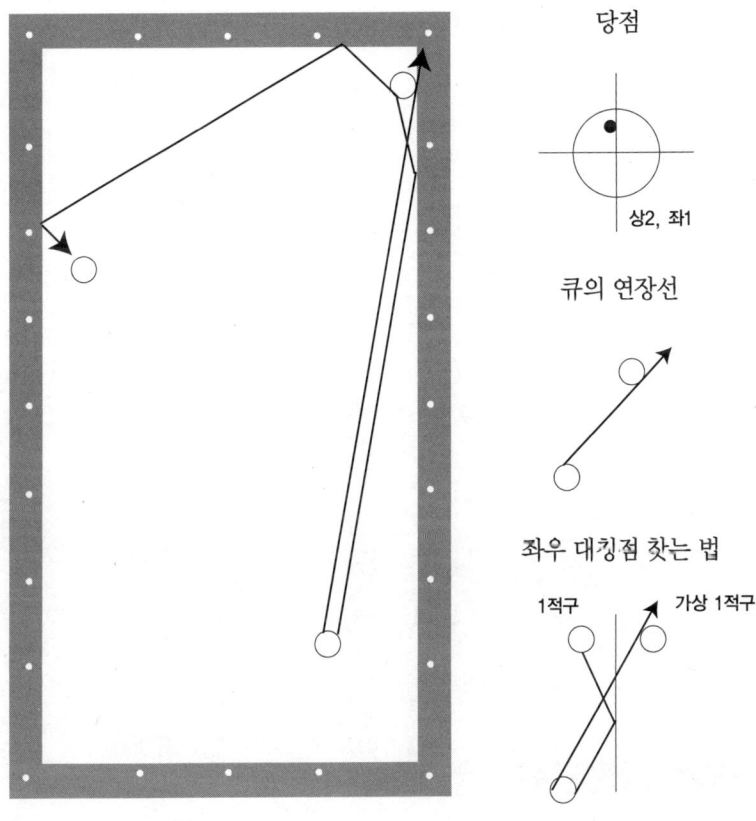

그림과 같이 2적구의 위치가 많이 올라와 있으면 1적구의 두께와 수구의 회전력을 조절하여 칠 수 있으므로 수구 자체의 스커트를 일으키지 않는 게 좋다.
큐 선을 1적구와 제1쿠션의 좌우 대칭점을 겨냥하고 부드럽게 밀어친다면 수구는 그림과 같이 가벼운 커브를 일으키며 1적구를 맞힐 것이다.

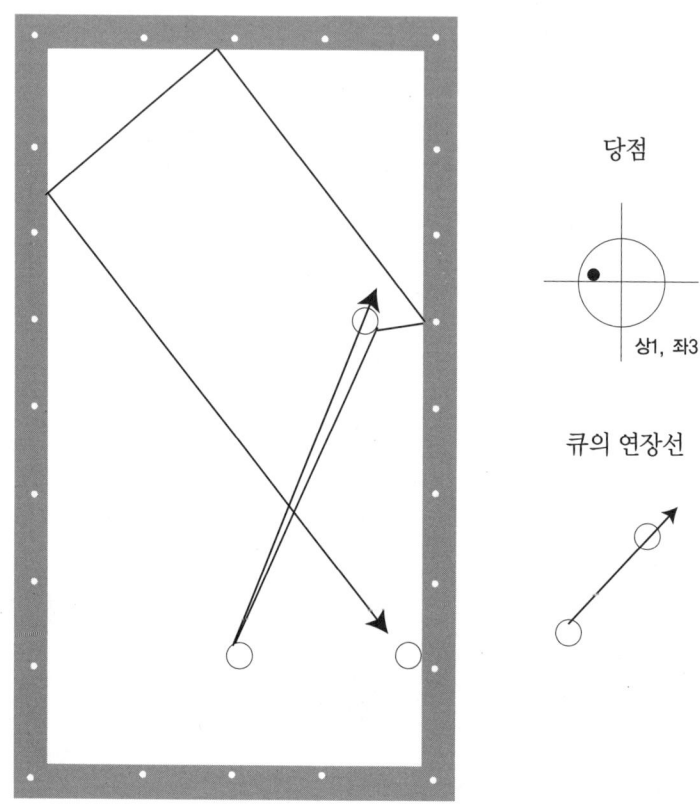

이 그림과 다음 장은 역시 같은 모양이고 당점도 같은 곳을 주고 치나, 힘의 세기에 따라 1적구의 겨냥점과 결과가 달라짐을 비교하는 그림이다.
수구를 1적구의 1/2 정도를 겨냥하고 빠르게 샷을 하면 수구는 스커트를 일으키고 또 1적구를 맞힌 다음 1쿠션을 향해 갈 때 직선상으로 굴러가기 때문에 결과는 그림과 같이 약간 짧게 떨어진다.

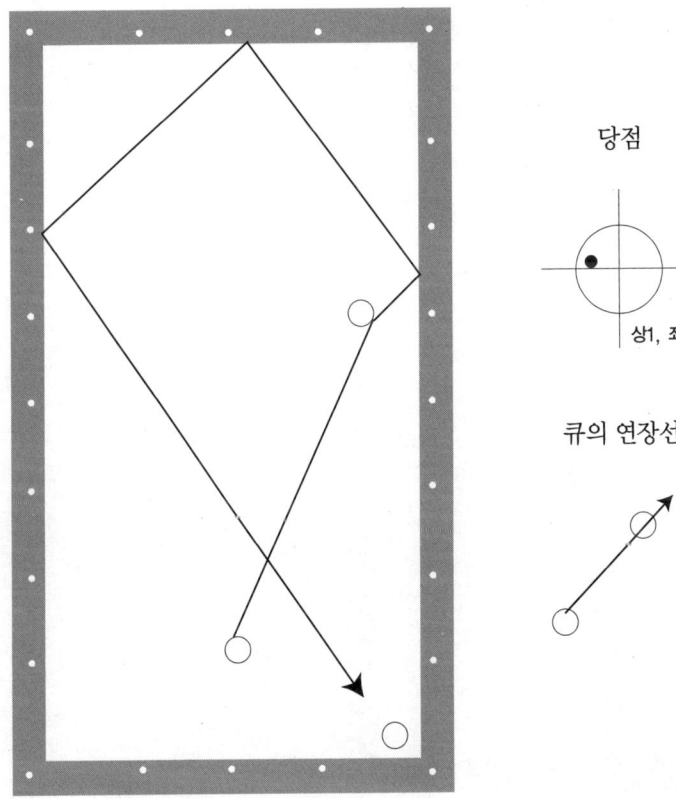

앞장과 같은 그림이나 수구를 칠 때 큐의 뒤쪽을 약간 세우고 수구의 회전력만을 살린다는 느낌으로 부드럽게 친다. 부드럽게 친다고 약하게 또는 천천히 치는 것은 아니다. 수구를 칠 때의 순간 큐 스피드는 빨라야 하며 수구를 푹 찌른다는 느낌이 오면 거의 맞을 것이다.

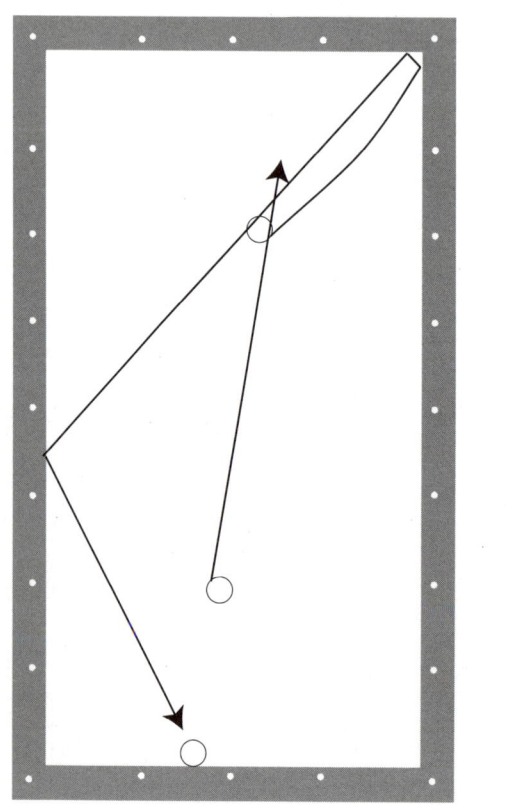
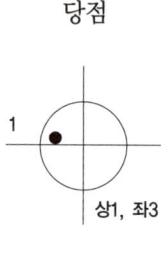
당점

상1, 좌3

큐의 연장선

이런 모양 역시 큐의 뒤쪽을 약간 세워서 앞장과 같이 친다면 수구를 길게 뽑아낼 수 있다.

다음 장은 회전 당점을 다르게 주었을 때 치는 방법이나 이번 장보다 약간 짧게 나온다.

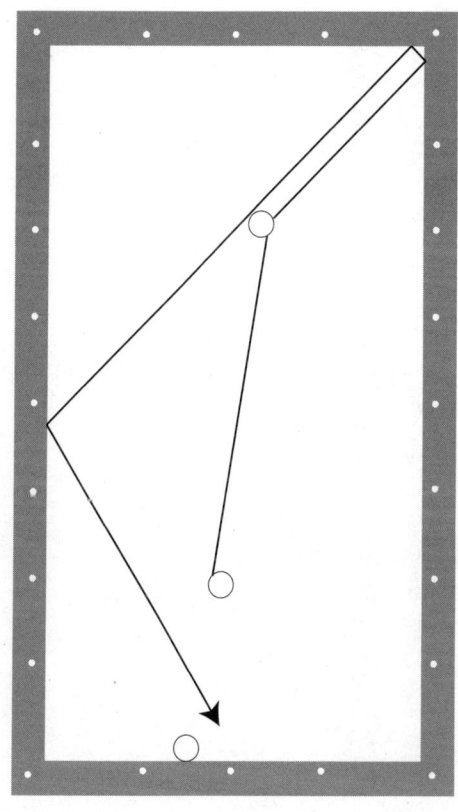
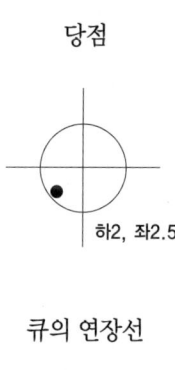
당점

하2, 좌2.5

큐의 연장선

왜 이렇게 앞장과 다른 결과가 나올까? 그 이유는 앞장은 수구를 커브를 일으켜서 치는 방법을 택하였고, 이번 그림은 수구를 스커트를 일으키는 방법을 택하였기 때문이다.

수구가 스커트가 일어남으로써 제1쿠션으로 들어가는 각도 자체가 짧아지게 된 것이다. 아주 미세한 차이지만 결과론적으로는 공 1개 이상의 차이가 나게 된다.

공 1개의 차이라고 무시하면 안 된다. 공 1개의 차이가 맞히고 못 맞히고의 차이므로 큰 차이라고 볼 수 있다.

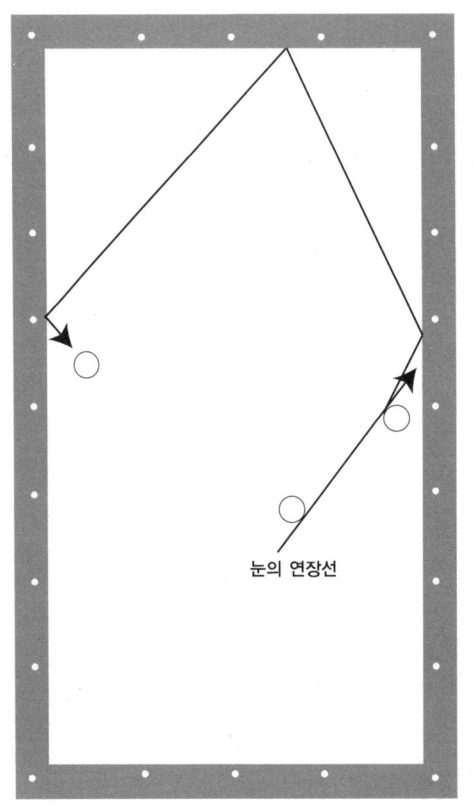 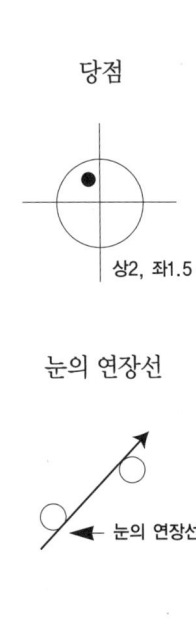

이 그림과 다음 그림은 모양상 같으나 단지 좌우가 다를 뿐이다. 이 그림을 넣은 이유는 1적구의 면 치는(아주 얇게 치는) 요령을 설명하기 위한 것이다.

필자의 기준으로 설명할 수밖에 없으므로 참고하여 자기 자신의 두께를 찾기 바란다.

이 그림은 필자가 오른손잡이 하고, 또 오른쪽 눈이 기준이 되어 사물을 많이 볼 수 있으므로 똑같이 두 눈으로 본다고 해도 실제로는 오른쪽 눈이 기준이 되어 보고 있다.

필자가 자세를 잡고 1적구와 수구의 연장선이 보는 눈에 걸렸을 때 가볍게 밀어치게 되면 1적구를 얇게 맞힐 수 있다.

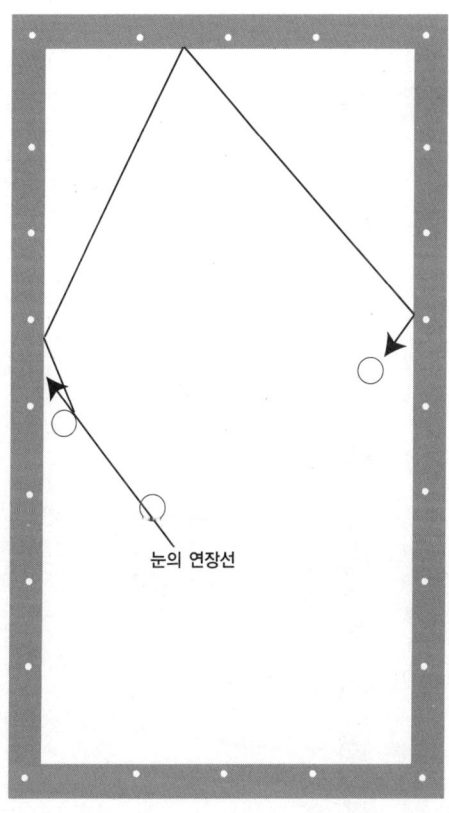
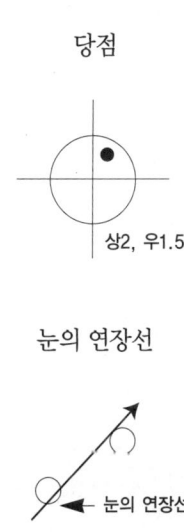

반대쪽은 오른쪽 눈이 기준이어서인지 1적구와 눈의 연장 선상으로 보면, 수구를 약 1cm 정도를 쪼개면 얇은 두께가 맞고, 조금 더 신경써서 친다면 5mm 정도를 나누게 되면 1적구의 아주 얇은 면까지 칠 수도 있다.
이와 같이 양쪽이 두께를 보고 치는 방법이 다르다는 것을 본능적으로 알 수 있을 것이다. 조금 차분히 연습을 해보면 바로 알 수 있으므로 반드시 터득하는 것이 좋다.

● 당점에 따른 수구 진로 변화도

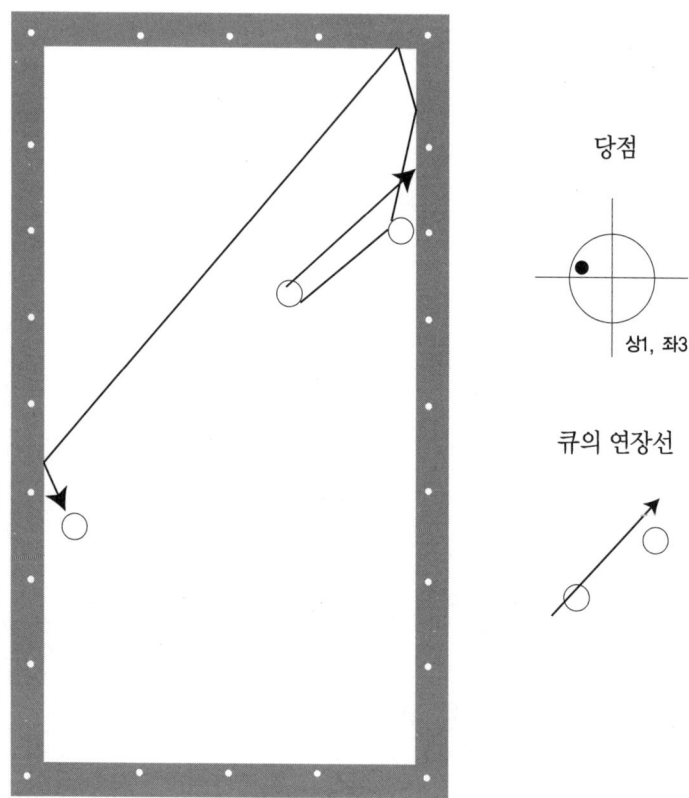

지금부터 나오는 다섯 가지 형태는 비슷하지만 당점의 변화에 따라 약간씩 수구의 진로가 변화하는 것을 보여준다. 이런 형태도 많이 나오므로 꼭 익혀 두는 것이 좋다.
수구의 당점을 9시 30분에 주고 1적구와 가볍게 부딪히는 느낌으로 수구를 보내주면 제3쿠션 5포인트를 향해서 굴러간다.

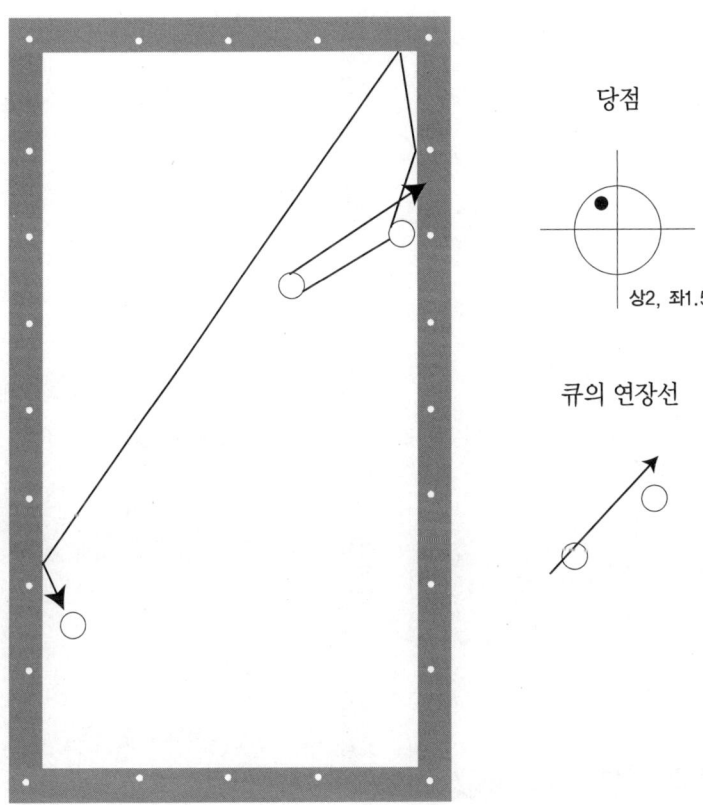

수구의 당점을 11시 30분에 주고 가볍게 밀어치기를 하면 수구는 제3쿠션 6번째 포인트를 향해서 굴러간다.

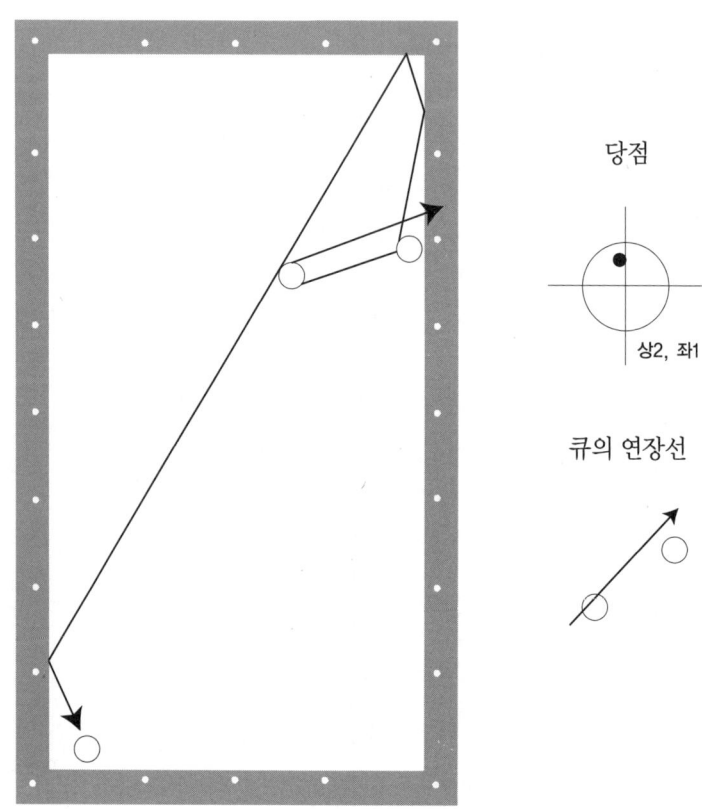

수구의 당점을 11시 30분에 주고 앞장보다 약간 더 세게 밀어친다.

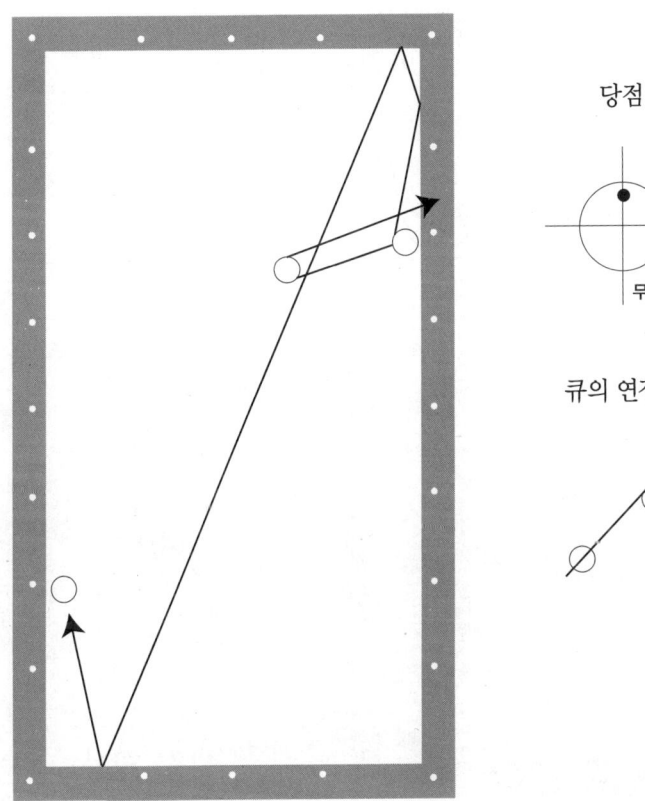

수구의 당점을 12시에 주고 1적구의 1/2을 겨냥하여 가볍게 밀어치기를 하면 수구는 그림과 같이 굴러간다.

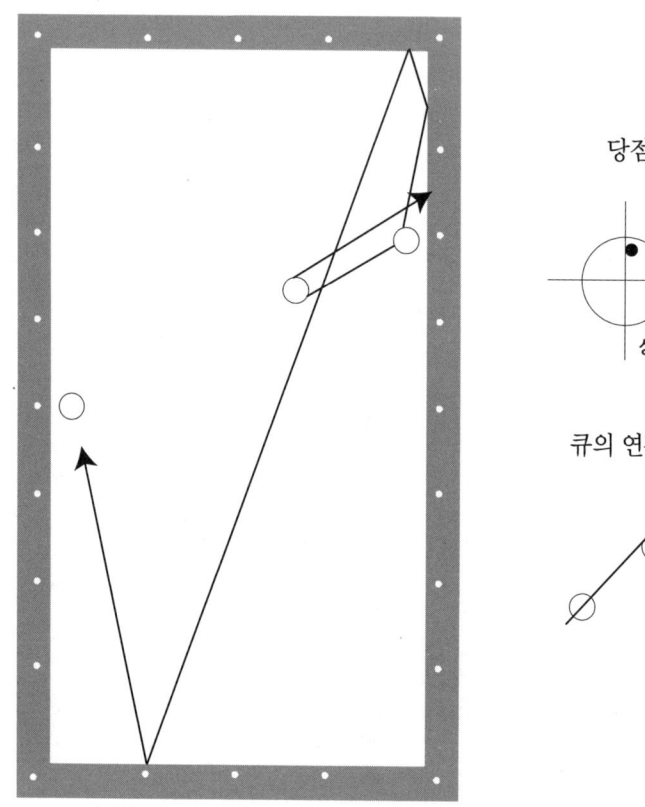

수구의 당점을 12시 30분에 주고 1적구의 두께는 큐 선이 1적구의 옆면을 겨냥하고 부드럽게 밀어친다.

이상은 당점의 변화를 갖고 수구의 진로가 어떻게 변화하는지를 살펴본 것이다.

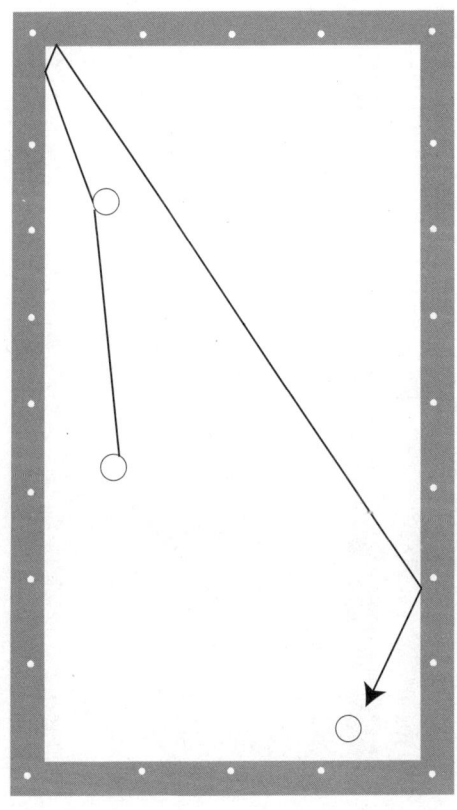
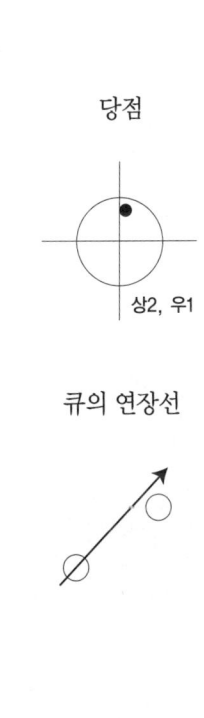

당점

상2, 우1

큐의 연장선

이런 모양을 칠 때 수구를 역회전을 주거나 무회전을 주고 치는 경우가 많은데, 이는 팁의 효과를 살려 치는 방법을 잘 모르기 때문이다. 회전력을 살려 주는 것이 아니라 처음에 준 1팁이나 2팁의 효과를 살려 주면 이런 모양을 손쉽게 칠 수 있다. 큐질을 할 때 1팁을 주고 치되 큐 자체를 길게 뻗는 것이 아니라 아주 짧게 멈추게 되면 회전력이 첫 쿠션에서만 살고 2~3쿠션은 각대각, 즉 선대로 다닌다.

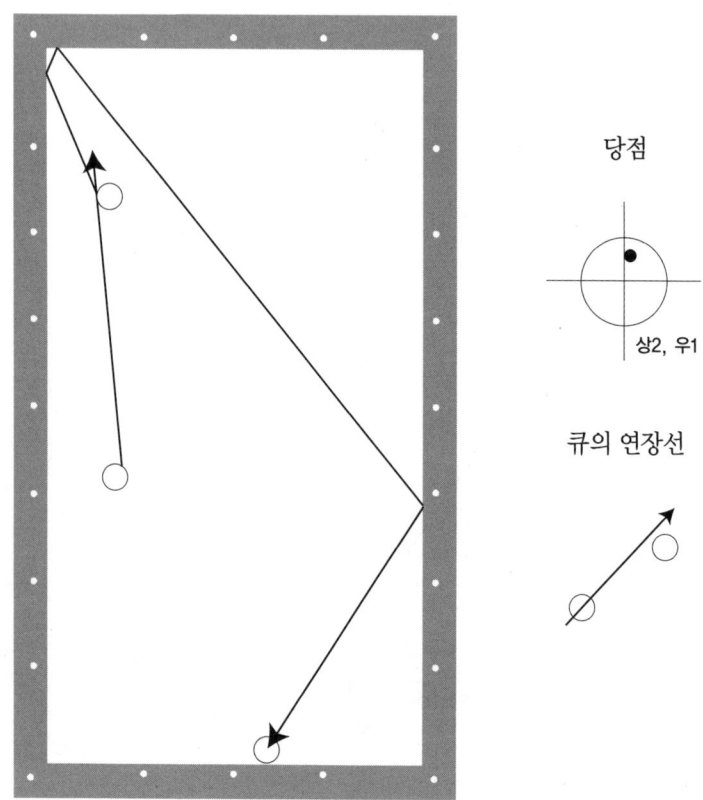

앞장과 같은 그림인데, 수구의 당점을 똑같이 주고 친다 해도 큐질 자체를 길게 내밀어 치게 되면 수구의 회전력이 제2쿠션에서도 살아 조금 짧게 떨어진다.

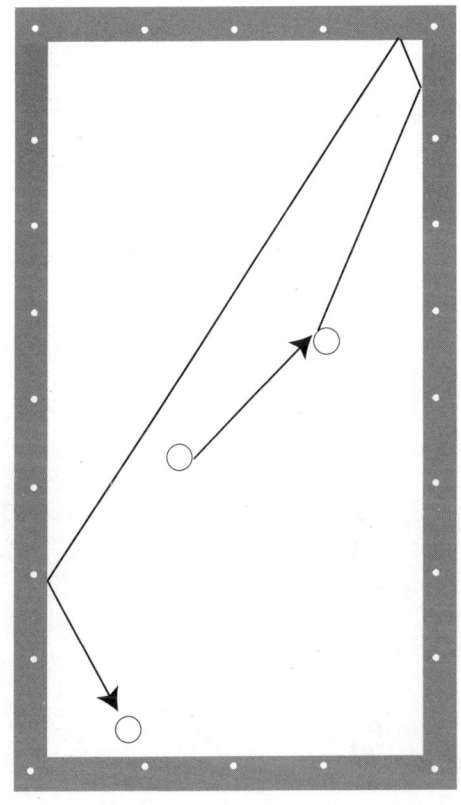
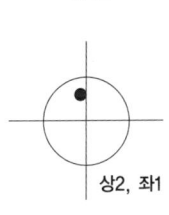

당점

상2, 좌1

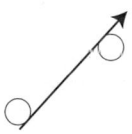

눈의 연장선

큐질을 할 때 1팁을 주고 치되 큐 자체를 길게 뻗는 것이 아니라 아주 짧게 멈추게 되면 회전력이 첫 쿠션에서만 살고 제2~3쿠션은 각대각, 즉 선대로 다닌다.

1적구를 맞힐 때 번트를 댄다는 느낌으로 치면 확실하게 느낄 수 있다.

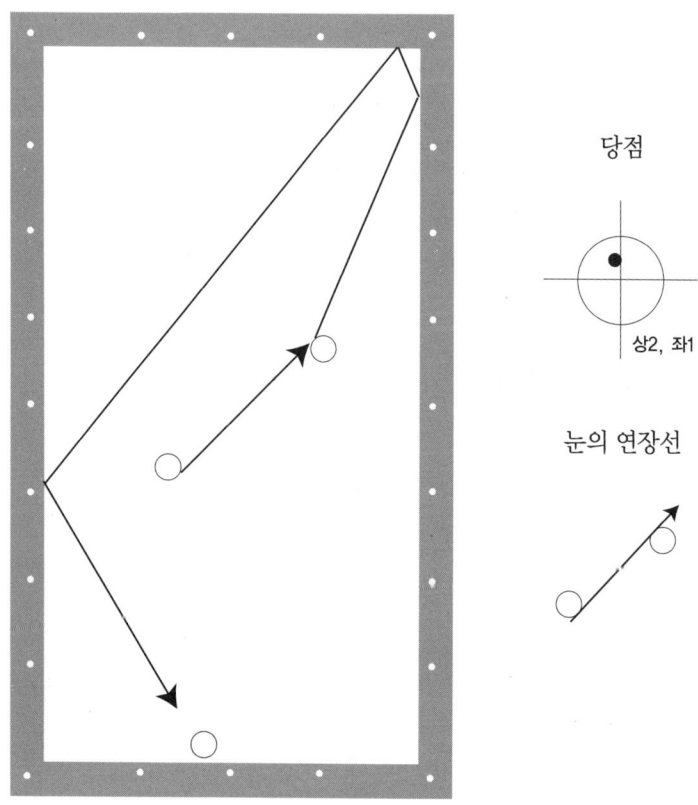

앞장과 같은 그림인데, 수구의 당점을 똑같이 주고 친다 해도 큐질 자체를 길게 내밀어 치게 되면 수구의 회전력이 제2쿠션에서도 살아 조금 짧게 떨어진다.

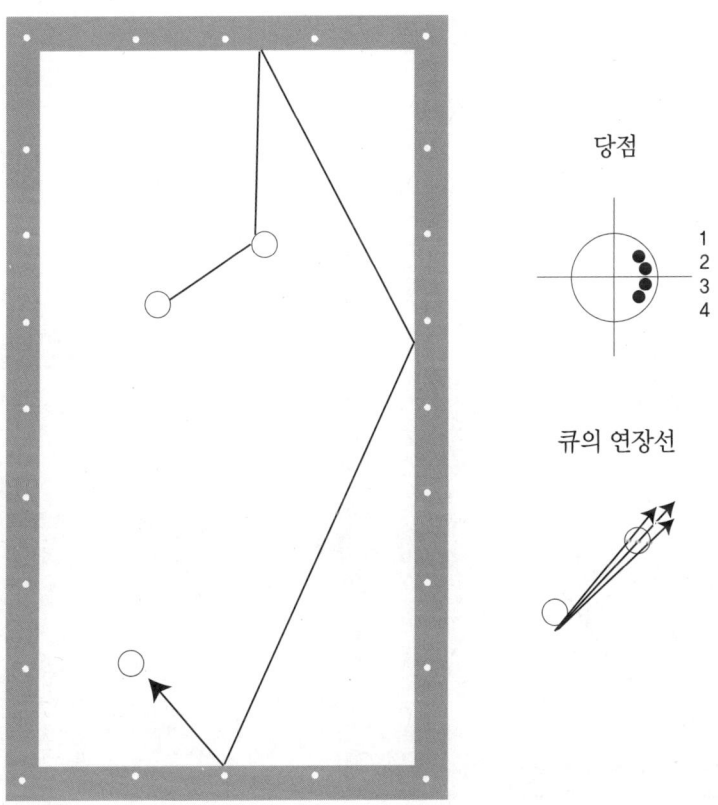

길게 비껴 치기를 하는데 팁으로 치는 것이 아니라 맥시멈 회전력으로 치는 연습을 하면 샷에 대해서 많은 것을 알게 된다. 다시 말해 밀어치는 당점(중 이상)에서의 끊어 치고, 잡아채고, 밀어치고, 밀어치다 잡아채고, 그 자리에 큐를 스톱하는 등등의 여러 가지와 하단에서의 끊어 치기, 밀어치기 등 여러 가지를 연습할 수 있다.

이런 연습은 필자가 그림으로 이리저리 나온다는 등의 얘기보다 자신이 직접 연습을 해보면, 처음에는 뭐가 뭔지 잘 이해가 되지 않더라도 자꾸 해보면 큰 깨달음을 얻을 수 있다.

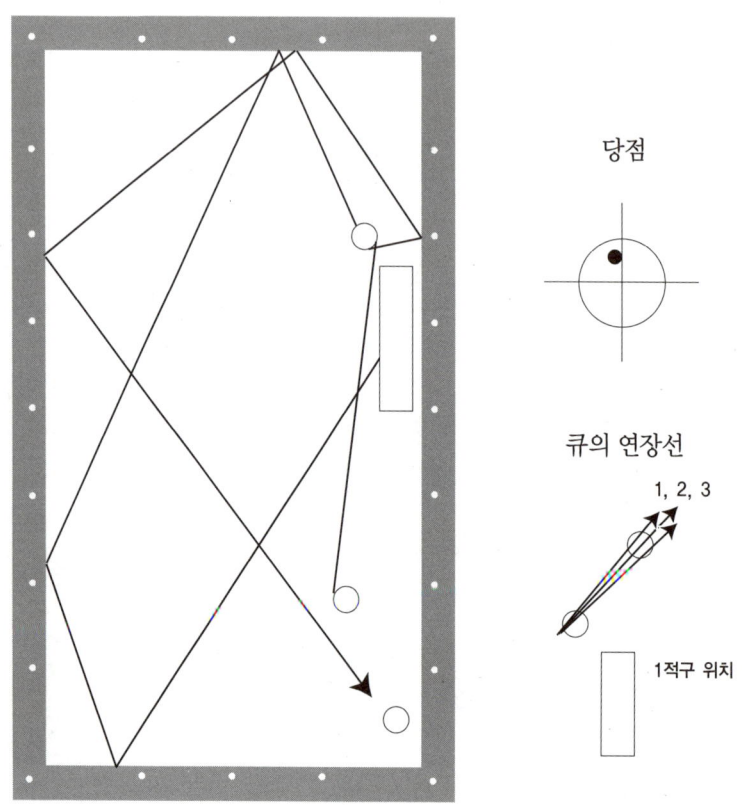

두께를 그림과 같이 1, 2, 3으로 보고 직접 쳐 보아야 한다. 그리고 수구와 1적구의 진행방향을 비교해 보면 어떻게 치는 것이 좋은지 알 수 있다.

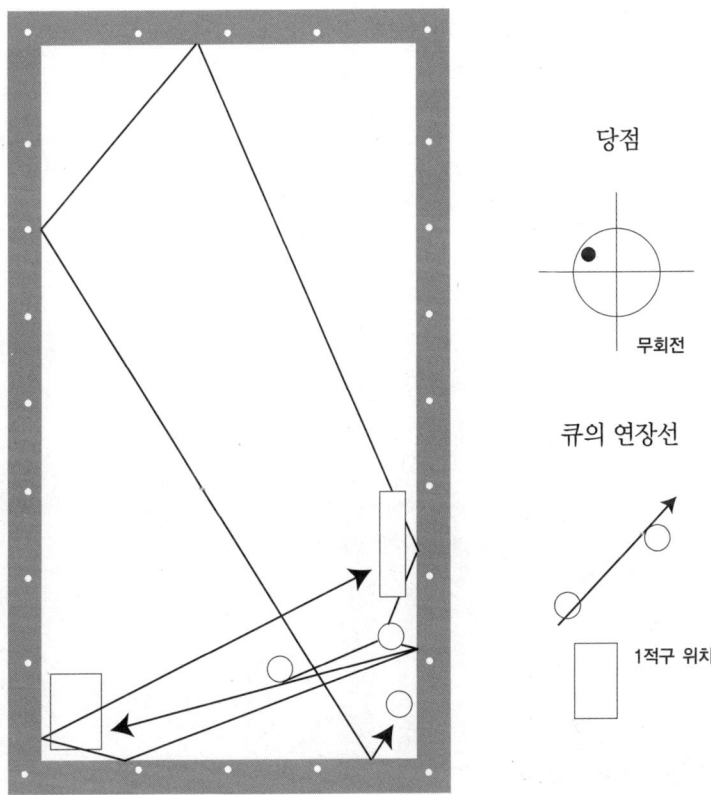

1적구의 위치는 그림과 같이 두 군데를 정할 수 있다. 이는 당구를 치는 사람마다의 취향이니 어느 것이 좋다고 논하는 것 자체가 잘못된 것이다. 1적구의 위치를 결정할 때는 2적구를 어떻게 맞힐 것인가를 정하면 자연스럽게 1적구의 위치도 결정된다.

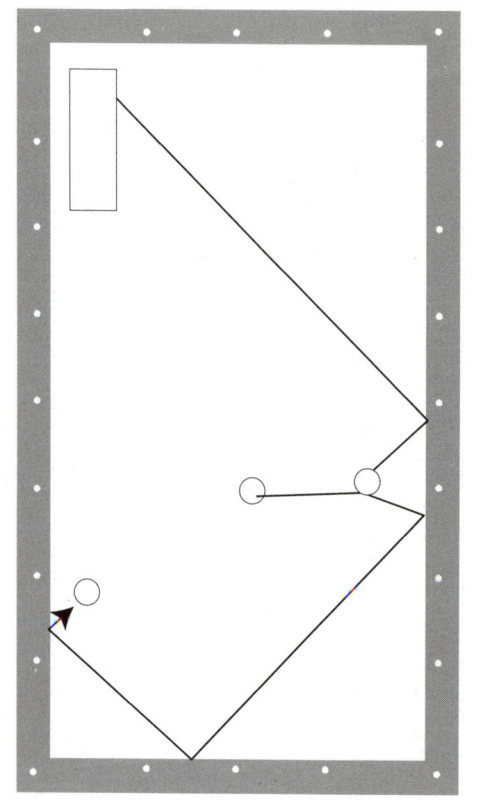
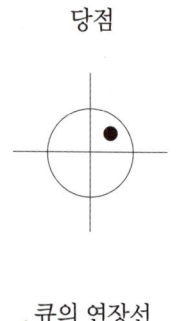

당점

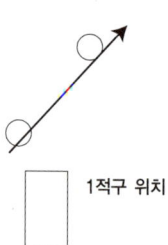

큐의 연장선

1적구 위치

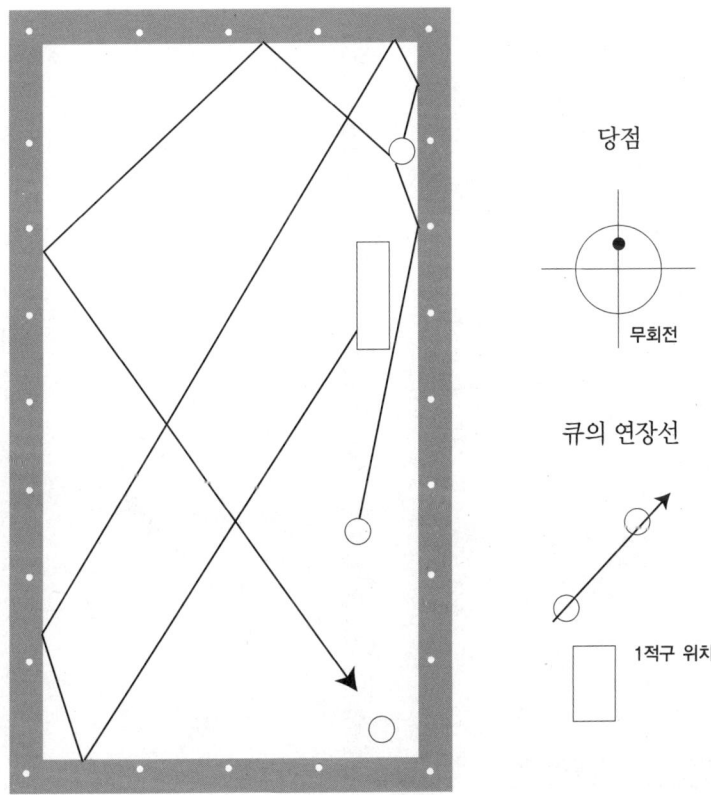

1적구를 두껍게(2/3) 밀어치기를 하면, 첫 번째 수구와 1적구의 교차점에서는 수구가 먼저 나가고, 두 번째는 1적구, 세 번째는 수구가 먼저 나와 키스가 빠지면서 포지션 플레이가 가능해진다.

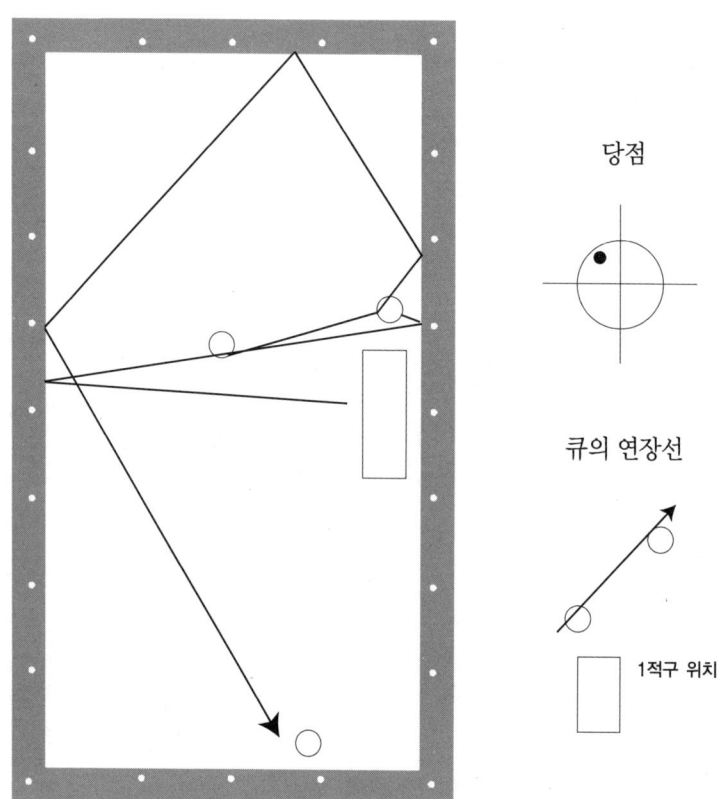

1적구의 힘을 조절하는 연습을 많이 해봐야 한다.

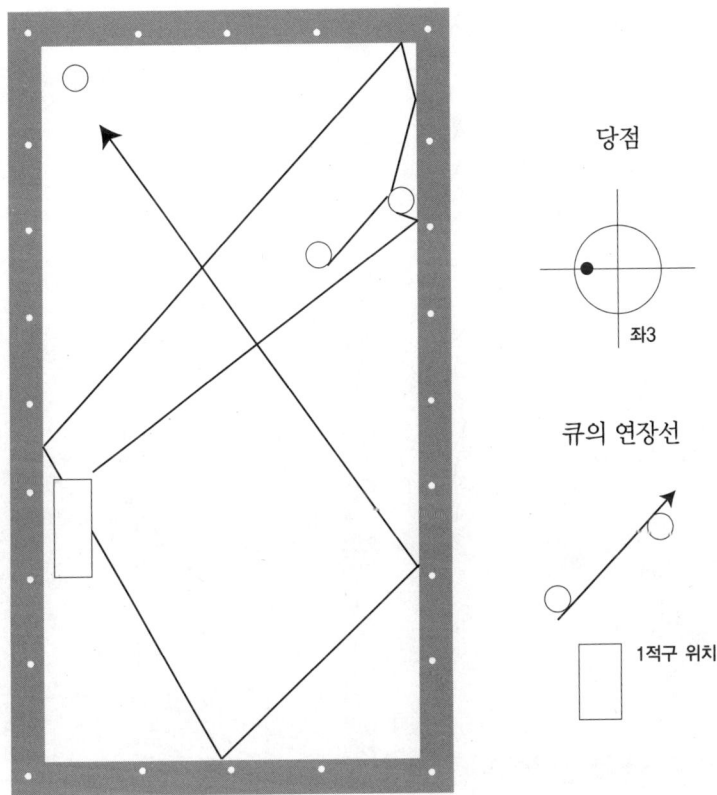

1적구를 얇게 치되, 수구의 회전력을 충분히 살려 줘야 한다.

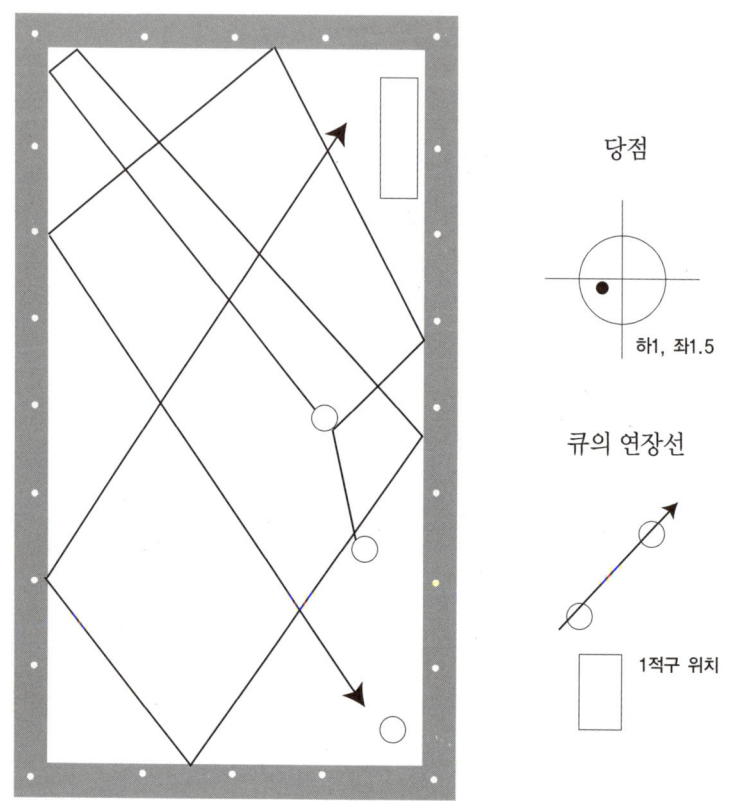

1적구를 대회전시키는 두께를 정한 다음 수구의 당점을 정하면 생각보다 포지션 플레이가 쉽게 된다.

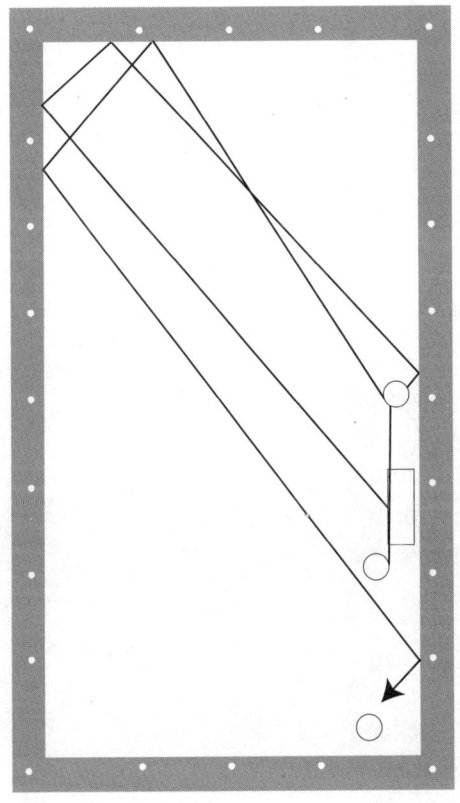

당점

상1, 좌1.5

큐의 연장선

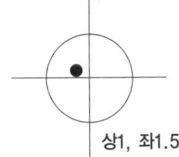

1적구 위치

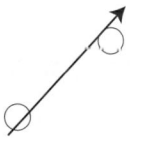

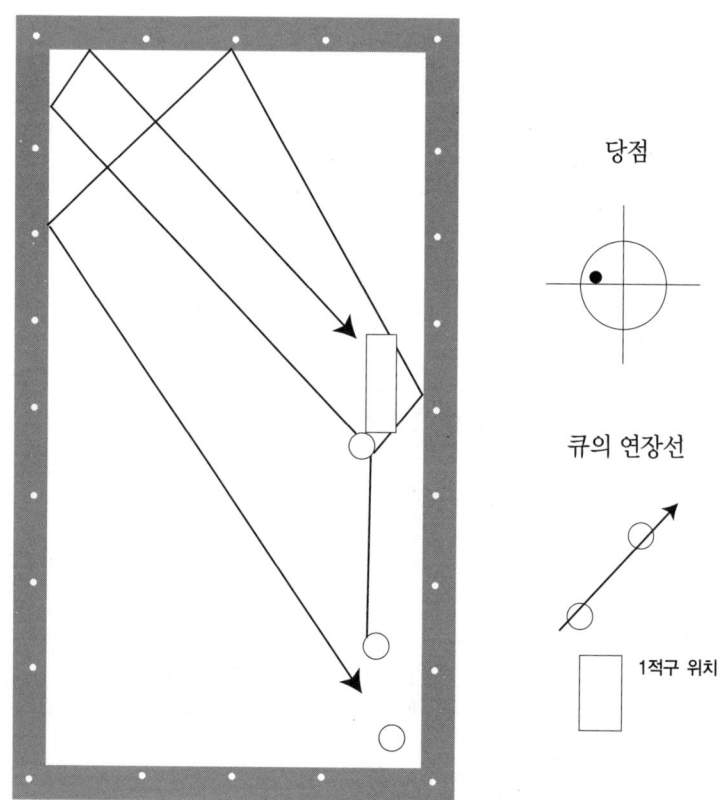

1적구가 장 쿠션을 맞는 두께를 정한 다음 수구의 당점과 샷을 결정하면 포지션 플레이가 쉬워진다.

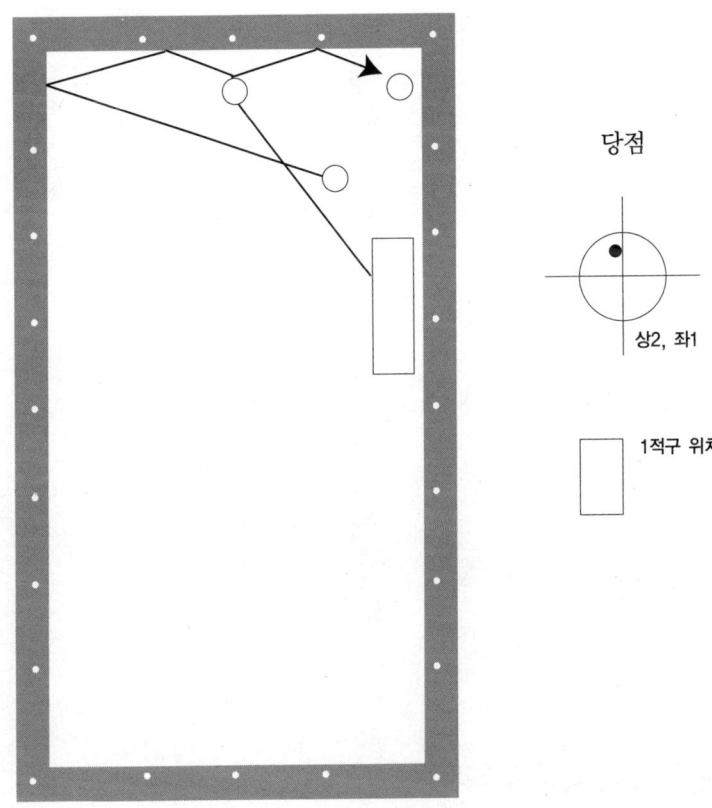

이런 모양을 맞히는 데 급급하여 세게 치면 포지션 플레이를 할 수가 없다. 그 즉시 안 맞더라도 자꾸 연습을 하다 보면 이런 유형은 포지션 플레이가 쉽게 된다는 것을 알 수가 있다.

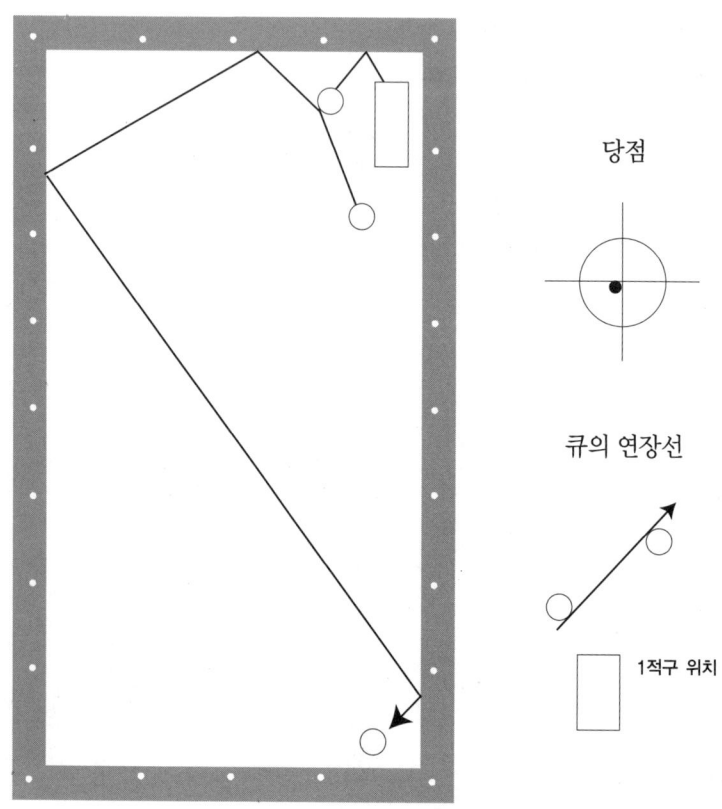

1적구를 세울 위치, 즉 1적구의 두께와 칠 때의 힘이 중요하다.

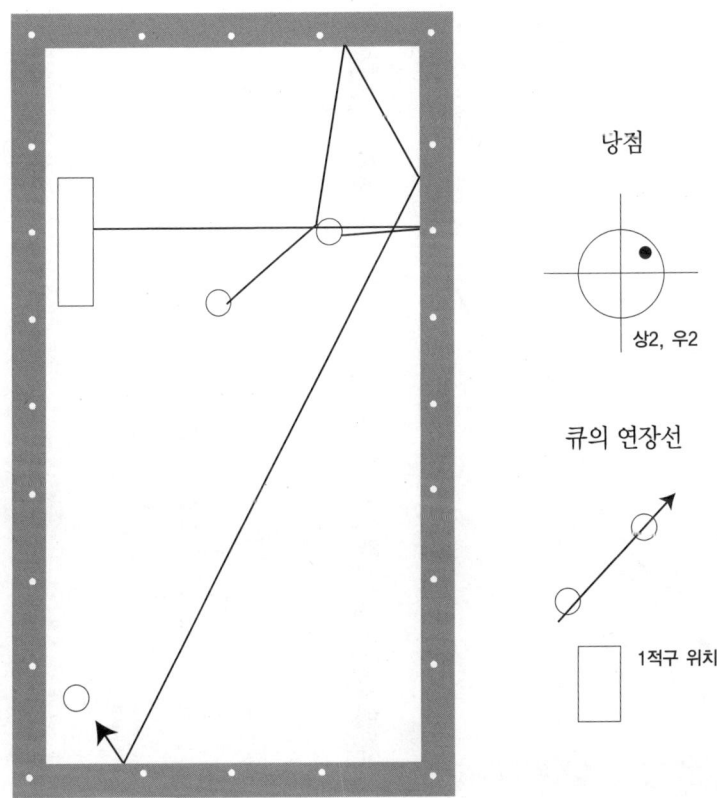

이런 유형은 1적구를 한번에 포지션 위치로 갈 것인지, 더블로 왕복을 시켜서 세울 것인지를 정하면 수구를 어떻게 다룰 것인지 답이 나올 것이다.
수구와 1적구의 각도에 따라 치는 방법이 다르다는 것을 알 수 있다.

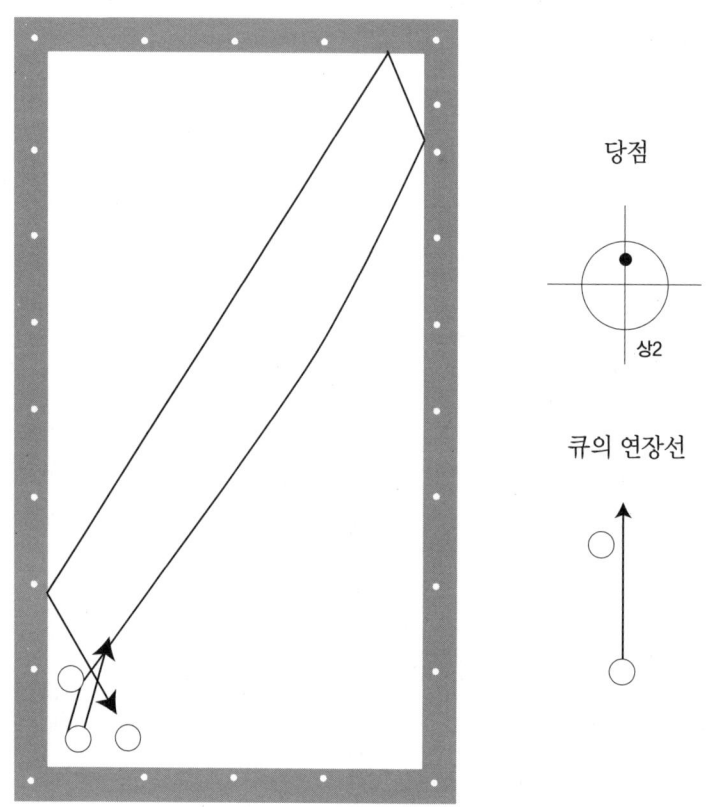

당점을 상2로만 주고 1적구를 얇게 겨냥하여 그림과 같이 수구의 진로를 보내면 된다.
큐질은 가볍게 밀어치기를 하면 된다.

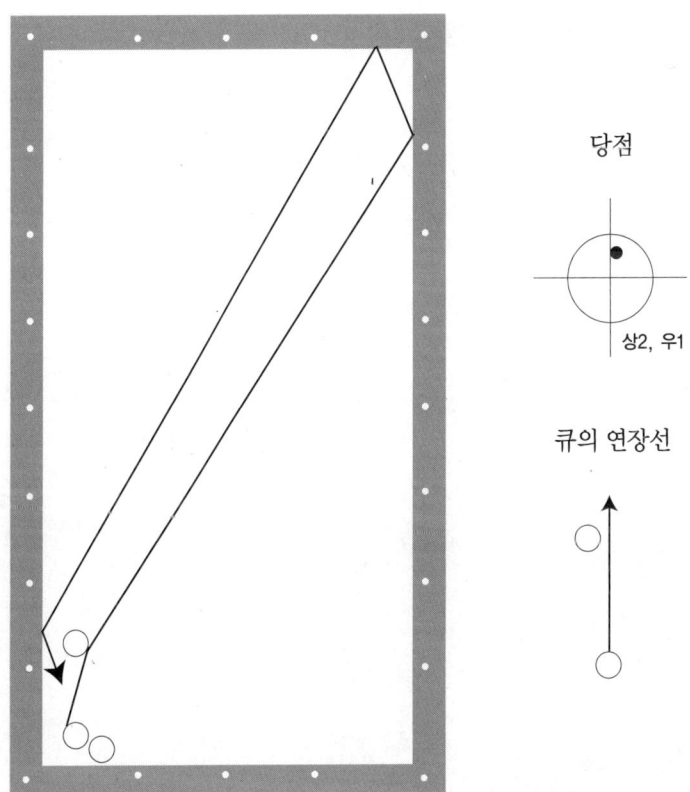

당점을 상2 우1로만 주고 1적구를 얇게 겨냥하여 그림과 같이 수구의 진로를 보내면 된다.
큐질은 가볍게 밀어치기를 하면 된다.

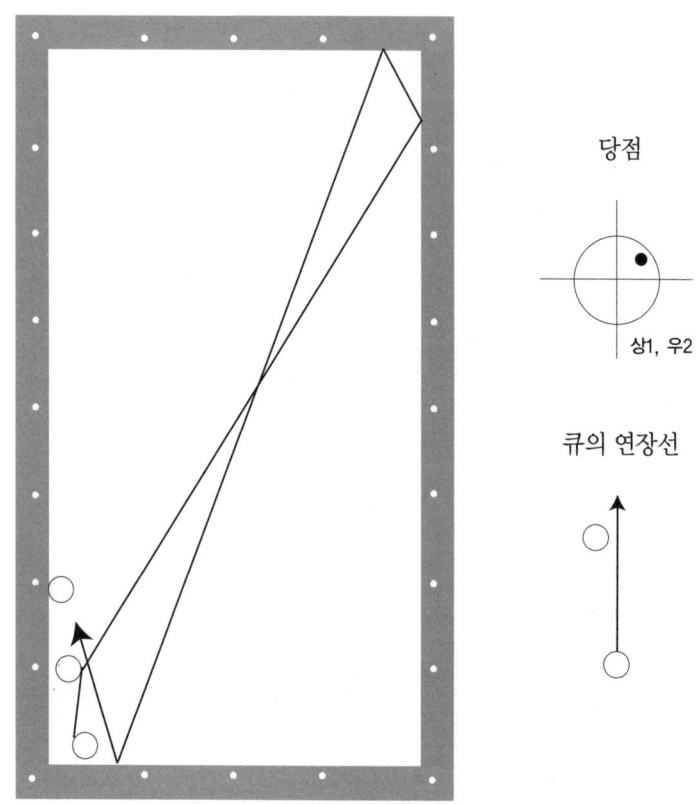

당점을 상2 우2로만 주고 1적구를 얇게 겨냥하여 그림과 같이 수구의 진로를 보내면 된다.
큐질은 가볍게 밀어치기를 하면 된다.

이런 유형은 그림으로만 이해하려고 하면 잘 안 되므로 꼭 직접 쳐 보길 바란다.

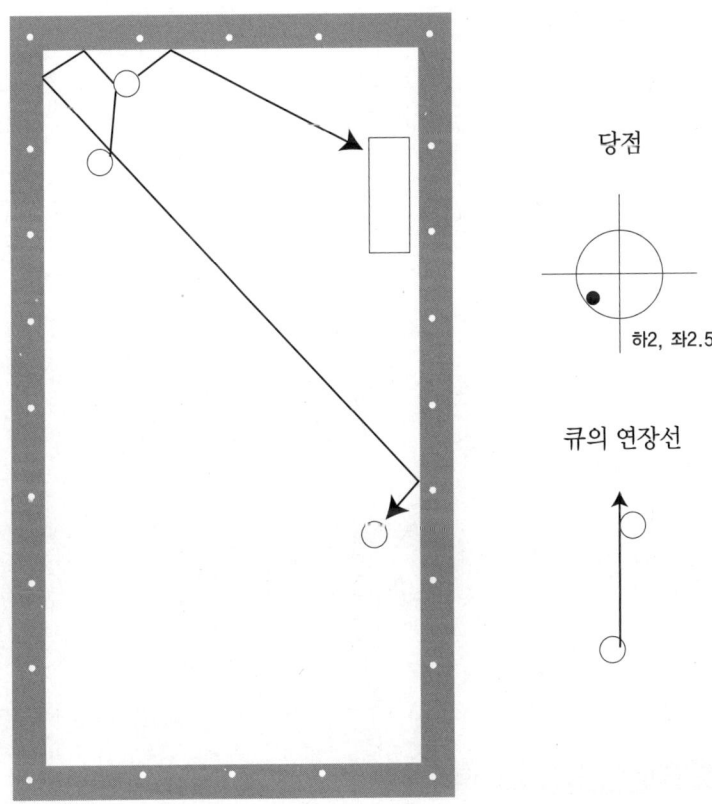

1적구를 얇게 많이 끌어 쳐야 한다. 포지션 플레이를 하기 위해서는 1적구의 힘을 조절해야 하는데, 두껍게 맞혀서는 1적구를 조절하기가 힘들다.

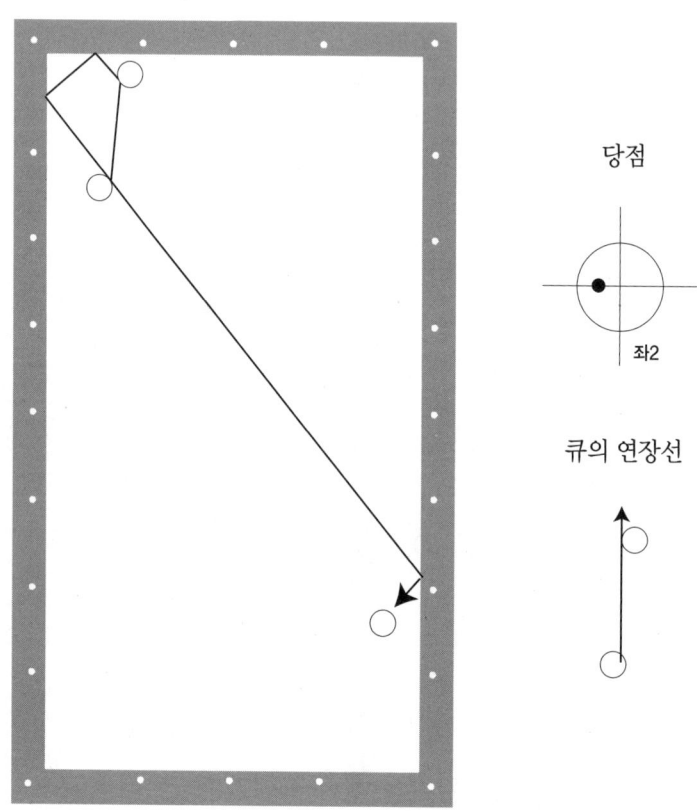

당점을 좌2로만 주고 가볍게 밀어치기를 한다.

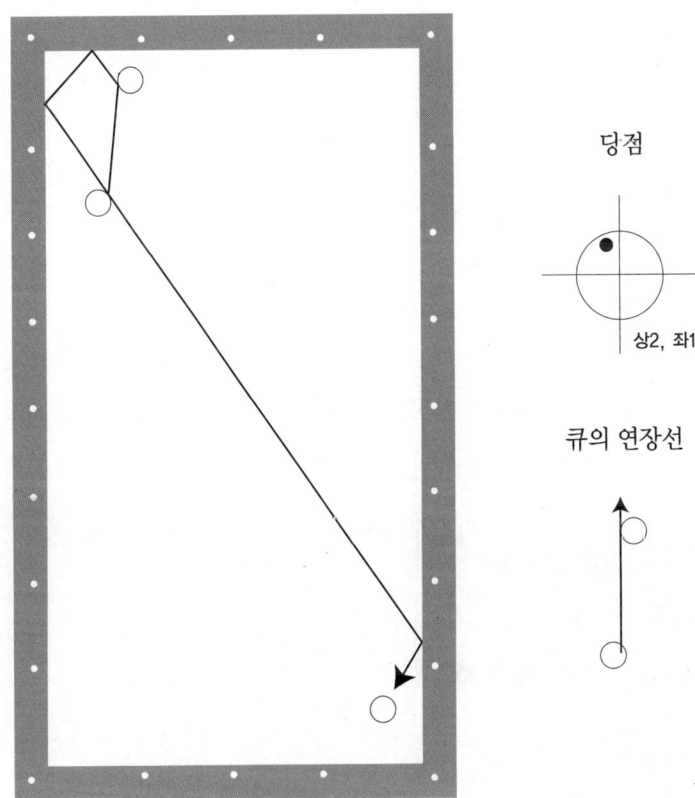

당점을 상2 좌1.5를 주고 가볍게 밀어치기를 한다.

초 . 중급자를 위한 기초이론

시스템 3 쿠션

2017년 4월 20일 2판 1쇄 발행

지은이 * 황창영
펴낸이 * 남병덕
펴낸곳 * 전원문화사

07689 서울시 강서구 화곡로 43가길 30. 2층
　　　T.02) 6735-2100　F.6735-2103

E-mail * jwonbook@naver.com

등록 * 1999년 11월 16일　제 1999-053호

Copyright ⓒ 2005, by Jeon-won Publishing Co.
이 책의 내용은 저작권법에 따라 보호받고 있습니다.
잘못된 책은 바꾸어 드립니다.